U0856733

朱元璋的心机与手段

宗承灏◎著

天津出版传媒集团
天津人民出版社

图书在版编目（CIP）数据

朱元璋的心机与手段 / 宗承灏著 . —天津：天津人民出版社，2020.9（2023.11重印）

ISBN 978-7-201-16258-4

Ⅰ . ①朱… Ⅱ . ①宗… Ⅲ . ①长篇历史小说—中国—当代 Ⅳ . ① I247.5

中国版本图书馆 CIP 数据核字（2020）第 125272 号

朱元璋的心机与手段

ZHUYUANZHANG DE XINJI YU SHOUDUAN

宗承灏 著

出　　版　天津人民出版社
出 版 人　刘 庆
地　　址　天津市和平区西康路 35 号康岳大厦
邮政编码　300051
邮购电话　（022）23332469
电子信箱　reader@tjrmcbs.com

责任编辑　郭晓雪
特约编辑　石胜利
装帧设计　MM 末末美书
责任校对　余艳艳

制版印刷　三河市兴达印务有限公司
经　　销　新华书店
开　　本　710 毫米 ×1000 毫米　1/16
印　　张　18
字　　数　310 千字
版次印次　2020 年 9 月第 1 版　2023 年 11 月第 2 次印刷
定　　价　54.80 元

序一

历史要让人性复活

岳 南

英国历史学家卡尔说过:“历史是现在与过去之间永无止境的问答交谈。”元朝末年，有那么多的豪门贵族、英雄豪杰蜂拥而起。谁也没有想到，笑到最后的那个人会是要饭出身的朱元璋。有人说，中国历史是个两段论，“得民心者得天下”与“得天下者得民心”。前者告诉当事人如何去实现得天下的理想，后者是说得了天下后其他的都不是问题，包括民心。

有人会问，皇帝，到底干什么?

或许朱元璋会告诉你，前半程是“得民心者得天下”，后半程是“得天下者得民心”。更何况没有人比朱元璋更懂得“民心”究竟为何物。很多时候，他就是“民心”的代言人。

如果朱元璋没有最底层社会的生活经验，没有突破人生底线的黑心和辣手，他朱元璋就不是朱元璋。

宗承灏在本书里尝试用第一人称来写朱元璋，让“我”领着我走进那个风云际会的大时代，从更多的层面去展示一个帝王的心路历程。

从字里行间，我能够感受到，宗承灏一直处于一种“端着”写作的状态，不够放松。或许这源于他本人的性格。由此可见，他是一个不喜欢拿历史随便开玩笑的人。对宗承灏选择这样一种写作态度，我还是持肯定的态度。我始终认为，一个连本民族历史都谈不上尊重的人，还能指望他对我们所生活的这个时代有所馈赠吗?

对于我们这些习惯于泡在泛黄的古籍堆里的人来说，很多时候总是会被一些看上去简单得接近于弱智的问题深深困扰。比如，会在文思泉涌的某个时刻突然停下来，向精神层面的另一个自己发问：

什么是历史？你写的这些东西是真相吗？

另一个自己就会反诘，你生活于当下，连当下的万象百态都没有办法搞清楚，凭什么去向一个容易遗忘的族群、一群容易遗忘的人索取过往的真相?

往事并不如烟。对于一个历史书写者来说，真相绝对不是我们书写的真正目的，人性才是。也就是说，历史并非单纯地始于事，止于事。如果我们只是一味地将历史放在显微镜下做标本研究，倒也未必能深入地了解朱元璋这个人。不如将他置入广阔的历史背景下，围绕在他身上的一些盲点也许就容易被衬托出来。

历史是一群人又一群人的集体往事，而在这往事中曾经出现过数以亿计的血肉灵魂。对于我们这些历史书写者来说，就是通过自己的努力让那些已经消失的人和事能够重现于眼前。这就是所谓历史的“复活”。过去的东西当然不可能今日重来，更不可能搬进实验室进行解剖后，再去做防腐处理。所谓历史的“复活”，不过是历史与现实在某种程度上有着某种惊人的相似，而这种相似又不是完全的契合。但有一点毋庸置疑，历史是可以复活的。历史就是时间轴上的一个又一个点，是一段又一段的往事。它是有生命力的。所谓消失，只是时间层面上的消失。对于一个历史文本的写作者而言，他的使命就是带领自己的读者去实现那段历史的复活。

心理学有一个神秘的词语——“神入”。而这个“神入”就成了宗承灏试图复活历史的路径。何为“神入”？它的简单化的同义词是“换位思考”。其实它不仅限于思考，更是我们感受他人内心体验的一个过程。换句话说，就是让你置身于历史发展的环境中去观察历史，站在历史人物的立场上去研究历史，从而把握历史人物的情感、理想、信仰和意图等，并理解历史事件的演绎变化。即“主体进入客体之中，去想象客体”的研究活动，从而感悟历史，让“历史”得以“死去活来”。

如果用一句话来推荐宗承灏的这本书，我想说的是，这是一本写给爱思考的人读的书。

（岳南：中国作家协会会员、中华考古文学协会副会长、前台湾清华大学驻校作家，著有《南渡北归》《从蔡元培到胡适》等畅销书。）

序二

历史是一场触及灵魂的对话

吕 峥

作为一个历史书写者，我想与每一个试图去还原的历史当事人坐下来好好谈一谈。而在这么多人中，如果让我选择谈话对象的话，也许会是朱元璋。可以毫不夸张地说，宗承灏在本书里，替我完成了这样一场触及灵魂的对话。

明朝之所以会成为研究中国历史的标志性时代，很大程度上是因为其开国皇帝朱元璋。但从降生到十七岁以前，朱元璋事实上一步也没有离开过农村。

世界在朱元璋眼中，就是从南岗到北坡之间熟悉的一草一木。他所接触过的人，不过是村子里的那百十口老老少少。在社会最底层的摸爬滚打中，底层的文化气质全方位地浸润了朱元璋的身心。而随着命运的风云突变，赤贫出身的他登上皇位，也就不可避免地将性格中的文化因子更为广泛而深刻地渗透到整个国家与民族的精神层面。

朱元璋统治期间，严厉地打压官僚与地主阶层，恶整文人和士大夫集团。而其做得最绝的莫过于几乎清洗掉了所有的开国功臣，使朝堂内外一片血雨腥风，让社会的中上层时刻生活在紧张与恐怖之中。

如此剧烈的社会及政治震荡，是洪武之前的任何时代从未有过的。这并不是单纯的是与非、好与坏、正与反的问题，片面地歌颂或批判也不合时宜。近年来，朱元璋被人们反复解读，歧说纷呈，这未尝不是好事。但就如同面对一堵白墙，盯着看再久，其想象力也仅限于“一堵白墙”。倘若有一天，突然闯进一群抽象派涂鸦者，将白墙涂抹得天马行空，那么，同样是这面墙，在面对它时，我们的猜测、推断、想象，也就随之活跃起来。

中国的历史永远绕不开帝王。从某种程度上讲，过往的中国历史就是一部帝王家史。而另一方面，中国皇帝的权势达到了人类所能达到的顶峰。不论是非洲酋邦，抑或是西方王国，其君主声威都难望中国皇帝之项背。然而，皇权又何尝不是一把双刃剑，在给予所有者荣耀的同时，也会不知不觉地扭曲人性。绝对的、没有限制底线的权力，终究会毁掉一个专制帝王的人生。朱元璋便是一个典型案例。

如果要在历代皇帝中间评选劳模，曾以一首“百僚未起朕先起，百僚已睡朕未睡。不如江南富足翁，日高丈五犹披被”感叹为君不易的朱元璋应该名列榜首。他用一个中国式农民的狠劲儿来完成自己的职业使命。悲惨的童年经历宛如一道符咒封印在他的人生命数里，使之丝毫不敢懈怠，生怕大权旁落，豪杰不服，天灾人祸，民不聊生。他猜忌多疑，甚至告诫子孙后代时刻准备快马刀剑，以便遇险逃脱时急用。

朱元璋是创业之君。这就意味着他要经历一场冷冰冰的成王败寇的夺权游戏。每个投身其中的人，都要经受炼狱般的心理折磨，也不难摩擦产生出一些人性的电光石火。应该如何理解和看待朱元璋？又该如何理解和看待他费尽心机所建立的血腥的极权统治？为什么朱元璋拥有为所欲为的权威和能量？他的存在究竟给他的王朝和这个国家带来了什么？

洪武朝三十一年，朱元璋“忧危积心，日勤不怠”。我们说他想为天下苍生缔造一个朗朗乾坤般的理想国，这并不夸张。但在艰难的行进过程中，也始终有一股不为外人所道的潜在力量支撑、推动着他。甚至可以说，没有这股力量，朱重八就成不了朱元璋。他的一生或是在刀口上舔血，或是用专制机器舔血，偌大江山是他给子孙后代打下的“血酬”。他是一个拓荒的老农，一个开国的帝王。有人说，基于乡村的生活经验，朱元璋的治国理念中表现出了强烈的静态取向。他治理国家的基本倾向就是把国家的运转方式固定化，使整个社会倒退到“小国寡民，老死不相往来”的原始状态。

在这块曾经风云际会、战火弥漫的大地上，宗承灏就像是一个痴心不改的寻宝人，在历史的瓦砾中寻觅翻捡，在往事的蛛丝马迹中让久远的回响在心灵中震荡，在天地间复苏。

（吕峥：著名学者、专家，《互联网周刊》主笔，硅谷动力首席企业文化师，著有《明朝一哥王阳明》《中国误会了袁世凯》等畅销书）

Contents

录

从哪里来，到哪里去
——我只想有碗饭吃

性格与天命
——我只想天下太平

自控与精明
——人人有饭吃、有衣穿的理想国

从哪里来，到哪里去

——我只想有碗饭吃

宋人笔记中说，有人带有古镜，镜上刻有铭文：“同心人，心相亲，照心照胆保千春。”在我看来，人的出生是谁也改变不了的事实。它就像一面镜子，每个人在面对这面镜子的时候，纤毫毕现，无处掩饰，也无法躲藏。你有张狂之态，你有暴虐之气，你有侠义之风，你有温润端厚之姿，那不仅仅是现实相。按照佛经的说法，业报通三世。我们生为这一世之人，踩着前世的足迹，布下后世的脚印。人的出身，就像一道符咒压在人的命数里，让你动弹不得，让你翻腾不休。想到你们也是后世的解读者，会拿着那面古镜来照我，让你们失望了。我的眼皮子浅得，也只能存得下一碗饭。

一、我到底是谁？——我的骨子里是农民

太阳落山了，天地陷入了一片混沌与苍茫。

大明深宫的灯火，一盏接一盏地亮了起来。告别旧的一天，让人容易变得忧伤。但想到新的一天在前面等着，心里就又充满了希望。当我试图开始梳理自己的一生时，突然发现，自己真的搞不清楚该以一种怎样的身份展开自己喋喋不休的叙述。

一个人的身份，注定了他从何处而来，又将归于何处。这样的问题固然让人脑壳儿痛，但也让人看清了自己。人之初心，决定了人之归处。就算我是个帝王，也不例外。人的一生，就像命运在时间里摆下的棋局，有谱没谱，都要往下走。如果把一个人的一生用一段抛物线来表现，那么，属于我的这段抛物线，起伏性应该是最大的吧？或许，从来就没有之一。

后人试图给我贴上各种身份的标签：佃农、游民、和尚、造反者，或者是一个手段过于狠辣的帝王。这样的话，我的一生至少有五次以上的身份转换经历。而每一次身份的转换，对我来说，都是个人价值的一次自我提升与精神蜕变。有人说做了帝王的我，和作为小农的我，是两个人。其实都没有变，又都变了。

我从不隐讳自己是一个小农。是的，小农，比真正的农民还要低微，活得还要卑贱。

或许生来就是小农的缘故，我的一生，都对一个完全由大量小农组成的农业社会有着难以割舍的情结。追究这一情结的深层原因，除了与生俱来的“阶级感情”之外，还有非常重要的一点，那就是小农出身的我，最为熟悉和了解这样一个世界。那里有我的先祖和父兄，有渗透于我血液中的生命因子。

那些土里刨食的农民，从来就不是与我无关的群体。我了解他们在这个等级森严的社会体系里有着怎样的不堪、脆弱与艰难。那种无所凭依的生存状态，决定了他们经受不起任何社会波动所带来的冲击。王朝更迭，兴是他们苦，亡也是他们苦。他们生来就是吃苦的。他们的骨子里好像从来就没有惧怕过“苦”这个东西。反倒是，一日不苦，一日便觉得惶惑不安。

就像在这个似是而非的夜晚，梦境中，我依然看到匍匐爬行的自己，看到混沌的淮河水在龟裂的土地上蜿蜒而过，听到它们发出的痛苦呻吟与悠长叹息。

当年，我们这个家族就是在这种社会波动中由自耕农而佃农，由佃农走到几乎全部饿死的境地。按说我们这种小农，如果有的吃，有的穿，应该是最厌恶社会波动的群体。一个由这种社会波动的厌恶者所组成的社会，它的稳定性应该是极高的，或者说，是相对静态的。很可惜，我所生活的时代，生为小民，连最基本的生活保障都无法享有。于是，静态的社会开始猛烈地抽搐，并随之摇晃。

1. 刘邦是老乡，朱熹是本家——我的寻根之旅

我出生的那个时代，因为后来的改朝换代，被史家们定义为元朝末年。

有幸生在一个王朝末年。死亡或重生，一切皆有可能。我们偶尔投身于时间的某个点，用喜怒哀乐来消遣我们所经历的一切。我活命的这个王朝末年，贫穷与富贵的鸿沟已如天崩地裂。王朝更迭，那些生来就好命的贵族，他们是丛林社会里最凶猛的贪食蛇。他们生性贪婪，破坏着丛林社会最基本的生存法则。在他们中，有的人拥有几十万亩土地，有着富可敌国的财富，致使数百万流民常年无家可归。

其实人的生命薄如蝉翼，一阵风就可以将它撕裂，一场雨就可以将它掀翻，甚至一个草棍就可以将它活活压死。如果死亡是一座宫殿，那些端坐于王座的人，难道就比我们寻常之人来得清醒和彻悟？回望我的起点，那个时代，上层社会风气奢靡，道德瓦解，正所谓上流社会做着下流之事。而社会的底层，越来越多的农民失去土地，卖身为奴。灾难频发，饿死者的白骨相望于道。

那是一个万恶的时代，一个让我诅咒至今也不觉得解恨的时代。

这个古老的国度，就像是一个巨大无比的盒子，每个人都生活在其间。若是不

满的情绪越积越浓，整个盒子里便会充斥着一种如箭在弦上的紧张气息。烈火四野蔓延，改朝换代的各种传说也就应运而生。人来到这个世界，是没有办法选择出身的。但我相信，人可以改变自己的命运。

我出生于一个佃农家庭。我爹朱五四和我爹的爹朱初一，都是没有多少文化的农民。

父亲一辈子连个正儿八经的名字也没有捞到，只能叫朱五四。在任何时代里，没名没号的底层小人物，都像野草的种子，散落于这个世界的角角落落，飘到哪里就会在哪里生根。

他们或许也有梦想，但他们的梦想无非是能过上几天好日子，活着有吃有穿，死了能有一副棺材板，少受些气。最好还能雇两个佣人伺候着，也让别人受些气。

我的祖籍是沛县。我有一个大大有名的同乡，他就是汉高祖刘邦。其实，刘邦的出身也不算高，不过比我强多了。他毕竟当过泗水亭长。但我们最后拥有了同一种身份——皇帝，在这一点上，我也曾自豪地说过："唯公与我起布衣而有天下。"

公不知我，而我知公。公与我，当为后人共知。

没见过黄金的淘金户

让我将时间回拨百年，蒙古铁骑千里奔袭中原，建国号元，汉人沦为三等公民。我的祖父朱初一在沛县老家待不下去了，带着他的家人迁至集庆路的句容县（今江苏省句容市）。元至元十三年（1276），蒙古骑兵的铁蹄踏碎了宋朝人的迷梦。蒙古人成了这个中央之国的统治者。

城头变幻大王旗，宋朝百姓成了大元的顺民。元朝臣民都被编进固定的户籍，包括民户、军户、匠户、灶（煮盐）户、站（驿站）户、儒户、矿户等几十种户籍。不同户籍承担着不同的供纳和劳役。这种强制性的供纳，与劳役者的身份并没有绝对的联系。国库里面缺什么，生活于底层的劳力者就要无条件地供纳什么。

我的祖父朱初一被编为矿户中的淘金户。这就意味着我们朱家每年都要向朝廷缴纳定额黄金。让人搞不明白的是，句容县从来就不是一个黄金出产地，而作为赤贫户的祖父一辈子也没见过几次黄金，更不用说让他去淘金。

在不讲理的世道里，生存者只能无奈地妥协，或是接受。可怜的朱初一只有卖掉粮食来购买黄金，以此完成缴纳任务。本就是贫家小户，又怎能经得起这般折腾，因此日子过得异常艰难。万般无奈之下，他只好领着全家人候鸟似的四处迁徙。活下去，想尽一切办法活下去。这是所有生物存在的理由，包括人类。从这个层面上说，人类与蝼蚁并无差异。

我能够想象得到，祖父突破了怎样艰难的困境，将全家搬迁至洪泽湖南岸的盱眙（江苏淮安市盱眙县）。这里有大片因战争而抛荒的土地。他们便在这里停了下来，开荒种地，繁衍生息。

在农耕社会求生存，土地是活命之资。我的父亲朱五四也在这里娶妻生子。在那样一个动荡的大时代，普通老百姓根本就没有享受幸福生活的资格，能够活着就已经是上天给予的最大恩宠。

官府的敲诈和聚敛，让草根小民难以生存。我朱家也不例外。一个穷家破业的小户，在当时的生存成本不知要高出他的身份多少倍。按照元廷规定，淮河流域的农民需要缴纳丁税、地税和科差。土地，不但养活不了他的子民，反而要吃他的子民。真应了老子的那句话，天地不仁，以万物为刍狗。

我算过一笔账，一个农民家庭需要承担的朝廷赋税——地税每亩三升，丁税三石。丁税将近地税的一百倍，即一百亩地折一丁。对于我们朱家这样人多地少的贫困户来说，沉重的丁税负担让人难以承受。三个成人，需要缴九石谷，再加上地税，每年不下十石。如此沉重的负担，对于我们朱家这样的小农实在是无力承受的生命之重。地主家有的是余粮，而我们家是吃了上顿就不知道下顿在哪里。时至今日，每当我这个皇帝想到这些，还是常常会陷入焦虑不安。我在批阅奏章的时候，总是会挑出那些与农民生存有关的内容。

我从宫殿向外望去，沉沉的黑夜，枯瘦的树影在寒风中战栗，耳畔不由得响起父亲的声音。

对我来说，家族的卑微出身是无法躲开的宿命。自古以来，吾等小民信的是命。一个人安分守己，就是认命。只要有口饭吃，吾等小民就已经很满足了。若是吃饭问题都无法解决，又何谈“命运”二字。我端坐于宫殿，如鹰盘旋于山顶或云端，成了高瞻远瞩并握有真理的帝王。我终于将自己活出了形而上的意义，我的影子将印刷在史书的某一页，我的语言将化为雷霆与闪电，划破苍穹。

但我那些死去的、沉默如草根的先人，他们依然深陷于生活的艰难和恐惧。

少年时感受到的生活苦痛让我终生都难以消解，诚如我在《皇陵碑》中所言：“昔我父皇，寓居是方。农业艰辛，朝夕彷徨。”我歌我父辈，哭我父辈，我不要我的后世子孙再遭受同样的罪。对我和家人而言，这种艰辛是具体而实在的，甚至比监狱还要牢固地控制着人的身体。每当劳作的父亲从田野里直起身子时，我都会有一种冲动，希望他站得像树干一样笔直，永远不要再弯下去。

对于那些高高在上的权贵，我会让他们好好领受冰冷的法律以及铁血的手段；而对于底层的小民，我则会换上一副温情的面孔，用儒家的仁慈和道德加以体恤，倾尽全力为他们打造一个相对完美的国度。在无数个梦境里，我的父母都活在我所建立的理想国里。可是梦啊，终究是梦！念慈恩，慈恩如江水绵延无尽，而逝者如斯。

对我来说，财富与权力是这个世界的原罪，只有农民和土地才是一个王朝的救赎。湖北的荆州、蕲州两处发生水灾，有官员奉命前往赈灾。坏了心肠的人从京城出发，一路上游山玩水耽误了两个多月的时间。等他到达受灾之地后，又磨磨蹭蹭地迟迟没有放赈，造成了大量的灾民饿死。

当我听说后，无法抑制内心喷薄而出的怒火，立即下令将此人斩首示众，并做出指示：老百姓受灾而不抚恤，是皇帝的错；如果官员受命，却不及时办理，置老百姓生死于不顾，立即斩首，没有任何商量的余地。

我这么做，只有一个目的，就是为了警醒那些不懂得爱民惜民的官吏。

我的私塾生涯

我的父祖世代务农，并没有值得大书特书的传奇事迹。倒是我的母族一系，尤其我的外祖父，是一个有故事的老人。他姓陈，早年曾经在南宋末年抗元名将张世杰麾下从军，并且参加了南宋与元朝铁骑的最后一战，也就是发生于广东新会县的崖山之战。

在那次大战中，南宋宰相陆秀夫仗剑逼令自己的妻儿跳海，然后自己背负着仅有六岁的南宋末代小皇帝蹈海而亡。此战宣告了南宋王朝的覆灭。我的外祖父在刀剑横飞中，被打落海中，后被人救上岸，并历尽艰辛逃回了老家。从此，外祖父一直避居乡间，靠巫术、卖卜与看风水为生，活到九十九岁才离开这个世界。

我出生的时候，那场大战已经过去了整整半个多世纪。在儿时，我已经记不清母亲陈二娘不厌其烦地讲述过多少遍外公抗击元军的故事。在我的童年乃至少年时期，外祖父的英雄事迹是我成长的精神动力。在我的印象里，外祖父是一个高大且固执的老人。有故事的人，总是习惯于躲在他的回忆里，而不喜欢别人的打扰。

我实在没有办法将眼前的老人，与母亲故事里那个神一样的人物联系起来。我喜欢故事里的外公，他符合一个孩子对于英雄的所有想象。故事里那个有着忠君报国理想的外公，那个敢于反抗元廷压迫的外公，在我幼小的心灵深处产生了巨大的影响。这让我从小就对王朝更迭、天下易主之事产生了浓厚的兴趣。或许正是这一点，我的政治意识要比同龄孩子树立得早，也更为强烈。

我那穷得叮当响的家庭，居然还能和一段传奇扯上关系。这让我甚感欣慰。就像快要饿死的叫花子，居然从空荡荡的钱袋里翻检出一块铜板。母亲是外公的二女儿，天性开朗大方，深得外公的疼爱。听母亲说，在她幼年时，见过大世面的外公就开始教她读书识字，给她讲述自己经历过的故事或者那些历史掌故和各地的风土人情。

长大后，母亲能歌善舞，曾经在乡间迎春赛会与社戏上都有上佳表现。从我记事起，我就无法从母亲苍老的面容里，找出那个曾经跳脱灵动的身影。我始终不明白的是，如此出众的母亲怎么会嫁给老实巴交的父亲。在我看来，一个不能给自己的女人带来最基本的生活保障的男人，是不应该成家立室的。

在我出生之后，尽管家境窘困，母亲还是节衣缩食将我送进了私塾。我在私塾待了不到一年，就由于家里的生活实在难以维系，只好辍学回家。我开始像其他孩子那样通过放牛割草来补贴家用。

尽管如此，在母亲的悉心教导下，我还是勉强学完了《百家姓》《千字文》等发蒙读物，也为自己打下了浅薄的文字根底。正是因为有了这样一位伟大的母亲，我看这个世界不再是一种颜色，内心也因此拥有了区别于一般农家娃的开阔。我要感谢我的母亲，她为我打开了世界的另一扇窗，让我的人生有了另外一种可能。

我父亲带着全家搬迁到了濠州（今安徽凤阳）钟离县太平乡孤庄村。不久，我来到了这个世界上。我第一眼看到的世界，是一个充满饥饿、寒冷、肮脏、混乱的世界。饥肠辘辘的哥哥、姐姐站在母亲旁边，用肚子的咕咕叫欢迎又一个家庭新成员的到来。朱五四是父亲的本名，名字取得过于随意。所以我做了皇帝后，为他追加了一个名字——朱世珍。

在那个战乱纷争的时代，无休无止的杀伐，造成了濠州的钟离、定远一带地广人稀。尽管如此，在这片贫瘠而广袤的土地上，却没有一尺或者半寸属于我和我的家人。此处毗邻舜耕山，境内经常有虎豹出没。“樵者不敢入于山，农者不敢耕于野，商旅不敢出游途，孳畜不敢牧于薮。”当地官府领兵马及当地猎户，七八年间擒获了一千余只猛虎。我们全家迁居孤庄村时，“自定远抵淮涘，南北数十里，嵁岩林莽，虎聚为患，村落震恐，行旅戒严于其途。后元命将军应宜儿赤捕杀殆尽，其患始熄”。孤庄村之所以称为“孤庄”，与这里人烟稀少、虎聚为患有着很大的关系。

我出生于元文宗时期。当时，整个中华大地正处于蒙古族的统治下，全国人分四等——蒙古、色目、汉人、南人。朱家属于南人范畴，位居社会阶层的末流；而在这末流的南人之中，我们朱家又是最为贫困、最为低贱的雇农，应该属于草根中的草根。这也是我言必称“淮右布衣”“江左布衣”“起自田亩”“出身寒微”的主要原因。

我并不是有意炫耀自己卑微的出身。如果可以选择，谁愿意承认自己是草根四代、五代呢？我在当了皇帝以后，也为自己的底层身份而感到苦恼。我不是天生贵胄，也不是中产阶级，而是彻头彻尾的草根。我一个人在命运的迷宫里追赶童年，用淮河里的泥水洗刷自己。

古今中外的帝王中，唯独我朱元璋是含着草棍儿来到这个世界。

我暗示过身边那些文臣儒士，看他们能不能帮我想一想办法，让我与前朝的某位王侯将相或者名士大儒攀上血缘关系。毕竟我是做了皇帝的草根。我提示他们，我们老朱家不是出过一个理学大家朱熹吗？只要能够与朱熹那样的大人物攀上关系，自己就成了圣人之后。圣人之后当皇帝，自然是符合天道神意。

有一次，我接见一位姓朱的本家时，他是一个县的教谕。我问他是不是朱熹的后代。他回答，不是。他表示，自己虽然仰慕朱老夫子，但朱熹并不是自己的祖上，不能乱认祖宗。

这件事对我的内心触动很大。连小小的教谕都不肯乱认祖先，何况我这个皇帝。从那以后，我就打消了先前的想法，坦承自己是一介布衣。每个人的出身都是一条隐秘的通道，越是隐藏，就越会清晰地在生命里浮现出来。此刻的我坐到我应该坐的椅子上，大臣们行礼如仪，令人有一种恍惚感。不靠祖宗不靠天，凭自己的能耐给老朱家打下这样一份江山。我相信，很多年以后，那些朱姓的后人，都会寻根溯源来争着抢着认我朱元璋做他们的祖宗。不信走着瞧。

“布衣”这个词虽然是我们这些平民百姓的代名词，但蕴含着一份骄傲。

我承认自己是“布衣”，还有一个很重要的原因，可以借此拉近与广大农民的距离。虽然进城做了皇帝，可我的内心深处永远藏着一个泥腿子，藏着一个比农民身份还要卑微的游民。对于成功者而言，最初的身份越低微，经过奋斗所获得的社会身份越高，卑微与显赫的落差就会成为一生为之炫耀的资本，比如我这种人。幸好我成功了。对于一个成功者来说，他的起点越低，高处显得越高。用乡下人的话说，我朱重八是一个有大本事的人。

作为一个没有多少传统文化教养的游民，我在用“淮右布衣”界定自己身份的同时，也模糊了游民与士人的界限。其实严格划分，我们朱家的雇农身份是乡村社会里的赤贫阶层。也就是说，我们的身份比真正的农民还要卑贱。农民还有属于自己的土地，而我在双亲亡故后，连埋葬他们的方寸之地都没有。

重八这个名字的由来

按照当时的习俗，没有多少文化的平民百姓一般不起名字，只是用行辈加上父母年龄合算的数目或用出生年月、兄弟排行等作为称呼。辈分不乱，排行不乱，阿猫阿狗随他叫。

我的大伯朱五一有四个儿子，也就是我的堂兄弟重一、重二、重三、重五，父亲朱五四有四个儿子，也就是我的大哥重四、重六、重七和我。因为我在这个大家庭中排行第八，所以取名“重八”。

我羡慕那些读书人，他们生来就把儿女的名字磨洗得神完气足。人如其名，名字成了人的镜子。但是有的人名字还是名字，人却活成了阿猫阿狗。至于像我这样的人，能够拥有一个名字“重八”，活上一辈子，已经要感谢造物主的恩赐。

元天历元年（1328），对于我朱家而言，可谓双喜临门。七月，大哥重四娶妻王氏，为我们家添了第一房媳妇。九月十八日，我来到这个世界。大嫂在我出生两个月前就进了我们家的门，可以说是看着我长大成人的。如果一个人可以选择自己的命运，我不会选择在这个时候来到这个家庭。

穷人家的孩子一个接一个地出生，添丁进口只会使原本艰难的生计更雪上加霜。

有人说，穷人多生孩子，只会越生越穷。那是他们不了解当时的农业社会。在传统的农村生活方式下，生育抚养孩子的成本相对较低，而孩子较早地投入经济活动，也能给家庭带来收益。加之传统农业社会中，孩子由于饥饿、营养不良、疾病、战争等原因，死亡率较高，不容易存活，因此，孩子稀缺。正因为如此，孩子也就成了一种收益较高的资源。我们当地人说，一棵草有一颗露水珠子，就是这个道理。

穷人的孩子出生本没有多少值得记录的。可是我后来成了皇帝，原本平淡无奇的出生就被史官和来自民间的各种传说演绎成了一起灵异事件。人，在这个世上走一遭，虽然很难再回到原点，但经历过的风雨、体验过的沧桑，都会变成自己的血肉和细胞。

等到我称帝建立大明时，那些同乡方才觉得，元致和元年（1328）的九月十八日是一个何等神奇的日子。他们口口相传我这个“真龙天子”降生时的种种神奇与灵异。我相信，那些后世文人也会不惜笔墨，将所谓祥兆记录下来。

他们说，那天夜里，朱家的房顶上一片红光。左邻右舍都以为失火了，纷纷跑来救火。我出生后，被母亲抱到河里洗浴时，从远处漂来一块红罗幛为我裹身。历史就是这样，胜者为王败者寇。而我从母亲口中得到的真相却远没有如此美好。悲苦的人生啊，又怎会播下喜乐的种子。这一刻，我越发思念父母。一切皆空，只有亲情是真实的存在。它就藏在我的血管里，日夜不停地奔流。

母亲说，我出生时先天营养不良，体弱多病，日夜不停地啼哭。我投胎于朱家，也就注定了自己从娘肚子里刚一钻出来，就成为当时社会最底层的人群中的一员。我出生的时候，父亲已经年过半百，算是老来再得子。我的出生并没有给这个家庭带来可以改变窘境的任何迹象，反而给家庭又增加了一份负担。我也因此成为一群嗷嗷待哺的小生灵中的一个。

在我出生的时候，大姐已经嫁给了盱眙县太平乡段家庄的王七一。上天并没有眷顾这对贫贱夫妻，夫妻二人在婚后不久便相继而亡。我的上面还有三个哥哥，一个姐姐。大哥朱重四好不容易娶上一房媳妇，可是二哥、三哥想要成家立户，几乎就成了不可能完成的任务。实在没有办法，他们只好都入赘女方，做了上门女婿。

我做了皇帝后，封二哥重六为“盱眙王”、三哥重七为“临淮王”。我是根据他们的入赘地，给予不同的封号。二哥的入赘地是泗州盱眙，三哥是钟离县东乡。入赘，在民间通常被认为是一件不光彩的事。《汉书·贾谊传》中就有“家贫子壮则出赘”的记载。哥哥入赘虽然是一个家族的耻辱，但也是一条别无选择的活路。

对于父亲而言，让两个儿子相继入赘也是没有办法的办法。既可以让两个哥哥有了家室，也少了两个人的重税。二姐嫁给三哥入赘地钟离县东乡的一个渔户李贞。李家同样是一个穷得叮当响的家庭。虽然父母育有四子二女，但是在一起生活的只有我和大哥朱重四。大哥婚后育有二子一女：长子圣保，二子驴儿（朱文正），女儿是后来的福成公主。这样算下来，我们一家这时候有八口人。

元顺帝至元三年（1337），我年满十岁。那一年，为了逃避沉重的赋役，我们举家迁往钟离县西乡，依然是靠租地耕种，维持家人最基本的生活。西乡的土壤较差，又加上当地的灌溉条件也不行。一年忙到头，缴了租子就所剩无几，连最基本的生活都无法保障。父亲没办法，只好第二年带着全家再次搬迁。这一次，我们搬到了太平乡孤庄村，为一个叫刘德的地主做佃户。

上无片瓦，下无立锥，最基本的生活来源都要仰赖主人。刘德是那种与我们想象并无多大出入且为富不仁的地主，其对佃户尤其苛刻。如果碰到大灾之年，即使皇恩浩荡，专门发下减免租税的诏书，所起作用也是极其有限的。

地主刘德以减税不减租为由，逼着佃户缴全租。佃户们缴不出，他就放高利贷。通常是借别人一百，先扣掉利息，实际上别人只能拿到八十。等到好年景，他会连本加利和租谷一起催缴。一家人辛辛苦苦地忙碌一年，等于为地主家忙活。不种地，连活下去都难；种地，反倒欠下不少债。这就是当时的现实。

放牛娃的烤牛宴

穷人的孩子早当家。不是穷人的孩子喜欢当家，而是迫于生计。我六岁时就帮着父母做一些力所能及的事，后来帮地主家放牛以贴补家用。

穷孩子也有春天。我不清楚，自己是如何一步步地成为头领的。或许是我的肚子里故事多，心里点子多，又会领着大家玩儿，伙伴们都喜欢围拢在我的身边。我把他们分成几拨，指派头目，订立规则，各占高坡，相互追逐，以定胜负。那时我们最喜欢玩的游戏就是扮皇帝。虽然我们每个人身上都穿着破衣烂衫，但是内心也有求取富贵的愿望。

我把树叶撕成丝丝缕缕的，粘在嘴上当胡子，然后将一块车辐板放在头上顶着当作平天冠，然后往土堆上一坐，装模作样称起皇帝来。小伙伴们则每人捡一块木板，用双手捧着，三跪九叩，高呼万岁。

现在想想不免好笑，但是冥冥之中似乎也有上天的某种明示。

当放牛娃，不仅常挨主人的打骂，而且经常吃不饱。有时候早晨赶着牛出门，直到天色将晚才能回家。牛是吃饱了，可饿了一天的我们，只能一次次地往肚子里灌山中的泉水。上百道菜摆在我的面前，我的眼睛都快花了。风肝龙髓，玉液琼浆，在精美的器皿里泛着光。如果我愿意，后来的我每天都能享受到这一切。而这个世界上，没有第二个人，能够面对这样的排场。可是一个人坐在这样的排场面前，我却快乐不起来。

享乐于我而言，更像是一种折磨。我想到了四十年前的我，那个叫重八的孩子。如果能够穿过时间的隧道，坐在这里，他会沉浸于一场食欲的极乐世界。我想起来，那次与小伙伴们放牛，饿得实在受不了，我盯着那头在母牛肚皮底下吮奶的小牛犊，想出了一个点子。

我抽出了随身携带的弯刀，将锋利的刀尖直接插进了小牛犊的肚腹。伙伴们在小牛犊的惨呼声中都吓呆了。血光让我的面目变得狰狞，也让我更加兴奋。我召唤和我一起放牛的徐达、汤和、周德兴，过来帮忙。一头小牛犊就这样被我们烤着吃了，我这一生都不会忘记那一顿饱食的肉香。

我们只是一群孩子，而饥饿就像一条吐着信子的毒蛇，从空荡荡的胃里钻了出来。顷刻之间，只剩下一张牛皮、一堆骨头和一条牛尾巴。看着伙伴们互相埋怨，急于洗脱罪责的模样，我虽然有些慌乱无措，但是也不免觉得有些滑稽。好汉做事好汉当，我还是自己站了出来。我让他们把牛骨和牛皮就地挖坑掩埋，并用土将血迹掩盖起来，然后将牛尾巴插到山上的岩缝里。我告诉他们，地主刘德如果问起来，大家就一口咬定小牛钻进了山洞里，拉不出来。

这个天真的想法当然瞒不过地主刘德。结果我被毒打一顿，赶回了家。那个平日里像牛一样沉默的父亲重重地给了我一巴掌，没有再说什么，而且承担了赔偿小牛的债务。多年后，徐达、汤和他们在说起这件事时，语气里还流露出钦佩之意。或许正因为如此，我在这件事上所表现出来的敢作敢当赢得了这帮顽劣之徒的信任。

说实话，当我坐在这里回忆这段往事时，我对这件事有了另外一种解读。对于一个心智尚未完全成熟的孩子，这无疑是一次大胆的行动。其直接目的，是为了消饥解馋。而其深层动机，则是对刘德那种为富不仁者的间接报复。尤其是那些日后跟着我一起冲锋陷阵的大将汤和、周德兴和徐达等人，也在分牛而食的小伙伴当中。

从某种意义上说，日后为我成就霸业冲锋陷阵、功勋卓著的许多将领在这时已经与我形成了臣属关系。有人说，从这些游戏中，可以看出少年时期的我，已经具有为改变自己的处境命运而敢作敢为的性格萌芽。对于一个穷孩子来说，改变命运不就是为了吃顿饱饭吗？本以为土地是最讲理的地方，一分耕耘，一分收获，它承认你的用心，承认你的付出。而这不过是理想主义者的想法。在那样一个时代里，土地变成了最不讲理的地方，你十分耕耘，也难有一分收获，它早已像人一样坏了心肠。

随着侄儿、侄女们相继来到这个家庭，我在家中的地位也陷入尴尬的境地。迁居孤庄村那一年（至元五年，即 1339 年），父亲已经五十八岁，母亲五十三岁。由于生活条件所限，一个贫民能够活到五十岁以上，已经算是够本了。而此时的我刚刚年满十二岁，全家八口人的生活重担，就落到了大哥朱重四的肩上。大哥成了家里的主要劳动力。他不仅要奉养父母，还要养育子女，同时还要照料我这个弟弟。作为底层民众中的赤贫家族，我们家连赖以生存的土地都是从地主家租种的。

每天在地里忙碌了一天的大哥，像一头疲惫的老牛，脾气暴躁，并且沉默无言。大哥每次回到家中，看到逐渐苍老的父母和玩性正烈的弟弟，脸色总会变得异常难看。他的这种态度，一度让我和家人并不满意。

为此，我在《御制纪非录》中记下了这段令人肝肠寸断的往事："朕不幸有骨肉乖离之患，且从孙（朱）守谦（朱文正之子）之祖（即朱重四），幼因皇考（父亲朱五四）惜之甚，及壮，无状甚焉，其非奉父母之道，有不可胜言。"

在我的记忆深处，我和大哥重四共同生活的十七年间，兄弟关系并不融洽，有很多不愉快的往事留在心头。一个人生下来，原本是健康的，但生活会将他培养成一个病人，或是残疾人，身体与精神的双重残疾。

在那个纷乱的大时代背景下，一个农民的命运绝对不会比地上爬行的蝼蚁好到哪里去。一场突发的灾难，就会让整个家族和个人陷入难以自拔的人生绝境。天空，大地，所有的人，表情都是一样的冰冷、麻木。

农民的根扎在这块土地上。一切纲常教义，一切与"安分守己""安土重迁"有关的大道理都与土地有关。当无处不在的压迫与榨取，将我和我的伙伴们从这块土地上连根拔起时，我不得不转换身份。农民做不得，只好去做这个社会上的浮浪者，做一个浮食游民。

对于我来说，我并不想掩饰自己卑微的身世。虽然做了皇帝，我经常会命令那些儒臣将我的身世和经历用文字记录下来，可是执笔者总是闪烁其词，不敢如实地描述我当年艰难窘迫的处境。他们落笔时常有所保留，或文过饰非，美化成分居多。

他们到底在怕什么？怕玷污了我天授神权的光辉形象，还是怕权贵们不服？

我并不领他们的这份情。那些似是而非的文字，让我感到厌恶。只要有时间，我愿意自己动笔书写自己的人生。也只有我自己能够把当年所经历的场景和情感准确地表述出来。我经常用自己的文字记录当年所经历的艰苦岁月。

在所有的记录中，我用情、用力最深的，应该是洪武十一年（1378）写的那篇《御制皇陵碑》。一个人到了盖棺落定的时候，只能任由别人评说。尽管如此，这块碑也会成为我留给这个世界的最后话语。

这块石碑后来被我立于安徽凤阳的朱氏祖坟前。碑文中如此写道："予时秉缆窥形，但见苍颜皓首，忽思往事之艰辛。况皇陵碑记，皆儒臣粉饰之文，不足为后世子孙戒，特述艰难，以明昌运，俾世代见之。"也就是说，自己常常照镜子，见到容颜渐老，头发花白，就难免会想起当年所经历的那些艰难困苦。

那些儒臣士子所写的皇陵碑文，不过是一堆美化粉饰的符号，不足以给后世子孙留下鉴戒。我之所以用自己虽拙劣，却不乏真实的笔触书写自己的身世，就是为了让后人明白，我朱元璋是怎样一步步地走向人生巅峰的，怎样一步步地实现家国昌盛的。我要将自己的奋斗史原原本本地传至后世。

从至元五年（1339）到至正四年（1344），我在孤庄村生活了五年。在那贫寒的岁月里，我从十二岁的少年成长为十七岁的青年。十七岁，对于那些富家子弟来说，是风流锦绣的年华。可是，对于我们这些穷人家的孩子来说，留在记忆中的只有苦涩和辛酸。

那时候的我已经作为一个家庭的主要劳动力，与父兄一起扛起了生活的重担。我要对所有农活如臂使指、挥洒自如，要熟悉民风民俗、人情世故，甚至要成家立业顶起一个户头。如果不出意外，我将沿着父兄的生活足迹，成长为一个勤劳、淳朴、忠厚的凤阳农民。

在淮河岸边那块古老的土地上，我曾无数次地仰望星空，希望能够得到某种指引。

对于我所生活的这个时代，农民一旦脱离了祖辈生息之地，就意味着脱离了宗法网络的庇护，就会很容易被当时的主流社会所甩脱，成为一名游荡于城乡之间的游民。游民是在主流社会失去容身之地的人。他们所托命的空间就是所谓"江湖"，那里风波险恶，一饱难求。他们也由此成为在农村之间辗转、租种土地、以农为生、没有流入城市的人群。而我和我的父兄就是此类人。

灭顶之灾

元至正四年（1344），一场突如其来的天灾，彻底摧毁了相对宁静的贫寒岁月，也完全改变了我的人生境遇。那一年的春季，数月无雨，江淮大地千里赤旱。铺天盖地的蝗虫风卷残云般地将田地里残存的青苗吞噬得干干净净。接着，一场席卷而来的大瘟疫在蝗、旱灾害的双轮驱动之下，更是威力空前，使我们全家顷刻之间陷入灭顶之灾。

我的父母和长兄都死于这场天灾人祸。我记得很清楚，从四月初六到四月二十二，短短的十几天内，父母、大哥朱重四相继死亡，随后不久三哥朱重七也离开了人世。

对于风雨飘摇的家族来说，亲人的相继离世，无异于天塌地陷，但又何尝不是一种解脱？逝者已逝，生者还要继续挣扎。活在恐惧深水中的漂浮者，没有救命稻草可以抓。

中国人讲究的是入土为安。在一番痛彻心扉的悲痛过后，我和二哥重六经过一番合计，前去哀求地主刘德，希望他能看在数年主客一场的份儿上，施舍一块坟地给我的父母。这就是我十六岁的全部记忆。在这一年，我迎来了人生最为黑暗的一个阶段。亲人病逝都无钱埋葬，最起码的生存条件丧失殆尽。由于我们朱家是生活在自己的宗族之外，而中国的传统社会最讲究的是宗族观念，乡村社会基本上是依靠宗族力量在维系繁衍。对于像我们这样从父辈就迁徙过来的外乡人来说，根本享受不到来自宗族力量的庇护。当生活陷入绝境时，也很少会有人愿意向我们伸出援助之手。这种完全依靠个人力量在世间求生存、求发展的现实，也让我的性格深处有了更多坚硬的成分。

如果这个世界是一个有生命的蛋，那么，我所要做的，就是将自己打磨成一块没有生命的石头，然后去砸碎这个世界，以此换来自己的重生。长时间的干旱使脚下的土地板结成坚硬的石头。大地上只有零星的树木，早已枯干，像僵尸一样挺立在那里。即便是枯木，也已经是浑身伤痕累累。那都是人的牙齿啃噬的痕迹。我清晰地记得，我的牙齿曾经在哪几棵树的哪个位置留下过痕迹。

在土地上辛苦劳作了一辈子的农民，死了却没有一寸埋骨的土地。我和二哥本来希望刘德能有一颗怜悯之心，给我们一块埋葬父母的方寸之地。可结果还是让我们失望了。刘德不但没有给地，还把我们兄弟俩狠狠地羞辱了一通。当时的我，恨得牙痒痒，杀他的心都有。可现在我不再这么认为。现实难免让人绝望，你永远不要指望别人来体验你的苦难，然后再来与你分担痛苦。

现实毕竟不是一潭绝望的死水。父母生前的良善还是为他们死后积攒了福祉。同村人刘继祖得知情况后，很是同情我们家的遭遇，就给了我们一块田地，作为父母的葬身之处。

刘继祖怎么也不会料到，自己出于好心赠给我朱家的这块地，会成为日后的"龙脉"，会成就一个王朝的万世根本。我和二哥千恩万谢，感激不尽。但是死者衣衾棺木还是没有着落，只好包裹了几件破烂衣服，抬到坟地草草掩埋，以安顿亲人的亡灵。

那一天，我永世不会忘记。那一幕，成为折磨我一生的黑色魔咒。我和二哥重六来到坟地，正要准备动手挖坑，天空突然电闪雷鸣，风雨交加。等到云散雾开，我们再到坟地去看，父母的尸首不见了。刚才的暴雨将山坡上松软的泥土冲塌，恰好埋住了棺椁。

三十五年后，我在写皇陵碑时，回忆起这段往事，依然能够体会到当时的心如刀割。"殡无棺椁，被体恶裳，浮掩三尺，奠何肴浆。"如此巨大的打击在我年少的心头投下了浓重的阴影。每念及此，肝肠寸断。他们都死在那个万恶的年代。死亡是他们的解脱，让他们的灵魂变得明亮和喜气洋洋，不再受这世间的罪与罚。

无奈出家

在那个艰难的世道里，穷人好像生来就是为了尝尽生活的百般苦楚。对于我们这样一个视身体痛苦为生存常态的民族而言，精神上的痛苦并不具有普世意义。尤其对于我所处的游民阶层，若有人说自己精神痛苦，或灵魂不堪重负，那一定会有人说，你是异类，是精神病患者。对于我们来说，流汗吃饭，流血赚钱，是王道，敢于寸刀割人，必然要做好加倍偿还的准备。

于我而言，苦难并没有因为一个人的不堪忍受，自动退去或者消解于无形。十六岁的我就这样眼睁睁地看着自己的亲人一个个消失在自己的面前，却毫无办法。只有短短的十三天，死神就先后夺走了我的四位亲人。

对于一个半大孩子，这种打击到了让人难以承受的边界。而在此次灾荒之前，二嫂、三嫂都已经先后病故，二哥的独生子也夭折了。现在，朱家只剩下我和二哥重六，以及大嫂王氏和她的一双小儿女。

大嫂王氏因公婆、丈夫均已过世，她也不愿意留在这个支离破碎的家庭，便带着子女回娘家度日。接着，二哥重六也返回入赘的岳父家中。让我没有料到的是，我与二哥重六从此再也没有见面。

暮年的我在书写《皇陵碑》时，颤抖的双手握不住一支笔，内心的痛楚是常人难以体会的。家破人亡，亲人离散，兄弟也要分头逃难。这一分手，就有可能会消散于世道苍茫，或许再也不会有见面的机会。我依然能够清晰地记得，我和二哥分开时，抱头痛哭的场景。

朱家现在只剩下我和二哥相依为命。可是为了能够活下去，我们还是决定分头寻找活路。在艰难的世道里，两个人不能抱在一起等待死亡。二哥说，为了活下去，咱们兄弟也要各奔东西谋生存。唯有如此，方能渡过灾荒。两个悲惨无依的孩子就这样各奔东西，挥泪而别。

后人有一句漂亮话，命运在为一个人堵上一扇门的时候，同样也会为他打开另一扇窗。既然从命运之门爬不进去，那就翻窗而入，翻墙而入。或许是命不该绝，让我遇到了汪氏老母。她为我指引了一条活路。汪氏老母是我们家的邻居，丈夫早逝，带着三个儿子艰难度日。当她看到已经沦为孤儿的我，便经常接济一碗粗茶淡饭。

在汪氏老母的筹量下，无路可走的我入寺当了一个游方和尚。不为晨钟暮鼓修来世，只求一顿饱饭度今生。

2. 我的乞丐生活——生死徘徊的江湖游民

我听见洪水慢慢退去的声音，我看见淮河两岸瘟疫又起。上天似乎要将他的人间子民逼至绝境，连续四十天的干旱无雨，赤地千里。大水退后种下去的庄稼干枯了，划根火柴就能点着整个大地。人们心头仅存的星星点点的希望火焰逐渐熄灭。如果天要绝人的活路，人能奈何？

对于淮河流域生活的人们而言，逃荒应该是他们最不陌生的一项关于生存的必考科目。

沿着孤庄村尘土飞扬的乡间土道，一群群扶老携幼的难民艰难地向前移动着。大旱之后，又遇蝗灾。寥寥中原，赤地千里，饿殍枕藉，哀鸿遍野。

在这个世界上，大多数人的命运却掌握在少数人的手里。对于他们来说，三个也好，三百万也好，仅仅是数字的变化。千千万万挣扎于底层的农民，既是天灾人祸的承受者，也是一战成名的付出者。大历史看上去好像和他们没有多大的关系，因为大历史好像只漫步于高墙森严的官邸府院。可是，谁也不能否认，在他们身上有着改写历史的最大可能。

孤庄村外到底有着怎样一个闹哄哄的世界，我一无所知。我没有出过一趟远门，也不知道自己该往哪个方向去。对我来说，哪个地方收成好，能够赏口饭吃，我就朝哪个方向奔去。此刻的人生对我来说，只意味着这一顿饱饭和下一顿饱饭，除此无他。

为了能够混口饭吃，我被迫遁入空门，在皇觉寺当了一名和尚。当生活将一个人逼向绝境的时候，少年情怀感受更多的只是世态炎凉和人性的善恶。虽然经历了世间最深切的苦楚，所幸的是自己并没有被生活的苦海恶浪生生吞没，浮浮沉沉，苟且乱世。

至正四年（1344）九月十九日，这一天是观世音菩萨的涅槃日。而前一天是我的十七岁生日，生日对于如同孤儿的我来说，能够想到的，无非是父母苦难的一生。在万般无奈之下，我只好选择进入皇觉寺当了一名游方和尚。

我不感谢大慈大悲、救苦救难的观世音，我要感谢我的邻居汪氏老母。这个善良的农村妇女备了一份礼物让自己的孩子到寺庙中送礼，恳请寺庙的主人能够收留我。在她的帮助下，我才得以进入皇觉寺。从此，人世间少了一个无依无靠的游民，皇觉寺里多了一名混饭吃的小行童。

在刚刚进入皇觉寺的时候，我还不具备佛门弟子的资格，只能算是一名供寺院役使的小行童。我每天必做的功课是扫地、上香、打钟、击鼓、煮饭、洗衣等杂活，而这些活计能换一顿饱饭，该是多么幸福的一件事。

我不为信仰而来，也不为修行而来。与活命相比，任何信仰都是苍白空洞的。那些高高在上的神佛无法征服我这颗世俗的心。我只求他们保佑吃完了饭的我，能有下一顿饱饭。

有一次，打扫佛殿累了，我走到伽蓝殿时不小心被伽蓝神像的石座给绊了一跤。我拿过扫帚憋足了劲儿打了伽蓝神一顿。还有一次，我因为大殿上供养的大红烛被老鼠啃坏而遭到长老的数落。事后，我向师兄讨了一支笔，在伽蓝神像的背上写了“发配三千里”五个大字。虽然皇觉寺是一座寺庙，但毕竟也是微型社会。初来乍到的我，年纪小，资历浅，既要忍受长老的斥责，还要忍受那些年长和尚对我这个新人的欺负。这些都算不上什么事。我在神龛前念叨，让我做一个饱食终日的和尚。但念叨完，我的内心仍旧隐隐不安。难道这就是我人生的终极理想吗？事实证明，这当然不是。

能够栖身于皇觉寺，算是上天给了我一次重生的机会，我不敢再有其他奢望。怕欲望太满，神佛也不灵光。

枯燥的佛门生活，并没有让我这颗奔腾的心平复下来，反而让内心郁积了更多难以排解的怨气。在无人关注的佛门角落，到处都留下了我纾解情绪的行迹。那些泥塑的菩萨对我来说，不是让人参拜仰视的神像，而是我情绪发作时的破坏对象。

化缘乞讨

我投身寺庙后不久，淮河流域又迎来一场天灾人祸的大饥荒。皇觉寺僧人平时靠收租维持生活。当灾荒袭来的时候，佛门也难以自保。寺庙主持只好紧闭庙门，将庙里众僧遣散，而我也成了遣散对象。

本就无路可寻的僧人们只好投身于纷乱的世道去寻找活路。所谓活路，无非就是游走民间，化缘乞讨。只有这样，才不至于饿死于佛门禁地。

从九月到十一月，我在寺庙里只做了五十天的行童。从未离开过熟人社会的我，只得独自一人栖栖惶惶地走上行乞之路。日出上路与饥民相伴，暮投古刹伴清风而眠。逃荒之旅，让我体味了人间的冷暖艰辛，看遍了世间百态万象，了解了社会上各色人等的生存方式。这些都是我在那小小的孤庄村所无法体验到的。

当我再度背上破包袱，提上木鱼和瓦罐，重新投入社会时，有了一种恍如隔世的感觉。这种感觉更多的是由于身份的变化所引发的。我先后漂泊到了庐州、六安、汝州、颍州等地。

如果说在此之前，我还只是大元朝濠州府钟离县太平乡孤庄村里的一个普通男丁，是父系朱氏和母系陈氏家族血缘关系链中的重要一环，是皇觉寺有度牒在身的和尚，那么，从我迈出皇觉寺门槛的那一刻，就彻底陷入了人生的迷茫。

与我相伴的只有孤独、寒冷、饥饿与疾病，死神不时地在我身边徘徊。就算有着超然于同龄人的个性，我也无法为自己找到一个准确的人生定位。我甚至卑微地觉得自己和地上那一只只爬行的蝼蚁并没有多大的差别。蝼蚁尚且偷生，何况是人，无论多么艰难，都要活下去。

一个底层之人的生与死，对于当时的社会来说，都是微不足道的事。当我一个人的时候，我会偷偷地拿出母亲留给我的一面铜镜。透过这面镜子，我会发现一张陌生的面孔，一双深藏于高眉棱骨下透着愤怒的眼睛，那足以让人看一眼就无法忘掉的倔强的表情。当然，拥有这副尊容的主人不是别人，而是我。我从没有在乎过自己的容貌。对于一个男人而言，长成什么样子并不重要，重要的是要有一颗永不屈服的心。

从来到这个世界上，那一场接一场的人间灾难，就好像前世已经彩排好似的，排着队碾压过我的精神与肉体，企图将身上所有可以证明自我存在的价值符号都一一擦去。

父母双亡，兄弟离散，几乎所有与血缘有关的联系都被艰难的世道无情地割断。

官府衙门不会管我的死活，地方甲长也不会在意一个游民的出现或者消失，如今连一座香火不济的寺庙也不肯收容我。在布满恶风浊浪、险峰沟壑的人生旅途上，我就像是一个捕风的汉子。在烽烟四起、风雨飘摇的元末大起义前夜，我并没有做好精神上的任何准备。

生活的历练是命运强加给我的，而我别无选择，只能义无反顾地上路，上路。

云游，听上去是一个多么浪漫的词汇，可是对于当时的我来说，是必须跨过的第二道生死关，与乞讨并无区别。与先前父母的突然病故，家庭的分崩离析以及自己的衣食无着相比，此时的我显得那么的无助与茫然。

当时，还有二哥陪伴在身旁，还有乡邻刘继祖、汪氏老母、赵氏干娘相助。而此时，我却要孤身一人上路。那些不确定的因素会在茫茫前路等着我，随时会夺走我本就脆弱不堪的生命。

很多年后，我对这段经历还是念念不忘。想想那些时日，自己过着怎样不堪的生活。十六七岁的少年，无依无靠，而又身无所长。如果投靠亲戚的话，穷人结下的都是穷亲戚，自足尚且不能。就算有一两个富亲戚，穷家破业之人只会自取其辱，遭人家白眼。

天不亮就起身赶路。突然看到有人家的烟囱冒烟，赶紧上门乞讨，唯恐晚了一会儿就一无所获。到了夜间，要找一个遮风避雨的地方休息。远远地看见前面有座古庙，就快走几步，拖着疲惫的身躯踉踉跄跄地投入庙中。

我常常一个人倚着冰冷的山崖，望着高空悬挂的那轮皓皓明月，想起早已不在人间的父母，感觉自己就像是到处游荡的野鬼。寒风凛冽，远处传来猿啼鹤唳，让人如同置身于一个鬼魅世界。倏忽间，霜雪降临人间，整个人就像一株被风吹得飘忽不定的野草，而内心深处却成了一锅烧开的热水。我常想，我的一生是否会一直这样下去。

三年的生活就这样如浮云飘荡，我由十七岁的少年长成了二十岁的壮年。

漂泊的江湖生活拓宽了我的视野，丰富了我的人生阅历，更重要的是磨砺了我逆境中求生存的本领。可是，这个时候的我毕竟是一个挣扎于社会底层的小人物，来到寺庙是为了能够不被饿死，而所谓云游也只是为了能够活下去。

当一个人的身份越来越模糊时，就意味着这个世界已将他无情地抛弃。对于像我这样的浮浪者而言，除了用死亡或流亡的方式来摆脱暴虐统治加诸身上的压榨剥削外，往往会采取一些非正常的或绝非自己所愿的对抗方式。那就是变身匪盗，或集体造反。

当一个人的生存受到威胁时，就不得不逃亡。逃亡，让一个游民无限地接近于匪盗。匪盗会合啸聚到了相当数量，就会变质为犯上作乱的造反者。在脱离了主流社会后，我们很容易失去自己的角色定位。我们就仿佛无根浮萍，没有地位，也失去了社会最起码的尊重。我们是一群随着时势浮沉游荡的人，为了达到眼前的目的，我们会不择手段。是非黑白，对于我们并不重要。重要的是活下去。

一些士大夫，甚至普通人需要掩饰的观念和性格，在我们看来，根本就没有掩饰的必要。在那些达官显贵看来，我们的血液里流淌着难以抑制的反社会倾向。而这种倾向，是随时可以引爆的易燃品。

至正六年（1346），我曾经返回家乡祭扫父母。由于灾情不减，寺院住持拒绝让我回去，我只好继续漂泊。直到至正七年（1347），云游四年后，我才返回皇觉寺。

这时候的我，和四年前已经有了脱胎换骨的改变：一是随着年龄的增长，心智方面变得更加成熟；二是云游经历，让自己更大范围地接触到社会的各个层面。我深切地感受到，眼前的孤庄村变得那么小，而孤庄村外面的世界却变得那么大，吸引着我投入其中。

我也不知道自己在外面究竟漂泊了多久，太阳升起又落下，落下又升起。

从至正四年（1344）离开皇觉寺外出化缘，直到至正八年（1348）我才又重新回到濠州。我一个人在外面整整漂泊了四年。或者说，我在外面讨了四年饭。我饱尝了人世间的白眼与斥骂，每天问自己最多的一个问题就是，下一顿饭在哪里？

我也不知道自己在外面究竟走过哪些地方，只知道有村过村，有寨穿寨，遇到城市，就多待一段时间。我如同一个乞丐，也的确是一个乞丐。

任何时代，城市总要比乡村富裕，有饭吃的概率也更大。在一个城市里待腻了，就想法子去投奔下一个城市。在四年的化缘生涯中，我曾走过许许多多的州县。离开皇觉寺后，我先是来到了合肥，然后转道向西，到过固始、光州、息州、罗山和信阳，再向北转，到过汝州和陈州，最后由东返回，经过鹿邑、亳州和颍州。

我要从南走到北，还要从白走到黑。我要人们都看到我，但不知道我是谁。

我在外面游荡了四年，经过许多地方，到底经历了多少人生的苦难，已经很难计算清楚。不过，从另一个角度来看，我的收获应该是大于苦难的。如果说，以前的我是一块坚硬的石头，没有什么困难能够使我屈服，那么，经过四年的外出游荡，在我的眼里，天底下已经没有什么东西可以称之为困难。

困难从来就是弱者的墓志铭，不屈才是一个强者的通行证。世道越难，骨头越要硬。

乡绅也造反

从至正十年（1350）到十二年（1352），我又在皇觉寺待了两年。这两年是我人生最重要的一个时期，同时，又是一个学习历练的过程。我的学习内容，无非是佛教方面的基本知识。以当时濠州钟离的贫穷，皇觉寺的简陋，当地人文化素质的低下，皇觉寺只是一个藏身、混饭吃的场所，不可能有多少佛经供我修行所用。

吃不上饭的时候，让人觉得那些絮絮叨叨的禅言佛语听上去就像一个笑话。

就在我为了能够混口饭吃，暂时寄居于佛门净地时，外面的世界已经如同一锅鼎沸的水闹腾开来。至正十一年（1351）五月，颍州白鹿庄爆发农民起义，领头者是颍州刘福通和颍上人杜遵道、罗文素、韩咬儿等人。从至正十一年（1351）五月到至正十二年（1352）三月，短短十个月内，北起黄河，南越长江，东际濠、泗，西抵荆、襄，鄱阳、洞庭之滨，浙西、赣南之地，红巾军遍地游走，一副末世狂舞的乱象在整个中华大地蔓延开来。

距离我最近，也最让我感到不可思议的是定远大户郭子兴也于当地举兵。周边数万贫民闻风而动。他聚众烧香，成为当地白莲教的带头大哥。一个多月后，他组建的军队攻克濠州，他自称元帅。这个有吃有喝有地位的乡绅，也要造反。这世道让我越来越看不懂。

许多像我这样走投无路的贫民为了能够保住最后的生存底线，拼死也要杀出一条血路。只有血路，才有可能是一条活路。我不再患得患失，我开始务实地面对生命中的所有困顿。我懂得了自己无论置身于何处，都应当从脚下这方土地寻找出路。

这时候白莲教在民间组织的影响力已经有所显现，白莲教也称作白莲社。他们所信奉的宗教教义，实际上就是明教，也就是摩尼教的教义。摩尼教所宣传的理念是黑暗即将过去，光明即将到来，口号是“明王出世，天下天平”。

这时候还在皇觉寺混斋饭吃的我，通过各种途径对佛门外的世界已经有所了解。

一场大饥荒带来的巨变，犹如一把利刃生生割断了我身上所有的世俗锁链。父母不存，兄弟失散，家族的社会关系都被一一割断。

我觉得自己一无所有，在这个世界上失去了人生的定位。每天当我睁开眼睛时，见到的不是第一缕阳光，而是一个无序、混乱、凶险的冒险空间。失去了家族和寺院的庇护，我就像一只断了缆绳的小船，任何一场突如其来的风浪，都有可能将我吞没。

就在我栖身于皇觉寺内吃斋念佛时，濠州城已被红巾军首领郭子兴占领。

攻占濠州城当天，红巾军一把大火焚毁了我的栖身之所——皇觉寺。元政府得知濠州失陷的消息后，立即派兵马驻营于濠州城南，声称攻城。可是他们并不敢与红巾军展开正面交锋。他们只在周边地区抢掠财物，或者抓一些青年男子，然后，在他们头上系一块红布，算是俘虏的红巾军，上交请赏。濠州一带的百姓被逼得走投无路，只得进入濠州城避难。这无形之中壮大了红巾军的力量。

按道理说，我在皇觉寺里做了七八年和尚，人生十分之一以上的时光是在佛的教诲下生活，应该时时处处信奉佛的教义。可事实并非如此，当了几年和尚，对于我来说，多的不过是一种人生经历，是生存的历练。

藏身于皇觉寺，不过是为了混口饭吃而已。我根本就没有心思去诵经念佛。我懂得的只是佛家的一般礼节常识，至于佛家思想、教义，不过是人生旅途中的浮光掠影罢了。

来自荒原的狼

当云游四年再度归来，我已拥有了丰富的游民经验。有人因此推断，在这四年的流浪生涯里，我接受了新的宗教、新的思想，甚至说我加入了民间社会的秘密组织。他们说的不完全对，也没有错。如果说，人的青少年时期是一个人学习成长和积累的过程，那么，这四年的江湖经历，相当于我在社会这座大学完成了全部的学业。

在任何时代，游民的社会经历和社会经验都会比那些困于一处的农民来得更加纷繁复杂。也正因为如此，种种世相才历练了我的多重性格。丛林，自然就实行丛林法则。其他的，说多了就成了招牌和幌子，晃了别人，也晃了自己。

在这四年里，我遇到过各种各样的人物，与社会上的三教九流、底层百姓一起摸爬滚打。既得到无数好心人的帮助，也受过别人的胯下之辱与白眼。在我所经历的人间万象中，我体察到的是人性的弱点和人情的真伪。而所有这一切，成全了我性格深处猜忌、残忍的另一面。也让我懂得在什么时候该缩回壳里当一个软体动物，什么时候该梗着脖子装硬汉，能忍常人之所不能忍，为常人之不敢为，该出手时便出手。

我这个乞丐，曾经无数次地在争食抢地盘的街头，和其他乞丐们挥拳拔刀。我们没有仇恨，有的只是一点儿聊以糊口的利益，以一敌众，刀刀见红。就是在这样一次又一次与死亡的博弈中，我用自己的勇气狠狠地扼住了命运的喉咙。

在艰难的世道里生存，凭着对人情真伪的洞察来识别人心。谁是自己的敌人？谁又是自己的盟友？我懂得了利用人性的弱点来控制、驾驭身边的人，将他们玩弄于股掌。如果说黄沙铺就的官道接通了个人奋斗的理想叙事，那么，布满泥泞与陷阱的羊肠小道就是通向江湖的风险之路。在体制与江湖之间，或许有一个供人自由出入的灰色地带，但不属于我这种人。

晚年时，每当我回忆起这一段人生经历，不无得意地感慨道："阅人既多，历事亦熟""人情善恶、真伪，无不涉历""人之情伪，亦颇知之"。那一段生死漂泊的江湖经历，让我迅速地成长并成熟起来。对于人生的几十年光阴来说，这段经历帮助我迅速地跨过了青涩的懵懂年代，将我直接带进了成年人的欲望丛林。

在那个凡事讲究规则的丛林世界，我学会了用更接近于动物本能的视角去看待事物，也就更加深刻地体验到世情的冷暖。人就是江湖，有人的地方就有江湖。正是江湖改变了我的性格，也正是我的性格赋予了后来的朱明王朝一种阴郁复杂的时代特征。

从乡村到江湖，一个农村孩子被社会和生活迅速地催熟了。但是这也让我获得了同龄人所不具备的特质——勇敢，精明，适者生存的手段。江湖在赋予我这些东西的时候，也必然会损伤我身上所具备的与道德有关的品质。

或许将来会有人拿道德的尺子来衡量我这时候的生存标准。可是，对于一个连生存都成问题的人，空谈道德显然是不现实的。就像一头在草原上生存的狼，填饱肚子才是第一位的。为了实现这个目的，它什么样的手段都可以去尝试。暴力源于内心无处安放的恐惧。置身于那样一个令人绝望、迷惘和崇尚武力的时代，暴力成了活命求生者的甲胄，更是他们的饭碗。

从土地上出走的我，已经不再是一个在生活陷入绝境时听天由命的游民。在江湖的历练下，我正在慢慢地成长为生存荒原上的一头狼。在凭借手段混饭吃的江湖，勇气才是生存的唯一法宝。也就是从这时候起，我身上的主动冒险精神表现得越发强烈。

3. 和尚也做不成——求解脱者的出走

元至正四年（1344），黄河这头龇牙咧嘴的野兽，又一次张开了它的血盆大口，接连吞没了河南、山东数州县。元廷决定下大力治河。但是这条屡治屡泛滥的河如同脱缰的野马，根本不眷顾他的子民。历史上黄河决口是常有之事，元朝更是达到了两三年一次的高发频率。而这一次，虽然不是元王朝规模最大的一次治河行动，却是它的最后一次。

此时，大元帝国就好像坐在了一个大干柴库或巨型火药桶上，所有人都在等待着点燃它的星星之火。在历史上，有两个宿命般的来自大自然的地理因素，对中华民族的命运产生重大的影响。一是裸露于北方的万里边防线，二是越来越污浊的黄河。它们既可用来抵御外敌，又能让天灾人祸成为体制变革的助推器。

不过对于来自北方大草原的骑士们来说，一再如同梦魇般困扰他们的，则是那怒涛浊水的黄河。在做出治河决定之前，大元帝国的决策层曾经发生过激烈的争论。

反对派认为：山东连年饥馑，民不聊生。十七万治河民工与军队聚于此地治河，如果管理不当，很容易引发叛乱。比如，各级官吏上下其手，层层克扣，致使朝廷拨下来的工钱，大多在各级管理者手中蒸发了。一旦治河民工出力，却拿不到工钱，心底的愤恨可想而知。

元至正十一年（1351）四月，山东曹县西南黄陵岗工地上，民工们突然在河道底下挖出一个独眼石头人，在石人的背部刻着一句话：石人一只眼，挑动黄河天下反。此种手段于中国历史而言，早已不具有原创精神。从秦朝末年陈胜、吴广揭竿而起时，这种手段就在使用，屡试不爽。

历史就像走马灯，城头变幻大王旗。在人心浮动之际，这种不具有原创精神的游戏所带来的功效要远远胜过那些冠冕堂皇的说教千万倍。我从来没有见过这样的景象，不知眼前这一幕该怎样结束。

这时活跃在河南、河北和山西一带的明教首领韩山童抓住机会，分派手下人四处散布童谣："石人一只眼，挑动黄河天下反。"他们利用遍布各地的教会组织广为传播，大造声势。他们暗暗地刻了一个石人埋于黄陵冈工地的河道上；同时精心策划，分派大批教徒混入民工，宣传天下将要大乱，弥勒佛已经降生。

一传十,十传百，河南、江淮一带的老百姓很快就闻风而动。加上督河官吏克扣修河经费，中饱私囊，搞得民怨沸腾。此时，大有山雨欲来之势。每个改旗易帜的时代，都会迎来一场令人疯狂的盛宴。

明王的召唤

在我游方乞讨的时候，西系红巾军的开山祖师彭莹玉正在淮西一带秘密活动，传布弥勒佛临世的教义。彭莹玉的身份和我类似，也是一名游方和尚。我虽然没有见过此人，但在一些场合和他的教徒有过接触。他的教徒大多是底层民众，和我一样为了生存四处寻找机会。

彭莹玉秘密传布的宗教，相对多元化。他号召教徒烧香诵偈，供奉的神是弥勒佛和明王。

彭莹玉生于浏阳，出家于袁州，布教于淮西，应该算是南派。而另一个系统则是北派，领头人是赵州栾城（今河北栾城）的韩家。韩家几代以来都是白莲会会首，烧香结众，在贫民阶层中有着很强的号召力。因此，韩家早就被官府盯上了。朝廷将其家族谪徙到广平永年县（今河北永年）。等到韩山童成为会首后，更是放出预言：天下要大乱，弥勒佛降生，明王出世。

他们所奉的偶像是弥勒佛，也叫弥勒教；同时，又宣传明王出世，称之为明教。投身其间的教众都认为他们正行走于黑暗的世道，都对当下不满。他们相信，不久以后，将会迎来一个温暖而明亮的时代。下一站，总是会好过这一站。理想世界有一个明显的标志，那就是“明王”或“弥勒佛”的出世。我们要听从他的召唤，要动员天下民众的力量去迎合这个召唤，让宗教预言成为引爆现实的导火索。虽然有人曾经对此发出质疑，但这丝毫没有妨碍那场所谓信仰话题的传播。它像烈火一样熊熊燃烧，很快便产生了吞没一切的巨大力量。

南北两派在起兵以后，由于同样的信仰，又有着相同的目标，那就是推翻元朝政权，于是合二为一。教徒都是用红布裹头，时人称之为红巾军。又因为教众烧香拜佛，因此也称为香军。在他们身上，在他们的杀人武器里，我能够通过香气辨别出他们属于哪一支队伍。

依我对农民的理解，或许是在苦水里泡的时间过于长久的缘故，他们是最容易得到满足的人群。作为社会结构中的弱势群体，他们只有被政府剥削、被官吏虐待、被地主绅士奴役的份儿。因为他们从来就没有被人真正地关心过、救济过，甚至怜悯过。而此时的明教恰好迎合了他们的精神需求。

入教农民的数量滚雪球似的增长，明教的教区也随之扩张，并且反抗朝廷的行动也越来越多。人们相信，在最黑暗和最孤寂的时刻，一定会有一道闪电掠过天际，而明教就是那道闪电。光明会如期而至，而弥勒佛会从西方极乐世界来统治这个世界，使人们的命运来个戏剧性的乌托邦式转变。那些有心造反之人，往往会借助弥勒佛降世大做天命神授的文章。

不知道是不是巧合，我的行乞路线与弥勒教徒起事的场所有着惊人的契合。我的活动路线基本上集中于息州、陈州、信阳和整个淮西流域，而其中前三个是彭莹玉的活动地区。那时的我已经有所预感，在今后的命运中，会有无法预测的风浪。

俗套的把戏总是有着最广泛的群众基础。韩山童与他的亲信刘福通等人假借大宋旗号，以此来号令天下。刘福通首先在白鹿庄聚集三千人，枭首号令，祭告天地，宣称韩山童是宋徽宗的八世孙，应该是中国的皇帝。而刘福通是宋朝大将刘光世的后人。因此，按理说他也应该以复兴大宋国运为己任。

大家齐心协力，共推韩山童为“明主”，择定日期，通告四方首领共同起兵。

这一年的八月，黄河以南到长江流域，已然烽烟四起。当时的河南、河北、山东、安徽、江苏、浙江、湖北、湖南、江西、福建、四川等地差不多到处都可以看到头上包裹着红布的造反农民。他们分属十数个甚至更多的小山头，彼此之间遥相呼应。

等到我再度返回皇觉寺的时候，已经物是人非。曾经赖以栖身的寺庙，在一场暴乱过后毁于无情的战火。濠州城内外笼罩着一片战争的阴影。元军与红巾军剑拔弩张。突然降临的灾难，再一次将我抛离了原有的生存轨道。

我想要再次云游四方，但此时战火四起，哪里又有我们这些穷苦人的安身立命之所？

在这期间，我也曾经联系过一些幼时好友，想从他们那里谋一个混饭吃的行当。然而，他们中的很多人在这一时期选择了投奔红巾军。那些不知深浅的脚在穿越了苍茫的雨幕之后，前赴后继地踏入这条不知来处与归途的河流。所有置身于河流中的人，无论是主动地融入，还是被动地裹挟，其目的只有一个，那就是活下去。

从至正十一年（1351）五月，刘福通在颍州白鹿庄发难，到至正十二年（1352）春季，短短的十个月时间，接连发生了五次暴动，卷入其中的民众达到百万。北起黄河，南越长江，东际濠、泗，西抵荆、襄，所到之处都是暴力者的攻城略地。

鄱阳、洞庭之滨，浙西、赣南之地，可谓时时烽火，处处兵戈。那些头系红巾、手持刀矛的庄稼汉，千里驰驱，如入无人之境。到处在削木为兵，到处在杀官劫库。大股几万，小股数千，百十成群的蟊贼大盗更是不知其数。活跃于淮河流域的红巾军有十几万人，相继攻克固始、光州、颍州、光山、罗山、息山、确山、上蔡、信阳、汝阳，控制了汝宁府的各县。这是一个混乱的时代，这也是一个机会主义者的狂欢时代。一切都处于崩溃的边缘，一切又都处于重生的前夜。每次想起这些，我的热血就在体内像蛇一样乱窜，产生一种时空交错的恍惚感。

在我生无所依的时候，收到了一封改变自己命运的信。写信之人是我小时候的玩伴汤和。这时候，汤和已经成为红巾军中的一员。他在郭子兴部下做了一名千户。汤和非常清楚我当时所处的生存环境，于是就写信相约。

与其在乱世中等待死亡到来，不如放手一搏，去赢得一个未来。反正最坏的结果，无非就是一个“死”字。既然已经做了最坏的打算，那就让我这个无知者，去走一条无畏之路吧！我能够想象，这条路布满荆棘，每走一步都会与血肉相遇。我虽自明，但仍要前行。

汤和来信

汤和那封信的大致内容是：现今兵荒马乱，人无宁居，乡下亦不安全，何不前来入伍，朋友生死在一起。

看完信后，我用一团火将那封信点燃。激扬的文字，顷刻化为灰烬。而汤和发出的召唤却如雷霆之语震撼我的心扉。考虑了很长时间，我始终拿不定主意。几天以后，同房的师兄告诉我，有人准备将这封信的事通报于官府，他劝我赶快逃走。我凛然一惊，自己到底该何去何从？我也拿不定主意。他给我出了一个主意：既然无法定夺，何不让神灵为你指明方向。

神灵，上天如果真的有神灵，也应该眷顾到我这个命运的弃儿。虽然我也知道神灵只是一种无奈的“求解脱”，他并不能给人带来向上的力量，更提供不了对现实业绩的真正的追求动力。可是，对于一个像我这样连生存都无法把握在自己手中的人来说，解脱又何尝不是一种人生方向。

有时候，没有选择也是一种选择。我只好将自己的命运交给占卜之术，一种称之为“杯珓卜”的占卜之术。我无比虔诚地跪在伽蓝神前，为自己的前程和去留做一次重大的占卜。许多年后，我还清晰地记得当时占卜的整个过程：“特祝神避凶趋吉，惟神决之。若许出境以全生，以珓投于地，神当以阳报；若许以守旧，则以一阴一阳报我。”

其实对我来说，摆在面前只有两条路：要么远离家乡谋生存，要么继续待在皇觉寺混斋饭吃。我于冥冥中好像得到了神的旨意：他让我投奔红巾军。一旦得到神的召唤，我的心便不再恐惧，也不再惶惑。对于我来说，选择并不重要，生存是最重要的。如果命运是一场赌博，那么我已经没有什么可失去的。

我并不是主动参加红巾军，也不想造元王朝的反。如果天地有仁，我还是愿意当一个顺从的小民。但是我又无法抗拒上天的安排：参加红巾军，就有可能踏上通往皇帝宝座的道路。这个秘密我没有向任何人吐露过，而我的内心却被神的这道旨意搅得七荤八素。每个参与者都对造反的风险心知肚明，但我仍然选择了它，因为我无法拒绝它的诱惑。

既然神明已经昭示，我就是将来的帝王，天帝的元子，那么我就必须做出一个形式上的交代。我在与上天交流时，需要通过一种非现实途径，那就是梦。在《纪梦》一文中，我详细地叙述了占卜一事。我这么做，无非是想要告诉世人一个事实：这次占卜，是神赐予我的一个梦境，是我在人生十字路口所面临的重大选择。

从一名布衣和尚，变成一个双手沾满敌人鲜血的军人，我身份上的区别，其实与佛家所说的“诸恶不做，诸善奉行”以及彻底脱离三界内的生死苦恼、七情六欲，以达到涅槃寂灭的境界，是完全相背离的。军人所信奉的那一套血酬定律，正是佛教中的大忌。任何事情一旦做出了选择，便会产生相应的后果。因果律是这个世界最基本的规律。区别在于，事情有大有小，而后果也有显有微。我迈出的这一步，将要闹出多大的动静，在那一刻，我是无法预知的。

我只有通过这样一个造梦环节，来向世人传达神对我的旨意，以促使人们原谅我违背佛家教义的行为，不是放下屠刀立地成佛做和尚，却要拿起屠刀做军人。于皇觉寺占卜，并不是我的独创。想当年，宋太祖赵匡胤称帝前曾经遭遇危难，在走投无路时，他也曾经在高辛庙中占卜自己的命运。

我撰写《纪梦》一文时，已经当上了皇帝。在文臣谋士的暗示之下，我模仿宋太祖赵匡胤，将这番占卜的经历进行深度加工，对于我从寺庙走向战争这段与礼教相违背的历史进行了一番修饰，以此证明我之所以能够坐上龙椅，这都是上天的安排。

元世祖至元二十五年（1288），我的祖父朱初一带着我的大伯朱五一、我的父亲朱五四离开了长江南岸的句容，一脚踏进淮河岸畔的泗州。此后的六十多年中，我们朱家从来就没有离开过淮河两岸。然而，我们所依附的淮河，却化作滚滚而来的苦水浊浪，不断地向我们扑面而来。

在中国版图上，淮河流域属于极其重要的农耕区，人口密度较大。淮河水患造成了当地人经常迁徙。他们常常与其他地方的人产生一些摩擦，从而导致了淮河当地的民风十分彪悍。另外，水患和蝗灾也经常导致民变。

淮河在给像我这样的底层民众带来苦难的同时，又以自身的区域文化教会我抵御苦难的处世之道。而我所能做的就是忍耐，忍耐饥寒、瘟疫、寄居他乡的屈辱，忍耐跨入人生另一世界——佛家大门的无奈。

在四年的游方生涯中，我尝尽了人世间的孤独与辛酸。委身于残垣断壁的皇觉寺内，我早已习惯了一个人面对这个清冷的世界，昼夜与佛祖神灵相伴。

我相信，一个人在这个世界闯荡，无论遇上多大的困难和挫折，只要牢记“逆来顺受、饮恨吞声”这八字原则，就可以做到化险为夷。我没有更大的野心，只是想在这纷乱的世道里苟活。我生于凤阳，长于凤阳，凤阳人身上所具有的“饥寒困苦，他处人所不能忍者，独能忍之”、顽强抗御苦难的性格，已经融入我的血液。

可是人的忍耐毕竟是有限度的。“活下去”是一个人在最低人生目标内的处世之法。当汤和约我加入红巾军的事被官府得知，面临杀身之祸时，我为了活下去只能去投奔红巾军，选择反抗元廷，从此不再苟活于世。

活下去才是硬道理

圣者有言，我立于深渊旁，却不跌入其中。

而我则认为，即使跌入深渊，也要做到不坠入渊底。

在这个时代，既然我们已经身处深渊，那么每上升一步，都是自救。我走上造反道路并不是一个英雄对于未知前途的幻想，更多的是缘于一个底层小人物的求生欲望，为生活所迫。只有活下去，一切才有可能。暴动本身于我而言，就是一场饥饿游戏。当时，像我一样漂泊无根的游民和因天灾人祸辗转于各地的贫农是很少有机会接受正规教育的，更谈不上具备文化知识。

在人生的十字路口，像我这样的人很难做出理性的自觉行为。那种文人士大夫似的人生价值观对我来说，是无法理解的。当时，让仅仅读了一年私塾的我为了实现某种理念或某种社会理想，而义无反顾地投入造反行列，这是很难令人想象的。

人性中有着趋利避害的一面。当时，造反者的中坚力量，大部分都是像我这样居无定所的社会游民。作为将生存放在第一位的游民，我们生来并没有高远的政治理想，很多时候，看重的只是眼前的现实利益。我走上了反叛之路，也彻底回到了流民与流氓的本义当中，一如鱼儿入水，鸟儿归林。

在人生的重大抉择面前，我们会将自己的投入成本与将来可能得到的收益进行反复的计算。在接到汤和的信后，我反复地为自己占卜吉凶。其实，每一次占卜又何尝不是内心利益取舍的计算过程。我要为自己付出的行动寻找一个能够说得过去的心理支撑点。

一个农民如果不是因为破产，就不会成为游走四方的无业游民，更不会轻易地加入造反者的行列。连我这样的无产者走上造反道路时，都是犹豫不决，需要再三权衡，更不用说那些有家有地、生存于宗法网络中的农民。

在君主社会，像我们这样居住分散的小农和游民属于散漫的无组织力量。如果我们要想对抗强大的权力集团，或者为了求生而拂逆权力者的意志都要付出惨痛的代价，就算反抗往往也是极其无力的。因此，在我们为了生存而被迫造反的同时，也必然希望能够找到自己的组织，不然单枪匹马，无异于以卵击石。

一般来说，对于一个普通的老百姓，如果没有身陷绝境，是不会主动走上反抗朝廷之路的。造反是一种成本极高的冒险行为，弄不好就会亏了血本，丢了身家性命。事实上，我也的确走到了穷途末路。一个赌徒如果输得连本钱都没有了，还能不被踢出赌局，就会有翻本的机会。

由于寺院被焚毁，我连和尚（实际是乞丐）也当不下去了。除了投奔红巾军造反，我实在找不到其他生活出路。虽然生活将我一再逼入绝境，但是我的内心始终缺乏一种决绝到底的反抗意识。很多时候，我感觉自己是被这个时代的洪流裹挟向前。就算我后来已经成长为一支庞大军队的领导者，仍然会强调自己当初加入红巾军是一件迫不得已的事，是自己人生档案里的一大污点。

我的想法并不奇怪。在皇权社会里，正统与异端，是有说法的。我加入反政府武装是因为“昔者朕被妖人（红巾军）逼起山野”，这是在我坐稳江山之后，站在一个皇帝的立场，向天下臣民摆出一副天命在我的姿态。我希望天下的老百姓不要学我当初那样“被妖人（红巾军）逼起山野”，要忠于新朝，坚定地做一个遵纪守法的顺民。

我对自己当初的做法，深以为耻，并向天下人做出诚恳的检讨：“朕本淮右布衣，暴兵（红巾军）忽至，误入其中。”我只是一个安分守己的老百姓，因为红巾军突然杀至，自己才会误入其中。这只是由于我刚刚登基，为维护新朝统治不得不拿自己的行为做反面教材。尽管如此，这也的确是我当初加入造反者行列时的真实想法。那一夜，我通宵未眠，躺在四面漏风的房子里，似乎在等待黎明的到来。总之，我不需要为一个虚拟生活形态而自乱阵脚。既然已经做出了决定，那就上路吧！

我投军时被当作奸细抓起来，差点被斩于军前。事后，有人告诉我，我之所以刚来投军就被当作奸细，和我的形象、气质有着很大的关系。一个长相憨厚朴实的农民是不应该被认作奸细的，可是我的相貌显得过于另类。

或许是对自己的相貌早就了然于心，我就不需要用镜子来反复提醒，自己长得有多磕碜。幸好对于男人来说，眉眼不是主要的。

刚刚加入义军的生活与我在庙里当和尚的情景大不一样，义军队伍里的关系错综复杂。而且我除了认识几个少年伙伴之外，并没有多少可以信任的人和依靠的力量，能够帮助自己立足于此。我能够依赖的只有个人智慧与自我保护的生存本领，前途渺茫无所凭依，只有顺势而为。

濠州红巾军的统帅来自不同的地方。他们之间也存在着拉帮结派的问题，相处并不和睦。濠州城中的军队首领除了郭子兴，还有其他五股势力，每一方都想成为大集团的带头大哥。他们私下里彼此猜疑，互相拆台。

进入郭子兴的队伍后，我凭借还算好使的脑子，很快便从普通士兵中脱颖而出。我很快被提拔为“九夫长”（随身侍卫亲兵的小头目，相当于班长）。“九夫长”，与元朝的牌头（十人为一牌，设牌头）、后来红巾军中的小旗（每个小旗十个士兵）相当。无论是牌头还是小旗，都不能算是军官，这也是我在某些场合含糊地自称“亲兵”的原因。

如果说我是一匹千里马，那么郭子兴是当之无愧的伯乐。正是他的独具慧眼，才将我从万千人中挑选出来。我能够得到郭子兴的赏识，在很大程度上得益于我那一副异于常人的面庞。有人说我长得丑，我不同意，我只是不好看而已，或许郭子兴正是从我这张异于常人的鞋拔子脸上解读出了更多的信息。

有利可图的买卖

大凡一个朝代的末期，总有一段所谓军阀割据的时期。这些军阀或自立为王，或拥护前朝的遗老遗少，或首鼠两端、审时度势。他们打着救国安民、铲锄奸伪的旗号，最终的结局不过是砸烂一个旧世界，迎来一个新王朝，干的还是称王称帝的勾当。我突然想起郭子兴，早已模糊的往事在心底里突然清晰起来。

郭子兴是当地颇有名望的豪杰之士，家境富足，与我这样的浮游者有着天壤之别。

按道理说，像他那样的乡绅富豪，并不是穷则思变的人，也不是担心社会变化、不能安身保家的混迹官场之人，但为什么他也会选择加入造反者的行列呢？这个世界不是所有的问题，都有一个标准答案。所谓推理，不过是聪明人的自以为是。

郭子兴是一个有侠士之风、性格豪爽的人，平日里喜欢呼朋唤友。朋友在一起扎堆儿，大家聚会时总要议论一些国家大事，难免会指点江山。至正十二年

（1352）春天，他与孙德崖等五人共同起兵，自称元帅，攻下濠州。他们在地方精英的支持下纠集了大量游民作为武装，控制了该地区的中心城市。我正是在这样的社会背景下，以一个与世无争的行僧身份加入元末农民起义的浪潮。

郭子兴以红巾军的名义在定远起兵，占领濠州。定远与我所居的凤阳县地理位置十分接近，也算是同乡。郭子兴想要发展壮大自己的力量，除了要把各路豪杰聚拢在身边以外，更重要的是培养自己的亲信。而我也由一个刚刚投军的和尚，先是被郭子兴收作亲兵，接着郭子兴又将他的养女马秀英许配于我。

婚姻对于一个女人来说，是一次命运的重生。对于我朱元璋来说，同样如此。我的婚姻不是因为爱情，而是源于一场收买人心的生存游戏。我和马秀英结婚以后，地位也随之发生了根本性的变化。我从一个刚刚入伍的新兵蛋子摇身一变就成了主帅的女婿。

这时，我有了一个家。我可以暂时隐身于一面旗帜庇护的军队中，成为一个特别能战斗的百夫长。是，似乎又不是。对我来说，日光下的生活总是单面的，只有一个方向。那些不切实际的想法，会害了我，或许也会成全我，谁知道呢？

此时的我二十四岁，马秀英二十岁。在古代宗法社会中，婚姻很多时候是一种投机行为。历史上那些政治家、统治者或有野心的人，总是把联姻作为强化实力的一种手段。我不后悔自己的选择，因为秀英的确是一个好女人，她给我带来了好运气。

我也知道，郭子兴将自己的养女嫁给我，其本意是为了笼络我。当然，对于我来说，我与马秀英结婚又何尝不是为了提升自己在郭子兴军中的地位。在当时的情况下，这是一桩让双方都感到有利可图的买卖。同时，这种双向选择也使我在身处茫茫人海、孤立无依时有了感情的寄托。花开花落，风月无边，可以抚慰脑子，却无法让人填饱肚子。我的婚姻是风月，也是养活人的米饭。

我从不认为自己是一个冷血者，相反自我感觉，还算是一个知恩图报的人。

在成为郭子兴的女婿后，我对他表现出了毋庸置疑的忠心。我知道，从今往后，我的命运将与眼前这个人紧紧地联系在一起。郭子兴给我取了一个寓意深刻的名字——朱元璋，这个名字预示着一个草根者的命运转折。

璋取自“玉石”之意，朱元璋就是诛元之璋，这个名字在无意之中暗合了元末的一个谶言——“石人一只眼，挑动黄河天下反。”

郭子兴给了我一个初始的表演舞台，可他却无力再去开拓一个更大的舞台。这与他的性格有很大的关系。他无法在混乱的局面中实现突围。濠州城内的红巾军犹如一盘散沙，几个人各自为政。每个人都从自己的利益出发，只求偏安一隅，毫无进取之心。占领濠州大半年的时间里，连最起码的发展计划和扩张意图都没有。这种局面让置身其中的每个人都显得意兴阑珊，无心发展。

一个人在操持一件事的过程中，若他认定自己必将失败，那么他还会继续进行下去吗？郭子兴会放弃，而我不会。郭子兴是一个悲观主义者，他不是一个合格的领导者。悲观者习惯于观望，枯木一样等候天意的摆布，如同一个背着石头的人，缓慢地走向河心。

他在各方力量互不信任的状况下，不是想办法去疏通，而是躲起来不管不问。好像不管不问，问题就会迎刃而解。我曾经劝过他，孙德崖等人天天黏在一起，而我们越来越孤立，时间长了肯定会被他们压制。

就在这时，徐州红巾军被元军击败，彭大、赵均用率败兵来濠州避难。彭大、赵均用当年与芝麻李等响应刘福通起义，占领徐州。至正十二年（1352）九月，元丞相脱脱攻陷徐州，彭大、赵均用等率残余部队也来到濠州。虽然刚刚在徐州吃了败仗，毕竟瘦死的骆驼比马大，他们的实力和声望依然不容小觑。濠州城内的势力格局又重新进行了划分，濠州五杰转向支持徐州双雄。

因为彭大、赵均用来到濠州城，城中各派之间的矛盾非但没有得到缓和，反而产生了新的裂痕。原因在于郭子兴拉拢彭大为靠山，孙德崖等人则拉拢赵均用与之抗衡。随后濠州城内发生了一起内讧，赵均用、孙德崖等人在大街上公然绑架了郭子兴。

当消息传来，我感到无比震惊。如果郭子兴遇难，对我来说也无异于一场灾难。我带着郭子兴的儿子连忙向彭大求救。听完我们的诉求之后，彭大也是勃然大怒。这个莽撞的汉子带着亲兵卫队直奔孙德崖府上。孙德崖等人不敢与彭大发生直接冲突，只好将郭子兴放了。

这样一场为争夺统治权而发起的小小兵变，让我彻底看清了这支军队领导层的混乱与低效。不要说元军来攻，就是自己关上门内耗也早晚会出乱子。我并不甘心长久居于人下，于是内心有了一套算计。我要建立一支自己的队伍。乱世求生存，有了队伍才会有话语权，才有可能去赢得更为光明的未来，成就宏伟的事业。

南下定远

至正十三年（1353）初，我已经成长为一个二十六岁的壮年男子。濠州城内各将领之间依然内讧不断。与此同时，元朝宰相脱脱连下徐州、汝宁两大重镇，同时分派御史大夫贾鲁杀奔濠州。一时之间，形势变得极为严峻。

大敌当前，濠州城内的各派将领不得不暂时放下个人恩怨，抱团抵御元军。从这一年的冬天一直持续到第二年的春天，元军围攻濠州城长达五个月之久，丝毫无法撼动。就在战事陷入僵局之际，元廷的中书左丞贾鲁突然暴病而亡，元军自行解围而去。

外敌虽然退去，但是濠州城内各派系之间的争斗却没有半点消停，反而在失去外力的作用下愈演愈烈。这种没完没了的内耗，让我看清了这帮人的真实嘴脸。他们压根就不是能够成就大事的人，只想趁着乱世捞上一票走人。可是他们往哪里走呢？他们是在一步一步地损耗，一步一步地走向失败。

他们的短视行为，让我对这里的生活不抱任何幻想，渐生厌倦，也萌生了去意。

我虽然没有多么深远的谋划与打算，但是对于一个长期饱受饥饿困扰的人来说，想要得到的是一张长期饭票，而不是只捞上一票这么简单。这时候，我最强烈的愿望就是能够建立属于自己的武装力量。有了队伍，才能挺起腰杆子。

可是到哪里去找合作伙伴？谁又能够忠心不二地追随我这个两手空荡荡之人？我最先想到的是自己的家乡，那里有很多的熟人资源，有少年时结交的朋友。更重要的是，我在这帮少年朋友中有着一定的号召力。

机会很快到来了。我想办法弄到一批盐，到怀远换了几十石粮食。当我把粮食献给郭子兴后，就势向他提出回老家钟离县招兵买马的事。郭子兴没有任何怀疑，就答应了我的这一要求。他没有理由怀疑自己的女婿，而我也找不到背叛他的理由。

再度回到那块曾经让我留下少年时的欢乐和痛苦的地方，一切恍如隔世。徐达等少年伙伴听说我在红巾军中做了一个小头目，顿顿有饱饭吃，天天有赏银拿，纷纷前来投效。不到十天时间，我就征募了七百乡人弟子。郭子兴大喜，将我提拔为镇抚，一年后又升任总兵官。

在那样一个兵荒马乱的年代里，有了队伍便是草头王。最初的兴奋与新鲜劲儿过后，我的心态与先前有了很大变化。不管时局多么艰难，将来的命运走向何方，凭着自己手中的几千几万兵马，这方圆百十里的地盘就是自己当家做主。

这时候，濠州城里几个领兵的头头，谁都想过一把王侯的瘾。只要有机会，他们就会各自扯旗称王。郭子兴虽然是元帅，却无法做这支队伍真正的一把手。好在大家是分灶吃饭，各帮各伙，也就互相迁就，彼此容忍。

那些自称为王的将帅个个派头十足，鼻孔朝天。就连他们手底下那些带兵的将领也是耀武扬威，对郭子兴手下将士更是横挑鼻子竖挑眼。造反不是请客吃饭，造反如飓风卷残云。起义之初是为了一顿饱饭，反贪官，不反皇上。而这不过是他们为自己预留的后路，待过我花开后百花杀，谁又不想过一把皇帝瘾?

我也看清了当时的形势，与其窝在这么一个小小的濠州城里受这些目光短浅之人的牵制，还不如自己领兵向外部地区扩展。在纷乱的时局里，我已经认识到丛林法则的无情，不壮大自己与混吃等死并没有本质上的区别。在弱肉强食的世界里，弱者往往要比那些强者有着更为深切的体会。这时候的我应该是其中的弱者之一。

经过一番权衡，我选择了当时社会矛盾比较尖锐、元兵力量比较薄弱的滁州作为自己向外扩张的根据地。我向郭子兴提出要求，可不可以带几个小伙伴一起过去，郭子兴没有阻拦。

我知道，如果自己在这里继续待下去，只会成为他们相互争斗的一颗棋子。

濠州城里这几个将领没有一个是成就大事之人。郭子兴不过是一个目光短浅、外刚内柔的人。他们这些人看中的只是眼前利益，只知道劫掠财物，并没有一个长远的计划。我在这里和他们厮混下去，只会丧失发展的机遇。

到了离开的时候，我将自己手中的七百兵丁交给郭子兴。至正十三年（1353）冬，我带领徐达等二十四名亲信离开濠州，南下定远，去开拓属于自己的新天地。毕竟对我们这帮一穷到底的兄弟来说，既然选择走上这样一条不归路，就会义无反顾，一条道走到黑。

我带走的这二十四个人都是经过精心挑选的，大多是我儿时的伙伴与乡邻。在这里，我要再次念叨他们的名字：徐达、汤和、吴良、吴桢、花云、陈德、顾时、费聚、耿再成、耿炳文、唐胜宗、陆仲亨、华云龙、郑遇春、郭兴、郭英、胡海、张龙、陈桓、谢成、李新、张赫、张铨、周德兴。

每个人的名字都是响当当的。他们中间的大部分人后来都成为我大明王朝的开国英雄，这些人可以说是帮助我开辟帝王霸业的先驱者。我站在宫殿的玉阶前，看着远处大殿飞翔的檐角，想象着这是一艘巨大的航船。此刻，它正行驶于苍茫无际的大海上。不知有多少人，与我登上了这艘船，随我沉浮。

4. 活到最后——我对一支军队的渴望

濠州城的老人们说，这里过去死的人太多。到了夜晚，鬼魂会在野地里奔跑、号哭。我曾经在无星无月的夜晚，去搜寻从他们嘴里跑出来的鬼魂，一无所获。其实在那些年月里，死人多的地方何止濠州。

号哭之声已传遍神州，濠州也只是小小的一个角落。在我离开濠州时，红巾军的势力在全国各地已呈发散之势。虽然聚集于同一面旗帜下，但又各为其主，既没有统一的指挥系统，也没有一以贯之的部署，而且从体系上划分为东西两大板块。

乱世既释放大批“过把瘾就死”的赌徒，也催生满腔救世情怀的英雄豪杰。至于我朱元璋，只有一个要求，活着，活到最后。有无野心，野心大小，这时候不是我应该考虑的。

东部板块是以山东、安徽、河南等地为中心，带头人是韩山童、刘福通，他们打着复兴大宋的旗号。韩山童被捕杀后，红巾军又推举他的儿子韩林儿为小明王，由刘福通执掌大权，国号“大宋”。从理论上说，郭子兴所带领的这支红巾军（我所栖身的这支军队），隶属于东系。它不是主力部队，因此也避开了元军的主要火力点。

至正十三年（1353）是一个重要的年份，对我，对我的政治大业有着不同寻常的意义。我不再做一颗被动的棋子，任由别人主宰命运。我不能一辈子活在别人的阴影下，将别人的天空视为自己的避难所。我要离开，这里不属于我。当我说出这个想法时，我的内心如释重负，也有某种不可言喻的纠结。

站在濠州城的天空下，视野里除了灰蒙蒙的远山，什么也没有。刚刚加固的城墙，像是一块被野兽啃过的骨头。从街头走过的时候，我会经常看见，当兵的在老百姓面前逞凶耍横。我向郭子兴立下军令状：保证为他开疆拓土，带回一支精壮人马。郭子兴对我并无戒备之心，让我自由发展。此时的他正纠缠于濠州城的内部矛盾，难以自顾。

离开濠州城的我，成了一匹脱缰的野马，更广阔的天地在前面等着我。或许死亡也在前方等着我。一无所有的我，何惧之有？财富、声名、家世，所有世人所看重的，我皆两手空空。我是连根拔起的树，能不能活下去都成问题。南下的路上，我顺势将定远张家堡一支三千余人的地主武装收归帐下。如果不是借助濠州义军的名望和实力，凭我朱元璋个人根本无法招降几千人的部队。除了招降那些已经成建制的队伍，我还将一些逃荒的难民招集起来。

我没想到开局会如此顺利。等到攻下滁州时，我的队伍已发展壮大到三万人。这沸腾的场面，让我得以安慰和满足。我攻下了滁州，也找到了自己向外发展的突破口。我站在那面迎风招展的军旗下训话，望着眼前黑压压的几万人，我想到了“体面”二字。是的，我从未感觉到，造反会给自己带来如此感受。我曾经想过，加入红巾军，吃完人生的最后一顿饱饭，生死也就由他去了。我放弃所有，也终将被所有所遗弃。

在我攻下滁州不久，郭子兴也来到滁州。对于这个岳父，我始终心存一份感激，毕竟他对我有知遇之恩。我后来做了皇帝，也始终不曾忘记他的这份恩情。我将他的养女马秀英封为皇后，将他的另一个女儿封为惠妃。他也被我追封为滁阳王，并立祠建庙。我还亲笔手书郭子兴的事迹，立碑于庙中。我对郭子兴始终抱有一份感激之情，没有他就没有我。

这份感情没有多少掺假的成分。当郭子兴来到滁州，我马上将兵权交了出去。郭子兴是我的恩人，我的岳父，我不会与之为敌。至少在那一刻，我是这么想的。

当三万人齐刷刷地站在面前时，郭子兴的脸上浮现出难以掩饰的欣喜。我带出来的这支军队与他原来的队伍有着截然不同的风格，一个是完全按正规军打造，一个是落草的贼寇。多少英雄意气，也抵不过一个日常细节的提醒，更何况是一支军队的领导权。

郭子兴的队伍是乌合之众，尽干些“哨掠四邻”之事，濠州城周边的老百姓深受其扰。世界以物质的方式布局。在日光之下，一团裹挟着火焰的黑云穿过黎明前的甬道。我们难以想象一个人的内心，他是邪恶，还是慈悲，这是我无力抒写的。他们不光瓜分土豪劣绅的资产，连贫民的财产也不放过。攻占和州，军队旧习未改。城破之日，即百姓遭殃之时。当我看到濠州红巾军“日事剽掠”，难以形成大气候时，才决定带着徐达、汤和等二十四人离开濠州城。对我来说，当务之急要做的是“谋略定远，取滁阳”。郭子兴的军队算不得真正的义军，它更接近于一个武装抢劫集团。这样一支队伍，走不长，也走不远。

等到离开濠州，我有了独立行使指挥权的一支军队，我要做的就是拥有一支打上我朱元璋烙印的军队。我用时间堆砌历史，却无法书写命运。我说得越多，只会加剧事物的复杂性，让后人看不清我和我的命运。

大败脱脱

就在我进军滁州之际，濠州城内的红巾军内部发生了分裂。他们就像是刺猬，即使抱团取暖，也要扎得鲜血淋漓。除了眼前的利益，他们实在看不到更远的地方。先是彭大、赵均用二人裹挟郭子兴攻下盱眙、泗州。其后不久，彭、赵二人发生内讧，彭大忧闷成疾，不久病死。其子彭早住袭称鲁淮王。或许是因为忌惮我的势力，他们始终不敢对郭子兴下狠手。

郭子兴，我这个可爱的岳父大人，他无意与这帮垃圾人争地盘，因为他还有可以仰仗的我。人啊！围着锅台，却始终做不到量勺而取。在没开吃之前，每个人都认为自己的肚皮很大。

郭子兴为了自保，随后领着一万人马来到滁州。随着郭子兴的到来，我的地位也变得颇为尴尬。他将我的一切视为他的，而他的一切却不是我的。我对他仍一如既往地恭敬，而恭敬却没有换来他的绝对信任。他在有意无意地将我的军队向外分流，以此削弱我的势力。幸运的是，我带出来的私属班底并没有被拆散。在这期间，我还以分支首领的身份接纳了邓愈、常遇春等人。

至正十四年（1354）十一月，元丞相脱脱大败张士诚于高邮，分兵围攻六合。六合在滁州的东面，两地互为表里。六合一旦失守，滁州就会陷入危险的境地。

可是郭子兴与他的主将有过节，就算将自己置于危险的境地，也不愿伸出援助之手。一个人的气度决定了他能够走多远。这是一场极其糟糕的翁婿权力与道统的拔河。郭子兴率军队入城，我只有接纳，虽然两股战战，但也只能如此。

我不能坐等门户大开，那样的话，我在此处辛辛苦苦打下的基础就会被摧毁。在我的一再坚持之下，郭子兴听从了我的建议。面对号称百万之众的元兵，我自讨令箭出兵迎敌。就在元兵追击之时，我在半道之上设下伏击，大败脱脱。在这次阻击战中，我所率领的红巾军收获颇丰，不仅击退脱脱的元军，还收获了大量的马匹兵器。

虽然此战得胜，但并不能完全改变双方力量的悬殊差异。一时之间，滁州还是陷入孤城无援的境地，如果元兵再集中兵力缩小包围圈，就可以将城中之人活活困死。在这种情况下，我主动与元兵修好。这种委曲求全的做法迷惑了元兵，也就此解除滁州之围。

元兵刚刚撤离，郭子兴等人以为周边地区的大势格局已定，准备称王。我反对他这么做，并陈清其中的利害关系：滁州城四面环山，固守与突围都存在很大问题。如果选择在这时候称王，滁州之地必然会成为元军的攻击目标。经过一番权衡，郭子兴只好作罢。等到我登基后，追封他为滁阳王，也算是完成了他的心愿。

元军集中优势兵力进攻高邮，高邮危在旦夕。张士诚已经做好城破的打算。就在他一筹莫展的时候，元顺帝一纸诏书解了滁州之危，圣旨宣谕：“脱脱往年征徐州，仅复一城，不久复失。这次统率大军，劳师费财，征战三月，了无寸功。着削去兵权，安置淮安路，弟御史大夫也先帖木儿安置宁夏路。如敢抗旨不遵，即时处死。”这个心急的蒙古皇帝，已经失去了等待的耐心。

脱脱阵前被贬，动摇了元军的军心，围攻滁州的百万雄兵也自行散去。不少无处可去的元军甚至转身投奔了红巾军。来自草原帝国的圆月弯刀，可以削铜断铁，却无法抵抗时间的锈蚀。这些为元王朝卖命的士兵，他们的先人曾经是草原上的英雄，但他们好像厌倦了这一切。他们不想再用自己年轻的血肉之躯捍卫身后的宫殿。因为到处都是扎着红巾的作乱队伍，他们害怕了。

张士诚趁机出击，不但转危为安，还为自己打下了一块地盘，也由此成为一方霸主。

他在无意之中成全了我，成为摆在我面前的一道保护屏障。当元军潮水般地涌向江南之地时，我便会暗自庆幸，因为很难再找到可以休养生息的地方。脱脱被贬，在押送西行的路上，被鸩死于吐蕃境内。脱脱之死，不过是元廷内部斗争的结果。而这个结果，又一次将步履踉跄的元王朝拖向死亡。这一次，获利方成了我。

经过战火洗礼的滁州地区，如何维持几万人军队的生存，成为摆在我面前的一道难题。军队的生存问题大多与粮草有关，一旦发生粮草危机，军队就会有哗变的可能。我向郭子兴建议，必须向外分兵，以减轻滁州的压力。至于分兵之地，南边百里之地的和州（今安徽和县）是最佳之地，移兵此处可以暂时缓解军队粮食紧张的问题。

镇守和州

至正十五年（1355）正月，我的军队占领了和州城。郭子兴将我直接升为总兵官镇守和州，以节制其他将领。或许是他意识到什么，但在我看来，是不得已而为之。我刚满二十八岁，资历尚浅，虽然身居和州最高长官的要职，但并没有足够的威望压服那些将领。

他们大多是和郭子兴同时期的元老级人物，而且年纪都比我大。江湖中闯名号，讲究的是辈分。如何收服他们，是我必须要去面对和解决的现实问题。我没有读过几本书，我所有的知识都是从生活实践中摸索得来的。他们说，没有读过书，就没有好点子；没有好点子，就打不了胜仗。读书使人明智，但只会读书，也容易让人变得愚昧。

我懂得用人，懂得发现诸葛亮那样的人才。诸葛亮可惜了，跟了那个成不了大事的刘备。

在就任和州最高长官的会议上，我设下一局。局并不高明，但还是达到了目的。我撤去官署中属于自己的主座，只在署内放下木榻。次日五鼓，我最后一个进入官署。这时候留给我的座位，只留下最左边的一小块地方。当时，以右首为尊，将领们毫不客气地将那个最不起眼的位置留给了我。

这一切都在我的预料之中。从他们平日的眼神，我早就看出自己在他们心目中的位置。我并不感到愤怒，一个人的地位不是靠别人留给你的。与位置匹配的是一个人的实力，没有实力，有了位置也会保不住；有了实力，早晚有一天不缺位置。

等到大家落座，议事开始。那些统兵之人高声喧哗，人人都想表现，却无从表现。我要学会保持沉默，无谓的争论只会让自己陷入被动。他们都在说，逮着一个话题一拥而上，话题被唾沫和语言撕扯得支离破碎。其中不乏真知灼见，但很快被淹没其中。我喜欢只奔主题。我不喜欢把一句话拆成八句，不得要领。我要做到的，就是让自己说的每一句话都显得很有分量。我并不比他们高明，但我的性格决定了我必须这样做。我与他们商议维修和州城的城墙，每人认领一段，限定三日完工。

一切不出我所料。我设下的局，我要做到稳操胜券。时过境迁，我坐在这里说，是多么容易的一件事情。但在那一刻，我应该也是不确定的。我唯一能做到的，是掌控自己。总之，我按时完成了任务，而其他各段均未修好。

回到官署，我召集诸将，堂而皇之地搬出自己的主将之座，一屁股坐在上面。

屁股决定地位，从某种意义上说，屁股护住的是一个人的脸面。我拿出郭子兴的檄文开始训话："奉命总诸公兵，今甓城皆后期，如军法何。"也就是说，我今天能够坐在这里，并不是故意托大，而是奉了郭主帅之命。军中无小事，必须约法行事。修城一事，全都没有完成，什么原因？今后如果再敢有违令之事，必军法从事。

郭子兴的遗产

元至正十五年（1355）二月，红巾军统帅刘福通派人在砀山夹河（安徽砀山）访得韩林儿，将他接到亳州，立为皇帝，又号小明王。刘福通建国为宋，年号龙凤。从此，东系红巾军的军政大权全部落到刘福通一个人的手中。是年正月，郭子兴不幸病故，形势变得诡异与复杂。滁州、和州失去了主帅，"郭家军"也就成了周围其他势力想要吞并的一块肥肉。而军队内部，也处于明争暗斗之中。

军队的指挥权，始终是我的一个心病，只有自己能够治好它。其实，那场夺权之战早就在所有人的想象里爆发，只是郭子兴活着的时候，没人挑明而已。

不夺取军队的指挥权，我的人生又将陷入苦难的循环，生死难料。

我并没有陷入茫然无措的境地，反倒比任何时候更加清醒。这支军队虽然名义上失去了领导者，但并没有受到影响。因为军队的创建权和指挥权已经转移到我的手中。只要我不放弃，别人也就无法取代我的地位。

郭子兴的死亡，等于把我彻底解放出来。我不再有所顾忌。有资格能够与我竞争的几个人，都是郭子兴的家族继承人。他们是郭子兴的妻弟张天祐和两个儿子郭天叙、郭天爵。按照血缘继承的排序法，郭子兴的大儿子郭天叙是理所当然的继承人，应该排在第一位。而他的小儿子郭天爵应该排第二，妻弟张天祐排第三。我虽然是他的女婿，但是地位比不上他的儿子，年纪比不上张天祐，只能排在第四位。

这个游戏的玩法并无任何道理可言，胜利的天平已明显倒向我这一边。排名在前的几个合法继承人，并没有对我构成真正的威胁。郭子兴的死，让这支军队领导权的归属成为大问题。论影响力，我当仁不让；论合法性，郭子兴的儿子似乎更有说服力。

郭子兴死后，滁州队伍领导权的归属也同样引起小明王和刘福通等人的关注，他们派使者与滁州方面取得联系。

我正率部在外征战，城中由郭子兴的妻弟张天祐留守。张天祐求之不得，很快就从亳州带回了龙凤政权颁布的任命状。这份任命状对我们四人的职位进行了明确，我为左副元帅。对于这一结果，我是无法接受的，这么做等于是剥夺了我对这支军队的实际指挥权。

虽然无法接受，但一时间也没有其他更好的办法。

我有自知之明，如果把红巾军领导权作为家族遗产继承，作为郭子兴的养女婿，我也只能算是他的一员家将。郭子兴虽然不在人世，但在膝下有子的情况下，我就不具备超越其子直接晋级为军队统帅的资格，尽管我有统率这支军队的足够能力。但是从当时的情况来看，就算我的排名在郭、张二人之后，郭天叙对我这样的高级将领，也失去了应有的控制力，无法再像他的父亲郭子兴那样对这支军队拥有领导者的绝对权威。

既然他们对我已经不具有领导力，就不应该再将我排名其后，这是让我感觉失望的地方。

我并没有感觉到势单力薄。在那些心腹将领面前，我会毫不掩饰自己的情绪，发出怨愤之语："大丈夫宁能受制于人耶？"一个不知恐惧为何物的乡野村夫，解决问题的手段向来简单。

这时候，我并不仅仅将自己的目标锁定在军队副统帅的位置上。在长期的斗争生活中，随着地位的不断提升，我有了更为强大的野心。让人无法抑制的内心欲望，驱使着我必须拥有这支军队的独立指挥权，甚至不惜采用任何手段。

我必须学会向过去告别，告别是给予那个叫朱重八的人最大的尊重。我要让那个苦难者活下去，体面地活下去。

5. 吃饭问题——长江边上的冥想

元至正十五年（1355）五月，在打退元军的几次进攻后，和州地区发生了粮荒。走了那么久，我和我的伙伴们还是在寻找下一顿饱饭。父亲当年领着我们全家，他每天考虑的是全家人的吃饭问题。我后来成了一个浪荡人，每天考虑的是自己的吃饭问题。而这时候的我，领着几万人，考虑的是几万人的吃饭问题。

我守着一座城，并没有想到多年后，我会守着一个国，再来考虑吃饭问题。

我意识到，几万军队固守着这么一座弹丸小城，绝非长久之计。一江之隔的对岸太平、芜湖，就是仓廒之区、鱼米之乡。一边是饥肠辘辘，一边是仓廪之实。就凭这个强大的吸引力，也足以鼓起我所领导的这支饥饿之师的勇气。我给他们画饼充饥，画了一张大大的饼，让他们这辈子吃不完的饼。

我说的时候很激动，甚至还流泪了；他们也很激动，与我一起流泪了。长江，不是一条长得没边儿没沿儿的河。它以奔腾不息的流动带走时间，也带动历史。我告诉我的将士们，打过长江去，攻占太平（今安徽当涂），然后再向江南地区发展。集庆（今江苏南京）就在对岸，以集庆为中心的江南地区不仅是全国经济最发达的地区，而且是全国重要的产粮区之一。距太平不远的丹阳湖一带就以盛产大米著称。而集庆自古以来就是龙盘虎踞之地，是建立根据地的理想之所。

我说的时候，甚至闻到了稻花的芳香，那是来自对岸的诱惑。对于这帮人来说，吃饱饭是更大的诱惑。经过苦心经营，我的军队已突破三万人。所占据的地盘也在不断扩张，相继攻下滁州、和州。如果说在此之前，我的军队还被人视为郭子兴旧部，那么随着实力的增强，我已经将其打造成为真正属于我朱元璋的军事集团，带有浓重的个人色彩。

我相继网罗了李善长、冯国用等谋略之士。受他们的影响，我也不再以一个农民的角度来构筑自己的生存理想。他们真的有本事，上知天文下知地理。当我陷入困惑的时候，他们轻描淡写的几句话，就让我找到了方向。他们对我也有更高的期许。他们让我学汉高祖刘邦。可他们难道没有想过，我若是那刘邦，他们是谁？是萧何，是张良，是曹参，是韩信。可这哥几个，好像也没落什么好下场。

这期间，我还收服了一名重要将领——常遇春。他是濠州属县怀远人，也算是我的同乡。此人生得相貌奇伟，有一身的力气，两只臂膀张开如猿，弯弓射箭百发百中。他领着几十号人到各地游食劫掠时，听人说到了我。有人对他说，濠州有个朱总管，兵强马壮，不杀不掳，是一个能成大事的主。

他说得更加神乎其神，眼睛里散发着灼热的光芒，由不得我不信。

他说，那一日，他在和州城外的田地里正困乏而卧，梦见一个披甲金神以盾牌推他说："快起来，主君到了。"当他惊醒时，出现在他面前的不是披甲金神，而是我带着军队路经此地。

这究竟是他做的一场梦，还是为我造神，已无从考证。为了考验他投奔我的诚意，我并没有急于将他推向战场。为了进一步考验他，也为了能够憋出他的雄心壮志，他向我请命要做先锋打头阵，交上自己的投名状，我没有同意。我故意在他面前说：“你有自己的首领，到我这里来，不过是因为饥饿，我怎么好留你在身边呢？”常遇春一听这话，急得满脸通红。他信誓旦旦地要出征，要立军令状，要提敌将首级来见我。

尽管如此，我还是没有同意他的请命。或许是我的激将之法触动了常遇春的内心，这个七尺莽汉居然在我面前抹起了眼泪。我说：“既然你有诚心，就随我一同渡江。到那时我一定有重要差使给你。”

一路走来，我自认为自己是一个知人善任之人，像常遇春这样的猛将是不会轻易放过的。古来铁血者，必不会顾惜自家性命。好钢要用在刀刃上。这时候我正在为渡江做积极的准备，物色猛将勇士是其中最重要的一项。常遇春没有辜负我的期望，后来成为我手下仅次于徐达的第二员统帅和战将，为我大明开国立下了汗马功劳。

巢湖水师归附

我曾经无数次站在江边眺望勘察。面对着长江的滚滚波涛，迎着猎猎江风，我的思绪犹如浊浪翻腾。我相信，只要自己打过长江去，事业就会像这江浪涌天，不可遏制。一切都必须从速准备。眼下最让自己烦恼焦躁的，是到哪里去寻找渡江的战船和训练有素的水军。

至正十五年（1355）五月，巢湖水寨的俞通海前来归顺。巢湖水师也是白莲教徒团聚成军。它不属于韩林儿红巾军的东系，而是彭莹玉的西系。准确地说，那里曾经是彭莹玉的女弟子金花小姐的势力范围。金花小姐在巢湖区域很受白莲教徒的尊崇。巢县人俞廷玉和他的三个儿子俞通海、俞通源、俞通渊以及廖永坚、廖永安、廖永忠兄弟都是她的得力干将。

这支军队号称战船千艘，部众万余。为了避免被人吞并，巢湖水师才决定主动投靠我。他们先后三次派遣使者来和我谈接管事宜，以免夜长梦多，部队散乱。

这正是我求之不得的好事，我正愁找不到渡江的好办法。既然巢湖水师主动依附于我，我又怎能错过这样一个大好机会。于是，我亲自率兵来到巢湖水寨。在察看了水道之后，便想将船队尽快带出巢湖。但由于水道浅涸，大船根本无法通过。

有时候我们无法解释命运这种东西，尤其对于我们这些后来称王称帝的人。不用我们劳神费力，后人就会将一些天命神授的现象附着于我们身上。也就在这天傍晚居然电闪雷鸣，天降大雨，不到几个时辰，河水暴涨，舟行无阻。这或许是上天给我的某种暗示，总之奇迹就这样发生了。帆樯遮天盖地，像一片巨大的云阵，缓缓地驶离巢湖。

巢湖水军就这样顺利地抵达和州，我的势力大增。我任命廖永安、张德胜、俞通海等为水军统帅，加紧训练。既然有了水军，渡江计划也就摆上了我的议事日程。一些将领求胜心切，主张这时候可以直捣集庆（南京）。

我并不同意这么做。集庆是元王朝的心腹重镇，兵多将众，布防严密，而我的部队只有攻州打县的经验，还没有经受恶仗的考验。若是上游元兵也顺流而下，刚好将我夹在中间，岂不是腹背受敌，两头挨打？显然，直接打集庆的主意并不可取。

那么攻击点应该放在哪里呢？这个问题困扰了我很多年。每次大战来临，我都会问自己这个问题。我常常盯着重重叠叠的宫门，想象着若是有人向我发起攻击，他的攻击点在哪里呢？

我本是一个头脑简单的村夫莽汉，是李善长、冯国用这些读书人引领我从一个思考走向另一个思考。而残酷的现实也教会了我，不要简单，要复杂。可很多时候，简单才是解决复杂问题的最好手段。比如，当年西晋武帝司马炎灭孙吴，大将王浑走的就是和州一路。他渡江先取采石矶（安徽省马鞍山市西南），然后才攻取建业（今南京）。南北朝时候，侯景率八百兵士灭萧梁，取道滁州、和州，也是先攻采石矶。隋朝大将庐州总管韩擒虎灭陈，北宋大将曹彬灭南唐，无一不是迂道攻取采石矶。

至正十六年（1356）六月，我率邵荣、徐达、冯国用、常遇春、廖永安等将领，统兵万余，战船千艘，自和州东渡长江。经采石矶一战，我部全面击溃元朝水军，俘获了大量士兵和船只。由此打通了前后方的通信联系，安定了军心，也扫清了集庆的外围屏障。

此时的元军正全力与小明王总部进行周旋，根本无暇顾及我这个新崛起的军事集团。各路红巾军割据政权也正在竭力对付元军的进攻，也没有觉察到我的潜在威胁。正因为如此，我才得以不声不响地坐收渔翁之利。从至正十五年（1355）到至正二十（1360）年，红巾军长驱深入，来回绕弯子死死地拖住元军主力，使其疲于奔命，也为我赢得了极其宝贵的发展良机。

如果说江北三年是我打天下这出大戏的序幕，那么下江南、占太平，则是宏阔磅礴的开篇。那时候我还无法想象我的帝国，那是一件遥远的事，只存在于想象与梦境中。我的前方依然荆棘密布，就像浓重的黑夜一样，深不可测。

这时候，郭天叙和张天祐对我已经毫无威胁。我太了解这两个怂人，他们的军事才能与所居地位根本无法匹配。这支队伍的军事决策权，这时候已经完全掌控在我一个人的手里。我成了这支红巾军事实上的主帅。

在这支队伍日益扩张的过程中，我不惜动用任何隐形手段来扫除前进道路上的绊脚石，无论对方是谁，战友或者上司。为什么说我采取的是一种隐形手段？因为这时候的我只是军队的副帅，需要倡行仁义，获取人心，所以在动用非常规手段时，也要锦衣夜行，有所收敛。

6. 一步之遥——一个军事统帅的宣言

时间是一条越流越宽的河，往事在彼岸越来越小，越来越模糊。当河岸的植被在时间里疯长，个人在这个世间生存所留下的印迹，也不过是被蔓藤枯枝所遮蔽的假象。

这个时期的很多细节我已经淡忘，但它的重要性是注定的。虽然我已经掌握了这支红巾军的领导权，但当时的我仍处于一种尴尬境地。之所以会有这种感觉，是因为都元帅郭天叙、右副元帅张天祐二人的存在，在很大程度上对我的权力有着一种限制。在名义上，我是这支红巾军的左副元帅，可是这一身份并不能代表一切，更无法超越一切。从某种程度上讲，我所拥有的权力与真正的“大权独揽”尚有一步之遥。看起来是那么近，走起来是那么远。

要消除这触手可及的距离，就要将挡在前面的障碍物逐一清除。这并不是一件容易的事，至少需要一个能够说服人心的理由。而这时候，郭天叙为了扩张地盘，率领郭子兴旧部万余人越过长江，突然出现在太平。

我和郭天叙、张天祐占据太平之际，元军向太平发起了疯狂的反扑。这个不易结束的乱世，真是展示人性的大舞台。在普遍的生存恐惧的碾压之下，人人让心灵成为黑洞。每个人都担心他人不择手段，所以我要不择手段；每个人都担心别人破坏规则，于是我先破坏规则。

元军水师会合亲元义军元帅康茂才部直抵采石矶附近江面，截断我的归路，而陆军会合亲元义军元帅陈野先部从陆路向我发起进攻。水陆齐发，要将我困死于江南之地。在这个杀戮主义横行的时代，一个人能活下来是多么幸运的事。

最好的自保，便是以攻为守。我先是派常遇春率水师击败康茂才，又亲自率领汤和正面迎战陈野先，同时派徐达作为奇兵绕道敌后合围夹击。我采用前后夹击的办法大败元军，擒获陈野先，并降其部众。为了收买人心，我接受了陈野先的投降，并与其结拜为兄弟。此人虽然投降过来，但我的内心仍有隐隐的不安，觉得他不是真心实意地投靠于我。果不其然，我很快就收到了心腹密告，陈野先是诈降。当然，在他的反迹没有暴露之前，我是绝对不会先动手的。那样做，我无法向那些投诚过来的几万部属交代。

蝴蝶与间谍齐飞，阳谋与阴谋共舞，这难道就是历史的本来面目吗？在我一生的戎马生涯中，你中有我，我中有你的间谍战屡见不鲜。也许，它就是战争的一部分，如同血肉相连。

此时江南之地已呈火烤水漫之势，那些有田地、有家资的地主纷纷组建私人武装。这些人有的投奔红巾军，有的依附元军。这也从另外一个角度反映：正因为水深火热难以为继了，不然怎么会有这么多穷人投身于这项刀头舔血的事业。而收编这些人，靠的不是武力压迫，而是他对你的绝对信任。若是我在和陈野先结拜为兄弟之后将其诱杀，天下人会耻笑我朱元璋，也会让那些有心归顺于我的其他武装力量望而却步。

陈野先倒戈

皇权道德只认刀把子，刀把子里面长出江山，也长出皇帝。你打得越狠，就越有说服力，历史就越认同你的存在。在攻取太平后不久，我的军队加快了战略进攻的步伐，进军的方向直指太平城东北的集庆（南京）。作为元军在南方的重要据点，集庆的战略部署要远远超过一般的城市。红巾军已经不止一次地进攻集庆，但是都没有拿下此地。

我需要的是时间，时间会带给我一个机会。它就是由陈野先所引发的一次倒戈事件。

我并没有将收集到的这个情报告知郭天叙与张天祐，而是索性放了陈野先，让他带领旧部与都元帅郭天叙、右副元帅张天祐合军去攻打集庆。不出意外，陈野先果然在进军途中倒戈相向，郭、张二帅战死，这支红巾军全军覆没。有人说我的手段过于狠辣，借刀杀人解除了心腹大患。

郭、张二人死后，龙凤政权封我为平章政事，郭子兴的三子郭天爵为中书省右丞，我终于名正言顺地上位。对于我的上位，郭天爵的心理极不平衡。他认为是我朱元璋篡夺了郭家的产业。他经常于私底下发出怨恨之声，并与郭子兴的旧部属相互串联，做出不利于我的事。为了消除隐患，我只好找了个借口将他杀死。

郭天爵事件之后，我才真正成为这支军队的最高统帅。我终于拥有了属于我朱元璋一个人的军队。一个人，不是孤独的。混迹于一帮乌合之众，我才是孤独的。军权是危险的，它不应该拿来分享。

前方的败讯传到太平，我的内心有着说不出来的滋味。那些无辜的将士，因为我的一己私利而丧生。他们不是死在敌人的手里，而是成为我权力之路上的一块铺路石。举头三尺有神明，我在良心的自责中产生了莫名的恐惧。这算是我第一次使用阴谋与狠毒的手段，虽然手法隐秘，但我并没有收获预想中的欣喜。

我坐在宫殿的一角，想到这些，并无忏悔之意。在乱如刀丛的时代，人若是不变得锋利，就会成为别人案头上的一块鱼肉。人都有趋利避害的一面。正因为如此，我很快为自己找到了自解的理由。我与小明王虽有君臣名分，郭天叙的都元帅、张天祐的右副元帅从来就没有撤销。这种一国三公的局面，早晚会让各方走到生死相决的地步。

今日养痈，明日遗患，还不如早日做一个了断。

我的军队在进入集庆后，并没有惊扰城中百姓。小明王在得到捷报后，第一时间将我擢升为枢密院同佥。小明王很快又将我提拔为江南等处行中书省平章，李善长为左右司郎中，以下诸将都升为元帅。

这一年我二十九岁，由一名普通的红巾军士兵正式成为独当一面的地方长官和指挥十万大军的统帅。而实现这一切，我只用了短短的四年时间。我可以骄傲地说，于当时的我而言，已经创造了一个草根逆袭的传奇经历。如果细想我从一支军队的统帅，成为大明帝国的开国皇帝，也只用了短短的十二年时间。而这起步的一跳，还是略显漫长了一些。

马秀英劝我放过她的兄弟，我答应了。如今他们死在陈野先的手里，我对这个善良的女人也算有了交代。在某个时刻，我会惊异于内心冒出的某个恶毒的想法。

我陷入一个自己杀死自己的循环。犹如一条吞噬自己尾巴的蛇，不断地吞噬自己，又不断地从自己的身体里长出来，这是可怕的。人的蜕变，说的就是这个。

有时候，我是那么热爱自己；有时候，我是那么讨厌自己。郭、张二人虽然消亡，但是他们手下的将领及其军队还存在。这些人本来就不是我的嫡系，包括刚刚投靠过来的巢湖水师。在渡江之初，整支军队的兵力构成大致如此，我的嫡系部队万余人，郭子兴旧部万余人，巢湖水师近万人。我虽然在兵力上占优势，但是要想对另外两股势力掌控自如，也不是一件容易的事。

当时，各路红巾军都存在类似的情况。军队中各支势力拥兵自重，严重影响了整支红巾军的发展。对于这种情况，我完全可以采取当时较为流行的做法，那就是利用武力铲除异己，然后再去想办法兼并军队。

于我而言，面临的最大问题，就是如何处理好将帅之间的关系。从一名红巾军的普通战士到成为一股军事力量的领军人物，我并没有说服人心的业绩。手下那些将领，很多人和我有着同样的经历。

我只有先确立自己的权威，才能让那些如狼似虎的将帅忠心不二地追随自己。

这些出身草莽的将士眼里能容得下谁？长期置身于耻辱之中的人，他们曾经脆弱的精神表皮，已经长出了日益强悍的道德厚茧。与其说他们不择手段，不如说他们是一系列耻辱锻造出的利器。这种化耻辱为兵器的异化，等于是用别人的鲜血与尸体，来加固自己的城墙。我能够带领一支军队攻克一座城池，但未必能够攻克他们精神的城池。

继任军队都元帅

江湖未静，不可自乱。我并没有在这时候使用雷霆手段清除异己分子，这么做必然导致集团内部发生叛乱或争斗，使得人心离散，队伍瓦解。为了顺利地实现权力交接，避免军队发生内讧，我采取了一种比较柔和、稳妥的办法。

我在继任军队都元帅后，并没有擅自改变先前的战略部署。我的内心深处暗藏着无边的欲望，我还要在表面上尊奉龙凤政权为正朔。我能够想象得到，天下豪杰会用何种眼光、何种心情揣度我，揣度韩林儿的命运。当时，实力比较强大的陈友谅、张士诚、方国珍等集团均不奉龙凤正朔，他们随时会向我发起进攻。

我早就有独立发展的想法，但是从现实考虑，我还是决定在一定时期内，从形式上尊奉以韩林儿为首的龙凤政权。这时候我可以自行设官派吏，设置机构和建立某些制度，拥有征讨杀伐的决策权。我的军队并没有受到韩林儿的节制，已经形成了一个独立性很强的军事政治实体。

虽然韩林儿并不能完全节制我，但我和龙凤政权之间是一种互相借力的关系。

我虽然位列诸位将领之上，统率全军，但是在军中的职务是由龙凤政权任命的。那些将领与其说是听我的号令，倒不如说是听从龙凤政权的号令。但是其人事安排居于我之下，我也正好借龙凤政权的册封，在君臣名分还没有形成，集团内部结构依然复杂的情况下，以此号令诸将。

我先后委任廖永安、徐达、汤和、李文忠、朱文正、俞通海等将领分别统领各路军马，并授予他们元帅或将军、副将军的职名。由于军事形势的迅速推进，我的占领区也在不断地扩张。

有时候我也在想，自己成功的秘诀到底在哪里？元末乱世一窝蜂出了那么多扯旗造反之人，只有我朱元璋最后摘取了王冠上那颗熠熠生辉的明珠。一个连最低生活保障都无法实现的草根中的草根，凭什么能够笑到最后？

这个世界没有无缘无故的成功。我何以成为帝王朱元璋？就当时群雄割据的天下大势而言，我的地盘是最小的，兵力是最弱的。但是从与元军主力对峙这一点而言，实力最弱的我并不是他们最为看中的一个对手。

在我与元军之间至少隔着三个割据政权，东面是张士诚，西面为徐寿辉，北面是红巾军主力小明王。几股势力牵扯了元军的主力，也同时拱卫着我的地盘。这一客观环境与有利条件为我在夹缝中求生存、求发展提供了可乘之机。

就在小明王率领红巾军主力在北方与元军进行着殊死搏斗、两败俱伤的关键时刻，我却从中大获其利，不断地向南面和东南发展，将应天周围的战略据点悉数拿下，作为向外发展的坚固堡垒与前哨基地。

打下徽州后，儒士朱升向我献上了至为关键的三句话：“高筑墙，广积粮，缓称王。”

这三句话分别是，先巩固后方，发展生产，缩小目标，然后再慢慢谋取天下。是的，我已经不讳言“天下”二字。在兵戈所向的天罗地网里，我必须为更伟大的理想考虑。

经过一番考虑，我还是接受了朱升的这个建议。往事不过是水中摇晃的倒影，而一切鲜活的事物残留在我这个当事人的记忆当中，已不复本来的面目。所以，我在陈述的时候，不希望有人按图索骥。

谋划长远，预留后路

我是个极端务实之人，不喜欢任何虚浮的东西，更讨厌那些喜欢唱高调的人。如果让我自己用几个关键词来概括自己的一生，“务实”二字应该排在最前面。

郭子兴死后，韩林儿政权开始只是将我任命为郭子兴部的第三号人物。可我并不急于争一时之长短，没有实力就算将你推上王座，你也坐不稳；有了实力，就算是三把手，总有一天也会有登上王位。一个人的实力不是别人给的，而是自己争取的。

我早就有能力从韩林儿政权脱离，可我一直没有那么做。我曾经在和文武百官交流君王之道时，说过这样一句话：“真正成就大事的人，要懂得谋划长远，不能只看重眼前的小利。自古帝王霸业，都是上应天命，下顺民心，不能急于求成。”

在儒者云集的场合，我的表现有些滑稽，一方面要果决刚毅，一方面又要表现出一副虚心问道的表情。人生如戏。这个戏啊，真的是不好演！

为了寻找生存空隙，我经常在军事立场上表现出一种令人难以理解的骑墙姿态。何谓骑墙？有人对我的军事策略表示过质疑。他们说，我大部分时间都在与汉人武装抢地盘，并没有与元军有过多少正面交锋。历史是人书写的。人是心怀鬼胎的物种。于是有人怀疑，有人相信，有人半信半疑。

我不否认，我的立场并没有坚定到纹丝不动。如果说，在生存与死亡之间做选择，我会毫不犹豫地选择前者。我的人生理想与政治信仰并不是重叠的，他们各有各的道。当我看到形势对义军不利时，我先后两次派人送重礼向元朝示好，还佯装做出夹击另一支红巾军的姿态。元政府大喜，授我“行省平章”的高官显职。但是随着义军势力的崛起，我又矫正了自己的姿态。而在那之后的很长一段时间里，我并没有与元军彻底决裂，算是为自己预留了一条后路。

那些质疑我的人，他们并不是我，又怎知我内心的困扰。无论多么高远的政治理想都是建立在生存的基础上。对我来说，没有比生存更远大的志向。万一大元复兴，我至少有后路可退，可以在元政权寻一个安身之处。我的人生经历了太多的颠簸，才走到今天。我会倍加珍惜眼前的这点儿成就。

我要感谢韩林儿，他的军队为我挡住了元军的主力。我像一个胆小的孩子躲在勇敢者的背后。我不想站出来，我只想躲在背后，在南方从容地发展。我宁愿奉韩林儿为“正朔”，上表称臣。我的所有对手都在忙着割据一方，称王称帝。我不急，我不急于向这个世界彰显我的欲望。我只管向前走去，笑到最后，才是真正的赢家。

二、强敌环伺，敌友难分——逆袭者的心病

任何事物的发展都有其两面性，我虽然处于极为险恶的境地，但还没有走到绝境。

我不是一个甘居人下、谦卑低调之人。从民间社会的最底层一路走到今天，我所信奉的生存理念无非是，这个世界没有一件难办的事，也没有一件办不成的事。

占据应天后，我的疆域以应天为中心，西起滁州，画一直线到芜湖，东起句容到溧阳。在我的四周有这样一些势力：东面有元军扼守镇江；东南是张士诚占据的平江（今江苏吴县）；东北面有青衣军（元军将领张明鉴的部队号称青衣军）占据扬州（今江苏江都）；南面是元军驻守徽州和宁国；西面徐寿辉占据池州。

生存与发展对我来说并不是多么容易的事，处于各种矛盾的旋涡之中，强敌环伺，敌友难分。在如此险恶的环境中，成就自己的霸业，其难度不亚于登上天梯去摘星揽月。然而，事情虽然难办，但也不是没有成功的机会，尽管希望十分的渺茫。因为有些看似无关的事情，只要认真起来，就会发现它们往往具有深切的勾连。

1. 诛元利器——仁义是皮，人心是骨肉

我处处显示自己低调，时时藏起那颗难以抑制的野心。一个王者，必须心藏失败的念头。

我想，在一个可以判定方向的混乱世界里奔走，我们如何知道自己是在投奔光明。若光明是智慧者的选择，那么还有一双无形之手将我们引向黑暗。

我知道，属于我的机会还没有真正到来。没有庞大的地盘，也就不会形成宏大的目标，这样反而有利于自我调整与休养。环顾四周，皆是强敌，这些人犹如一盘散沙，各自为战，号令不一，难以达成共同的利益诉求。

我将这些力量划分为几大派系，元军与红巾军、红巾军与红巾军、元军与元军。

几大派系之间利益交织，矛盾重重。只要能够巧妙地周旋于几方势力之间，利用他们相互之间的矛盾，远交近伐，使其互相牵制，就不愁不为我所用。只要能够争取到几年的和平环境，休养生息，等到时机成熟，就可以四面出击，一举扫灭群雄。

一支军队往往带着指挥者的秉性，若是它的指挥者没有携带敬畏与情义，那么这支军队就会成为屈辱的代名词。就我个人而言，如果这支军队若是一条船，情义就是平衡内心与现实的压舱石。

朱元璋，郭子兴给我取的这个名字好啊。古人深信，名字与一个人的运势紧密关联。读书人真是好啊！他可以给自己取好多的名字，又是字，又是号。每一个名号就好像他们戴在脸上的面具，代表一种命运的趋向，一种性格的观照。一个人有好几个名字，就有好多种面具。面具多了，人的面貌与性格也就变得模糊了。

与那些普通武夫相比，我身上有着优于他人的品质，那就是对于知识分子的态度。

历史上出现的草莽英雄最容易犯的错误，大多也集中于这一点。他们本身没有什么文化，在知识分子面前有着难以摆脱的自卑感。而他们身上的粗豪气质又与知识分子的迂腐格格不入。知识分子的柔弱与敏感，是他们所不能了解的世界，也是他们所看不惯的。

正因为如此，像我这样马上打天下的人会对读书人有着与生俱来的排斥。读书人沦为战争的祭品，抓到读书人，一杀了之。可我不会那么做，我尊重他们，尊重他们的远见与卓识。

我身边养了几个大儒。我让他们教我读书认字。接触日深，我已经可以相当娴熟自如地引经据典，与文官相互探讨历朝历代治乱、得失之道。到后来，我已经能够写出相对工整的骈体文，撰写的一些诗词歌赋也算得上是中规中矩，甚至可以在人前炫耀了。

或者是我的做法让那些生存艰难的读书人看到了希望，又或者是我身上表现出来的某些特质，正好契合了他们对于明君圣主的幻想。读书真是天大的好事，让我不再是卑微的朱重八，让我成了真正的朱元璋。

当然，这只是我一厢情愿的想法。那些读书人并不能帮助我洗刷自己的底层胎记，尤其是我身上隐隐散发的血腥煞气。

我喜欢亲近读书人，让许多人主动来投靠我。他们希望能够帮助我，重建他们心目中的理想国。他们将儒家的仁义之道灌输给我，让我这个没有读过几天书的野蛮人顿觉精神世界豁然开朗。天下之道，在乎仁义。我常常对他们说："我读书，常常从中受益。读书明理，让人在日常事务中能用道理去分辨，可以叫人少犯错误。"

文字真是个好东西，它让我的想法有了出处，让我的行事有所皈依，让我的情感有所安放。在这一点上，我居然有些天赋。

随着年龄的增长，我对吟诗作文这一套越来越熟练，其中也不乏得意之作。

我最喜欢阅读的书籍是兵书、史册。我沉迷于前人的智慧，站在巨人的肩头摘取果实。我将《孙子兵法》读得烂熟于心，历代战史、战例、战将是我研究的重点。我甚至想过，若是生于一个书香门第，我还会投身于这刀头舔血的事业吗？答案自然是否定的。而这个答案让我感到无比伤感。我在生活的苦难中学会用拳头和牙齿谋出路。我在精神的困境中收获了前世的疼痛。

有势者强，有德者昌

我经常会想，在那些阅人无数的儒生眼里，我是个什么样的人？他们表面上对我恭敬有加，心里一定是瞧不起我的。他们目光如炬，审时度势，什么也瞒不过他们的那双眼睛。我敬佩他们，也害怕他们，可我又怕他们什么呢？打下定远之后，最先投奔我的儒生是冯国用、冯国胜兄弟二人。他们来到我的队伍里，也带来了一整套的发展理念。我向他们问计天下该如何定，这也是我录用人才必须要过的一关。通常情况下，一番交流后，我就能知道他们肚子里到底有没有货，是不是我需要的人才。他们说了半天，只有一个主题，那就是"有势者强，有德者昌"。

有了力量就会变得强大，但是要想发达就要做到有德。是，又不完全是。

他们还劝告我："金陵（集庆古名）龙盘虎踞，愿定鼎金陵，倡仁义以一天下。"对于他们带有前瞻性的这一套说法，我感觉很新鲜，也很有道理。

在此之前，我并没有认真考虑过自己的发展方向与政治理念。我能够想到的就是，如何趋利避害，让自己在乱世之中生存得久一些，再久一些。红巾军的组成很简单，就是一帮用武力捞取血酬的农民，他们并没有远大的政治理想。

挣扎于生存底线的游民，或者家有两亩薄田的农民，他们参加红巾军，不过是为了图一顿饱饭，希望借此来改变自身的命运。对于他们来说，所谓有德，就是不要乱杀人，不要乱抢财物，要有自己远大的目标。倡仁义，收人心，对于成就事业是最重要的。

冯氏兄弟说的这番话让我豁然开朗。这套生存理念，与先前农民军打家劫舍似的烧杀抢掠有着本质的区别。

在进攻滁州的路上，歙县人李士元又前来求见。此人便是日后名震四海的李善长。

在投奔我之前，李善长不过是乡间的小知识分子，只能算是粗通文墨，算不得大知识分子。尽管如此，但他治学所长是法家，加上头脑敏锐，善于料事，正是我所需要的人才。

我向李善长请教："天下大乱，什么时候才能平定？"

李善长回答，秦末大乱，汉朝的开国皇帝刘邦是起义群雄之中的佼佼者。他出身平民，性格豁达大度，而且知人善任，不滥杀无辜，因此只用了五年的时间成就帝业。如今元朝纲纪紊乱，天下已成土崩瓦解之势。主公的家乡在濠州，距离刘邦的家乡沛县并不遥远。人杰地灵，天命所在，主公应当仁不让。效法刘邦的所作所为，天下不难平定。

多年以来，我一直对红巾军的诸位领袖进行冷眼观察。他们中的大多数是目光短浅的草莽英雄。李善长的一席话，说到了我的心坎上。

在攻取太平以后，当涂县的儒士、明道书院山长陶安也来向我进言："海内鼎沸，豪杰并争，明公（指朱元璋）渡江，神武不杀，人心悦服，应天顺人，以行吊伐，天下不足平也。"我能够听出来，这句话有奉承我的意思。不过，他也再次警醒我，只有行仁义之举，方能平定天下。

如果说我投奔红巾军的初衷，只是为了改变自己卑微的前途命运，找到一个混饭吃的地方，不至于像自己的父兄那样被这个食人的恶世吞没，那么，我走到今天，有了一定的实力之后，我的心胸和眼界也随之发生了根本性的转变。

我的虚心问道，自有报答。尤其是儒生陶安、朱升、孙炎、宋濂、刘基、叶琛、章溢等人相继而来，他们将儒家所主张的那一套“顺天应人”的造反理论和夺取天下后的治国安邦之术也一股脑儿地灌输给我，使我逐步摆脱了农民军简单粗暴的发展之路。

这些读书人来到我的身边，他们带着传统的儒家观念，以仁义之说指引着我走上夺取帝王霸业的正途；以不杀人、以行仁义号召天下。至正十六年（1356），我亲率水陆大军，进攻集庆（今南京），三天内攻破了城外的陈兆先（陈野先的儿子）军营，俘虏三万多人。我非常欣赏这支军队的战斗力，想要将其收为己用。

我本着攻心为上的策略，从这支队伍里挑选了五百名俘虏。到了晚上，我下令撤走了自己的亲兵卫队，专门留下这五百名俘虏作为自己的大帐侍卫。当天晚上，我钻进帐篷，脱下战甲，倒头便呼呼睡去。其实那一夜，我也是睡得战战兢兢。可这有意为之的举动，让那营帐外的五百名俘虏感动不已。这三万多名俘虏也由此军心安定，成为我征伐四方的主力军。

就在我全力打造朱家军“仁义之师”品牌的同时，我的对手们却在反其道而行。

在鄱阳湖大战中，陈友谅因为军事行动受挫，情绪受到极大影响，对俘虏的我方士兵大开杀戒。说实话，在听说陈友谅杀俘虏的消息之后，我心中窃喜。他做得越冷血，我越要温情脉脉，越要表现得仁义无比。有比较，人民才会有选择。

我下令将俘虏过来的陈友谅部下全部释放，身上有伤的赶紧治疗，然后发给路费，让他们回家务农。战俘们回去之后一宣传，一传十，十传百，在一定程度上瓦解了陈友谅部队的战斗力和军心。

对待自己欣赏的俘虏，我有时甚至会宽大到毫无原则的地步。猛将朱亮祖在我攻取太平城的时候前来投降，但此人性格过于暴躁，难以为人所容，几个月后他又叛归元军。后来在两军阵前他又做了我的俘虏，再次被我释放。我给予他充分的信任，让他带兵马攻打宣城。朱亮祖由此倾心卖力，屡立战功，后被封为永嘉侯。

此人晚节不保，因为腐败问题，与其长子被我双双鞭打致死，此为后话。

我在创业前期非常注重自己的品牌效应，刻意打造自己仁义、英武的名声。也正因为如此，四方豪杰义士闻风来投。胡大海、邓愈等人相继投入麾下。有的不是一个人来投，而是举家而来。一些小股义军，看见我的势力不断壮大，也全军归附。

我性格中的宽厚仁慈并不是与生俱来的，而是出于一种理性的计算。我的过人之处，就在于我能够在不同的人生阶段转变自己的角色。在大部分时候，我只是一个演技高明的实力派演员，能够在不同的人生角色里将自己最真实的一面深深地掩藏起来。当然，我也不具备偶像派的潜质。

草莽英雄 PK 儒家王道

战场是一个武人的道场。往坏处说，是文人的坟场。

在王朝的乱世里，暴力是一个穷人改变命运的唯一利器。而穷人大多是不识字的。

我开始大肆招揽贤才良将，以期更好地实现自己的人生理想。在我攻打滁州的过程中以及占据滁州后，一大批在当地负有盛名的贤才良将慕名而来。

我的人才库里涌现出一大批贤人谋士，有滁州当地的，也有地域相近的，比如定远、凤阳、和县以及淮北地区。在刚刚起兵时，我就率先亮出了儒家“尊王攘夷”的大旗。

北伐时，我提出口号就是“驱除胡虏，恢复中华，立纲陈纪，救济斯民”。当时长江南北的汉人已经被蒙古人和色目人统治了近百年，可以说吃尽了民族压迫的苦头。我竖起这面民族大旗，可以说是当时最符合现实需要的一种笼络人心的手段。

在创业阶段，我祭出的法宝是儒家思想中的高端理论——仁者无敌。我曾经对手下的那些武将说：“每攻下一城，我能够听到你们不乱杀人，就非常高兴。你们要始终明白一个道理，鸟不会投到老鹰盘踞的树林，百兽也不会进入布满陷阱的地方。而百姓们会自动远离残暴的军队，去投奔不乱杀人的武装。”

我虽然只读过一年半载的私塾，但是在人生的打拼过程中，却实现了由草莽英雄向儒家王道的华丽转型。当然这种转变是伴随着争夺天下的残酷厮杀一道完成的。

在元末诸军中，我能够以“独不嗜杀”而闻名于天下，这是我做得最成功的地方。

那些儒家士子来到我的身边，反复地向我倡导仁义。他们让我懂得了历史的演进规则，尤其是每一次新旧制度的更替，这块土地上都会散发出浓重的血腥之气。在浓重的血腥之中，谁能先做到用仁义洗刷血腥，谁就成功了一半。如果恶也是物质，那它就会影响我们的日常规范与行为准则，因为我们每个人来到这个世上，是为了做一个好人。

老百姓是最容易满足的群体。只要能够给他们提供苟安于世所需要的最基本条件，他们就绝不会冒险去做不法之事。在乱世之中，那些握有合法伤害权的官吏只要不全力残害他们，能够给他们留下一条活路，他们就会在关键时刻投桃报李。

攻下滁州，我的实力大大增强，在各路义军中也算竖起了自己的一面大旗。这时候，我那些早已失散多年的亲人纷纷前来投奔。亲侄朱文正、姐夫李贞带着外甥保儿（后改名朱文忠）与我相认。

人生真是一场残酷之旅。直到亲人们来到身边，我才知道二哥、三哥早已不在人间，一大家人就剩下眼前这点血脉。“一时聚如再生，牵衣诉昔以难当”。对于人生的悲欢离合，我有着更为深切的体验。我将侄子和外甥留在了自己身边，收作养子。一个生活自由和富足的社会不需要彼此利用和掩饰，更不需要虚构自己站在全世界的屋顶。

我喜欢收养义子。我还收养了定远孤儿沐英，后来又陆续收养了二十多个养子。

我需要对我忠心不贰之人。在这个世界上，只有儿子对老子才是绝对可靠的。我常常将收养的义子安排到军事险要之地，名义上是配合将官，实则牵制对方。在这个过程中，他们难免与守卫将官发生矛盾。每当这时候，我都会亲自出面调和。

至正十八年（1358），胡大海、朱文忠占领严州后，两人意见不合。我让郭彦仁去做两个人的思想工作。

占据滁州之后，有大批的文臣儒将慕名而来。这些人基本上都是来自安徽境内距滁州不远的地区。之所以会如此，一方面是政治的地缘效应在这里起到了作用，另一方面是我的军队在打拼过程中所展现出来的实力与品牌效应起到了吸引人才的作用。

天下纷乱，人们要想生存，也不是只有投奔我朱元璋这一条路。

他们对我的信任，并没有换来我对他们完全的信任。为了防止集团内部再出现离心叛德之人，我经常将那些征战在外将士的家眷留在身边作为人质。进攻南京的时候，马夫人和随军将士的家属就全部留在了和州。

我在攻取集庆后立即定下一条规矩：“与我取城子的总兵官、妻子俱要在京住坐，不许搬取出外。”征战在外的将官顾虑老婆孩子的安全，自然不敢轻举妄动，只好死心塌地效忠于我。我严令那些心思深沉的谋士不得与武将走得太近。因为放任文臣武将结交，他们难免会做出不利于我的事。同时，我还要求，凡是元朝官吏和儒生，都要由我朱元璋挑选录用，逃者处死，严禁手下将领将、读书人留在身边作为谋臣。

节制的习惯

时间流逝，一如滔滔江水永不枯竭。与那些对手相比，我认为自己取得成功的关键在于有节制的品行。节制，是贫寒岁月养成的习惯。居于高位之人，更要有所节制，不然就有随时跌落的风险。很多年后，当我在总结自己的成功经验时，我坚持认为："（张）士诚恃富，（陈）友谅恃强，朕独无所恃。惟不嗜杀人，布信义，行节俭，与卿等同心共济。"

流逝的时间，已经让我无法辨识来时的路。纵然如此，我仍然可以公正地说，我穿行的那个时代，它已经完全具备了古代江湖社会的全部要素。当然，我也是一个江湖浪荡客。一个拥有丰富经历的人，一定怀抱秘密。而我的秘密就是，不让别人捕捉到我的秘密。

在我的武装集团中，很多战将都是当年和我一起分吃小牛犊肉和后来在红巾军中受过我恩惠的伙伴。当年，与我共闯天下的二十四个同乡，其中一部分是和我打小就在一起摸爬滚打的玩伴。他们具有生龙活虎的乡野气，为了生存往往不择手段。共同的成长经历，可能会让我们拥有一段相同的秘密。

这些人跟着我出生入死打天下，我与他们有着非比寻常的感情基础。有时候我对他们的了解，超过了对自己的了解。大明王朝建立后，这些人全部成为新帝国的开国元勋，在权力集团内部享有极其崇高的荣誉、地位、权力与待遇。

在这些人中，比我小四岁的徐达成为武将中的首席功臣。在整个创业过程中，我身上所表现出来的那种舍生忘死、共担共享的江湖气节、才干及其对于未来的准确把握与定位，是他们愿意追随我的理由。

论资质和谋略等级，我在群雄中只能排到中等偏上的水平。放眼看去，那些游民出身的带头大哥，又有几个不是世事洞明、人情练达之辈。如果论狡猾、凶残和厚黑指数，我不见得比他们强。若论军事战略和素养，我或许能胜人一筹，但也难以做到步步高明。

虽然从某种意义上说，造反者有可能会在某个时间节点成为先进因素的代表，但我们这些人的出身，绝大部分是流氓无产者，素质并不高。我们之所以能够成为乱世英雄，是因为在我们身上具备了常人所缺乏的残酷与勇敢。

我们身上的长处与短处同样鲜明，比如说文化素质低下、目光短浅是我们的通病。我们这些所谓江湖英雄，刚起兵时并没有一个清晰的战略目标，率性而为，打到哪里就是哪里。等到起兵之后，大部分人更倾向于做一支更像土匪的队伍，像一阵风似的刮过府县，专营烧杀抢掠。这些人不光抢富人，甚至连“三无”人员，他们也不放过。

我是他们中的一分子，可我又是他们中的异类。我从不放任自己。我参加农民军，不是出于一时的冲动，也不是出于对“大块吃肉、大碗喝酒”的江湖生活的向往。

仁义之师

在选择走什么路、如何走的问题上，我是经过深思熟虑后才做出了慎重决定。人无远虑，必有近忧。只有那些在生活中能够真正看出五步之外棋局变化的人，才有希望赢得最后的胜利。

随着地盘和实力的不断扩充，我内心的欲望也发生了质的转变，从一顿饱饭过渡到辉煌的帝国大业。正因为如此，我向这个世界摆出了一副强者的姿态，团结一切可以团结的力量。

我深知战争年代里，人心向背取决于军队的纪律。手中无权时，也就难以兑现自己的理想。我独自带兵不久，就将军队纪律问题摆上重要位置。比如我在攻占和州之后，军队官兵按照老规矩一通烧杀抢掠。一支有着远大抱负的军队不应该将自己的刀锋指向平民，更不应该只盯着眼前的蝇头小利。那样的话，与打家劫舍的山寨流寇有何区别？

这一天，当我走出衙门时，看见一个小孩立在门外鬼头鬼脑地往里张望，就上前问他：“在做什么？”

小孩说：“我在等我爹。”

我不禁好奇地问道：“你爹在哪里？”

小孩说：“在官家养马。”

我又问：“你娘呢？”

小孩说："也在官家门下。爹说，他不敢认娘，只能喊他妹妹。娘不能回家，爹能回家。我不敢进门，每天这里等爹。今天爹到现在还没有回来。"

我听了很是难过。原来孩子的父亲为军队养马，母亲被将领霸占。这时我手下的幕僚范常说："得一个城池而使老百姓妻离子散，怎么能够成就大事？"于是我决定先从交还妇女做起，整顿军纪。

第二天我把所有军官都召集在一起，告诉他们："大家从滁州来到这里，有一些人掳人家的妻女，使百姓夫妻离散，敢怒不敢言，如此扰民，怎能安众？今天，你们如果把所得妇女交出来，一概不究。倘若霸占隐瞒，决不轻饶！"

众将十分惶恐，纷纷交出了私藏的妇女。我又令城中已婚男子集中在衙门前，站立两旁，让妇女一个个从衙中走出。与此同时，我宣布："如果是夫妇，就相认。不是夫妇，不得随便认领。"许多妇女从衙门走出，回到了丈夫的怀抱，家庭得以团聚。这样一来，军队的形象和军民关系得到改善。但是我只解放有夫之妇，对于未婚女子，则默许被抢占，这也是对现实的一种妥协。

口口相传中，我被和州老百姓奉为拯救万民于水火的大恩人。我下令士兵破城之后，不许抢劫。作为补偿，我没收大户的财产，然后将它们平分给将士。将士所得也不比他们抢劫所得少多少。此举形成定制，从此军民两安。我每攻下一座城池，都要释放罪犯，减轻刑罚，宣布小罪可以免于处罚。

对于那些早已习惯了以暴制暴的人，我的表现过于仁慈。我经常在他们面前念叨这样一句话："老百姓受的苦已经够多了，如今归顺于我，我当然应该照顾。用刑应该以宽厚为本，对人应该以仁慈为本。我要尽最大的努力，使老百姓不受冤狱之害。"

由于多年的草根成长经历，让我在识人用人方面有了一套自己的理论体系。这种从实践中得来的经验是最有效的。在登基之前，我的军队一直以"仁义之师"的面目示人，而我朱元璋则成了奉行"王道"的表率。

有人说，这时候的我与登基后的那个洪武皇帝是两种完全不同的性格，两副完全不同的面孔，前后判若两人。我性格中宽厚仁慈的色彩随着自己身份的变化正在慢慢褪去，随之而来的是苛刻与残酷。时间让我卸去仁慈的面孔，扬起手中的鞭子和屠刀，摇身一变成为让所有人都胆战心惊的铁血君王。

其实他们又怎能了解一个帝王的心态。很多时候，变化的不是我的本性，而是时势。

在登基之前，我需要获得各个社会阶层的认同，需要他们的支持。等到完成统一大业后，老百姓已经成为我放牧的牛羊，我当然乐于拿起屠刀和鞭子指挥他们前进。

2. 与平庸和解——失去战场的领军者

一个找不到战场的领军者，他愿意拥有一段与平庸和解的人生。深夜的槊刀在月光下，吹着令人哀怨的呼哨。它已经很长时间没有吮吸主人的手汗，没有狂饮敌人的鲜血，锈纹渐生，锵然长鸣。

我这一生，制造过无数的经典战例。打仗不容易，打胜仗更不容易。一个统帅所需要考虑的变数太多了。天气、地理、敌情、后勤……战争需要一个人的思维快捷、周密、严谨，要把每一个微小的因素都要考虑进来。正所谓一着不慎，满盘皆输。战争需要军人把自己的大脑变成一架超高性能的计算机，在战场的厮杀呐喊中能进行高速精确的计算。

是战争将我原本谨小慎微的个性修正得更加严谨，就如同一台精密的仪器。在战场上，我又像是变成了一头极具耐性的狼，不把敌人拖得筋疲力尽，不到有九成把握的时候，决不贸然出击。在巨大利害的压迫下能够做到寂然不动，长久地忍耐，一旦机会来临，则动如雷霆，一举摧垮敌人。

是战友也是敌人——邵荣事件引发的危机

至正十五年（1355）夏，在我渡江的同时，苏北的张士诚和湖广的徐寿辉也渡过长江。在此之前，虽然元廷已经被张士诚戏耍了两次，但他们似乎不愿在红巾军之外再树立更多的对手，于是第三次派出使者招抚张士诚，许以更高的官职。

元廷的退让，更加助长了张士诚的嚣张气焰。尤其是在高邮奇迹般地逃脱覆灭的命运后，张士诚深信自己得了上天的眷注，更加看不起虚弱的元廷。当元朝的使者到来后，张士诚再一次无情地戏弄了元廷，杀死了使者，和前两次做得完全一样。

这个反复无常的人，在失信于元廷的同时，也失信于他的追随者。如此一来，上天对他的报应也就不远了。

攻克太平后，我一直在为攻取集庆做前期的准备。前两次攻打集庆（南京）是为了探敌虚实，消灭异己，全面接手郭子兴部。而此时，我采取的是先取四周、孤立集庆的进攻方略。

至正十六年（1356），我被部下诸将奉为吴国公。此后，我亲自督率水陆大军，三攻集庆（南京）。城破，我尽得城中军民五十余万人。到了眼前这个地步，我不再掩饰自己欲夺天下的雄心。那些先于我登上王位者，业已凋零大半。而那些无法无力觊觎权杖之人，只能在黑暗中攥紧刀把子，攥出血。

千家姓，有千般苦痛的来处与归途。霸业眼看成功在望，我不能再伪装下去了。

我若是黄土里刨食的命，从哪里来？要到哪里去？这样的问题对于我来说是无关紧要的。就像一只飞鸟从天空遁迹，但它的羽毛与骨骼的影像，却仍在大地流传。我在幼年时曾经听父亲说过，我的先人曾经住在集庆附近的朱家巷。

我已经二十九岁。攻下集庆，可以说是霸业初定。此时，一个成功男人的心态难以名状。

我派人找了几天，发现朱家巷不过是城外的一个村落。那些穷困潦倒居住于此的朱姓后代，听说我是他们的远支本家，一个个像是盼来了救星，纷纷扶老携幼，进入城内与我见面。中国人讲究衣锦还乡。虽然我与这些人素未谋面，可我内心还是涌动着某种认同感。我与他们坐在一起，追忆朱家往事，叙长幼之礼，行亲睦之道，那种来自内心深处的感觉无法用语言形容。

进入集庆，我于第一时间贴出安民告示："元朝失政，生灵涂炭，百姓可各安其业。愿从我建功立业者，我礼用之。旧政有不便者，我为你们除去。"改集庆路为应天府，置江南行中书省，设置相应的军事、政治、经济等附属机构，在这里建立了一个初具规模的政府。

集庆（南京）自古以来就是兵家必争之地。东吴以来，立国东南者，都要把都城设在这里。六朝以来，东南为赋税贡献最多的地区，而集庆又处于东南最富庶之地。能够将根据地设在这里，不失为最好的选择。因此，能够从元朝手中夺下集庆，我对自己的表现还是相当满意的。

当我再一次站在长江边上环顾四周，豪情满怀之余也陡增压力。如果说在渡江之前，我在元廷和各路诸侯的眼里，只是一个不起眼的小角色，那么，在攻下集庆后，形势急转直下。环顾四周，对我来说已是强敌如林。东有张士诚、方国珍，西有徐寿辉、陈友谅，南面是元朝的军队，北面是“红巾军”统帅刘福通正在和元军主力捉对厮杀。

与其他几股势力相比，我的实力是最弱的。大鱼吃小鱼，我处于军事包围圈的中间地带，搞不好就有可能成了人家的口中食。想要再装低调，将自己隐身，这显然不可能。最好的防守就是进攻。我决定以应天为根据地，为自己抢得先机。

攻下集庆以后，我又先后夺取了镇江、广德等地。随着地盘的不断扩张，小明王不得不随之提高我的地位。

至正二十一年（1361），小明王韩林儿封我为吴国公，仍兼江南行中书平章、都元帅。随后又置江南行枢密院，帐前都指挥使司，左、右、前、后、中五翼元帅府及五部都先锋、镇抚司、提刑按察司、兵马指挥司等。我以吴国公的身份直接统率所有军政部门，从一开始就奠定了高度集权的模式。

虽然在龙凤政权中位极人臣，但我依然没有撤下小明王的大宋旗号。在羽翼尚未丰满之前，我暂时还不想脱离小明王。

公、侯、伯本来就是极高的荣誉爵位，我的势力和当年不可同日而语。尽管如此，我还是要掩藏自己日益膨胀起来的野心。我一直甘居于小明王的旗号之下，使用龙凤年号。我当了吴王（至正二十四年，即 1364 年，我称吴王）之后，发布命令时还是会写“皇帝圣旨、吴王令旨”。但是，如果这种双线并行模式无法改变，我的权力也就谈不上独立性，一个完整的军事集团就有会有四分五裂的危险。

人的欲望就像一个缓缓提起的水闸，那些被生活的河流裹挟而来的杂物，堵塞在其中。要让一切流畅起来，唯有再提高闸门。

闸门提高，会让泥沙俱下，但也会让这摊水活起来。

危险的二当家

我想到邵荣的时候，他已经不在这个世界了。有段时期，他经常出现在我的梦里。我梦到他的刀，像灵魂的手一般贴近我的后脑；我梦到他站在面前，不断地向我发出质问，嘴里吐出来的是血和牙齿。这个老朋友，还是不肯放过我。

邵荣是我在濠州时的老朋友。此人文韬武略，是一个相当有能力的将领。他与徐达、常遇春并称三杰。若是按照加入红巾军的时间排序，此人的地位应该排在徐达、常遇春之上。

在很长的一段时间，作为郭子兴旧部的邵荣都属于集团内部的塔尖人物。他在集团内部的影响力与我不相上下。如果说我是集团内的大当家，那么邵荣就是二当家。他是郭子兴的嫡系将领，与我本非同源。早在郭天叙、张天祐战殁，郭天爵被我以叛乱为名诛杀后，他继承控制着我军中有郭子兴旧部色彩的一部分势力。

邵荣的地位仅次于我而远高于诸将，能统领全军主力，而且战功卓著、威名远扬，对我的地位和声望形成挑战。更何况邵荣、赵继祖等人又亲历郭天叙、张天祐被陷杀的过程，目睹郭天爵被诛杀，他们不会无动于衷。

虽然我对邵荣有诸多的不满意，但是邵荣的命运并不在我的掌控之中。他的地位高低是由龙凤政权直接授予。此时的我还不是一个可以操纵一切的权力之主，而是一个半自由的风筝。虽然我飞得越来越高，但是风筝线却始终在别人的手里攥着。对于我来说，只有倚重龙凤政权才能够有效地号令红巾军。

既然为形势所迫，我就只能无奈地接受这一现实。我在心里掂量着这个收支算式。

龙凤政权的机构设置基本上是照搬元朝体制的那一套，中央设有中书省、枢密院，地方则置行中书省、行枢密院。中书省主政，枢密院主军。因此，我所设置的江南行枢密院实际上就是红巾军的最高军事领导机构。

龙凤政权在任命我为行中书省左丞相时，同为平章的邵荣也相应地升任为行枢密院最高官员——行枢密院同知。这也就意味着，邵荣虽然只是军队的二当家，但实际上他已经掌控了集团的最高统军权。如此一来，我在红巾军中的地位、声望受到了来自邵荣的威胁与冲击。我们是最亲密的战友，也是最危险的对手。

我很欣赏邵荣这个人。如果他不是我的竞争对手，我会特别重用他。此人能征善战，在对陈友谅和张士诚的战役中均有上佳表现。尤其是张士诚部，提到邵荣的名号会让他们闻风丧胆。至正二十二年（1362），张士诚乘苗军叛乱之机派军攻打诸全，李文忠当时就是打着邵荣的旗号吓退了敌人。可见邵荣威名之盛。

在这种情况下，我只有打着变革军队制度的旗号，对军事集团内部的权重进行重新划分。我要找一个削弱邵荣权力的理由，并且是一个可以让人信服的理由。经过制度层面上的一番运作，我通过行中书省的下属机构，依靠文吏（李善长等一干亲信文吏）处理具体事务，直接越过行枢密院处理军务。这在某种程度上等于架空了行枢密院这一最高军事机构。而作为行枢密院的领导者，邵荣就这样被边缘化了。

与此同时，我又适时地推出了一项制度：那些领军在外面攻城拔寨的将领，都要把自己的妻儿老小作为人质留在京城，不许搬出去。这么做只有一个目的，牵制在外将领。邵荣虽然属于集团内的领导层，但他同时也是集团的将领，需要随时听从我的调令，率部出征。这种制度上的约束，可以对他进行有效的防范。经过制度上的小小变动，邵荣的权力就这样转化为我的权力。

应天叛乱

邵荣本来就应该拥有这支红巾军的最高指挥权，虽然被我做了一些限制，但他仍然掌握主动性。一年后，邵荣在应天（南京）发动叛乱，企图扭转被动局面。或许在他看来，我所做出的权力调整已经严重伤害了他的利益。在我们可见的世界之外，仍有暗网一样的隐形世界存在。那里面的手段是我们能够想象却难以理解的。

有人在这时向我告密，邵荣经常在外面说一些针对我的怨恨之语。每当听到邵荣对我的不满之言，我心中都会有一种想要杀人的冲动。越冲动越被动，我让那些告密之人带话给邵荣，让他好之为之。或许我的话刺激了他的敏感神经，邵荣不出意料地落入我为他专门设下的圈套。

此后不久，在一次阅兵中，由于狂风大作，军旗抽打在了我的身上，让我预感到将有不祥之事发生。我赶紧换了一套衣服避开来路返回。也就在此时，恰好有人告发邵荣叛乱。我是罪与罚的操刀手，也是一团展示力道的火焰。我不但要长出锋利的獠牙，还要变成足以吞噬羔羊和挡路者的狮子。邵荣就这样走进我为其安排好的战局。叛乱很快就得到了平息，邵荣成了我的俘虏。

等到大局已定，我与他及赵继祖相对而饮，内心涌起英雄相惜的感慨。我让他安心上路，家中老小会替他安排好。邵荣听到这句话，面如死灰。我知道，亲情让他在这时候显得英雄气短。

我问："二位与我同起濠州，尝尽艰辛，眼看着版图扩张，实力日强，开国立基指日可待。本以为能与二位共享荣华，为何竟生歹心，欲加害于我？"

邵荣愤愤不平地说："想当年在濠州，我们是何等融洽。哪像现在，要见你要左通报右通报，通报了半天还不一定能见到。"他越说越激动，指着我身旁的李善长、刘基等人继续道："在濠州，你是大小事儿都与我们这些兄弟商议，可现在你是宁愿听他们的，也听不进去我们半句。对我们喜怒无常，动不动就呵斥。"

邵荣将碗中酒一饮而尽，又让人斟满。他说："我等常年在外厮杀，攻讨城池，多受劳苦。你却把我等妻子老少软禁在应天，使我等骨肉分离，不得团聚。你这么做，早已不顾兄弟之情，全是为了你自己！我等造反，亦是不得已！"说罢，不觉流出了眼泪。

听完邵荣的这番告白，我也禁不住潸然泪下。或许是我的眼泪，让邵荣读出了生存的幻想。而他的同谋赵继祖却没有那么天真。他冲着同样泪流满面的邵荣说："若早为之，不见今日猎狗在床下死。事已如此，泣何益？"

有人说，这时候的我就像是一条正待慢慢蜕皮的蛇蝎，虽然处于蜕变的过程中，但是已显示出老辣的手段。我一夜未眠。窗外，清风吹来，摇落枝头的雨水。这天地就像睁着眼睛醒着的光。人要做一个杀人的决定，这分量有时候比举起刀斧更让人觉得沉重。所有与我不是一条心的人，只有死路一条！那个我醒来的早晨，再一次证明了这个不容置疑的真理。

邵荣毕竟是我多年生死与共的老友，是同乡。邵荣的命运不只属于他一个人。他还联系着一同渡江的成千上万的弟兄，尤其是郭子兴的旧部。我要收拢这些人的心，拴住这些人的感情，对昔日的兄弟们能有个交代。不能让他们从邵荣的结局，解读出自己的命运走向。

在处理这件事的时候，我要尽可能地表现出让人信服的坦荡，以此凸显自己内心的纠结与悲痛。我将军队集合起来，学着诸葛亮挥泪斩马谡的样子，置酒洒泪与邵荣诀别，而后行刑处决。

我本来打算将邵荣禁锢终生，以此来展示自己宽大为怀的胸襟。我知道，邵荣说的那些话都是出自真心，也是其他人想说而不敢说的。所以，尽管我在心里早就有了想动他的念头，可我却不能擅杀。就算他有了谋叛的举动，我也必须征得诸位将领的同意才能够动他。

王，也有王的不自由。人生之累，对此时的我而言，确实是很深的业力。

在征求将领们的意见时，我说，我一直视邵荣为心腹，没想到他却要置我于死地。你们替我拿个主意，应该如何处置他？

为了昭示自己内心的纠结，我有意识地将处置权交给那些将领。没人会想到，我举起的利刃，从此就再也没有放下过。我就像一头置身丛林深处的怪兽，在与对手的撕咬中，突然发现危险来自身后。我要将邵荣的命运交给他的战友，并以此来考量手下将领对我的忠诚。

我知道，邵荣必死。在一个背叛与情义并行的时代，我并不盲目。

在这个问题上，将领们也有各自的看法。常遇春就认为：“邵荣等反得成，岂肯留我等性命？妻子亦没为奴婢。上位有天命，其事败露，乃天诛之也。今反留之，是违天也。勿教后人仿效。遇春心实不甘。”

常遇春以武人的眼光和直率，看待这波诡云谲的权力争夺。或许正是这样的话起了作用，才让我动了杀邵荣的心思。这话虽然从常遇春的嘴里说出来，可我又何尝不是这么想的。常遇春的这番话之所以会击中我的内心，是因为集团内部两派间的夺权斗争已进入一个白热化阶段。

邵荣难以自圆其说的回答，不知是为跟随自己的部下开脱，还是在为自己求饶。与他的同谋相比，只有赵继祖痛悔没有早日举事。由此可见，他们早在郭天爵被杀时就已经有了要动我的念头。

他们之所以选择在这时候动手，除了想要依仗邵荣刚刚在平定处州叛乱时提升的影响力，更重要的是他们看到了我在经过浙东、江西两次大规模叛乱后，根基有所松动。

在铲除邵荣之后，集团内部已经没有人对我形成真正的威胁。残酷的斗争不仅教会了我毫不手软的杀戮，同时也让我学会用最阴暗的心理猜度和提防一切，让我学会毫无真情的做戏，用最为冠冕堂皇的姿态和理由应酬答对。

我要将自己内心虚弱的部分一点点地摘除，学会调控自己的情绪，当笑而哭，当怒而笑。我要慢慢习惯这种做法。如果说“情义”二字是举兵初期笼络人心的法宝，那么暴力机器则是唯一合法酿制疼痛与仇恨的温床。那些敢于反抗这一价值谱系之人，必然会在这一铁律面前碰得头破血流。

我要学会把自身与灵魂剥离，以便随时进行二次、三次组装。这是一个政治家必须掌握的一门技能。虽然在这条路上，我们还可以列出人身自由、爱情、子女、名声、前途等筹码，但在暴力的刀片面前，筹码越多，个人要承受的痛苦就越深，风险也就越大。

这种自身与情感的对立，使我变成了战争与政治的奴仆和玩偶。也许，人们因此称我为暴君。

平定邵荣叛乱后，我最为忌惮的两股势力——郭子兴的后人和其旧部的独立势力已经不复存在。邵荣叛乱事件，是我除掉郭天叙、张天祐和郭天爵的后续动作，是我实施清洗的具体体现。在连遭叛乱的危急关头，我以自伤元气来换取对集团的绝对领导权。人在危机的情形下，多半会借助于本能的存在以显明存在。

是非并不颠倒，黑白总有分界。人性的落魄下陷，是我时时需要提防的。

邵荣事件是一个节点。从此以后，我虽然在强大的外部压力面前还会一度陷于危境，但再也没有遇到来自集团内部的挑战。很多时候，纯洁队伍比战胜敌人更为重要。我用邵荣的一堆烂肉，给那些摇晃的追随者上了一堂立场课：端正思想，做一个坚定如一的人，否则，邵荣的下场，就是他们的下场。

要命的梦想——最要命的九字真言

至正二十三年（1363）秋，我率领水军与陈友谅在鄱阳湖进行了一场规模空前的大水战。陈友谅利用鄱阳湖易守难攻的地理条件和兵力上的优势将我死死地拖住，战事一时间陷入僵持状态。正当我苦思良策之际，刘基向我推荐了朱升。

他们说，朱升与一般的儒士不同，尤其与那些当红的理学家更像是跑在两条道上的马车。他治学非常务实，平日事师交友，不论对方身份高低贵贱。即便对方是一个乡野村妇，只要能够让他从中获益，他都会恭恭敬敬地向人家请教。正因为如此，他掌握了一整套超乎常人的经世致用的本领，经济、地理、天文、历法乃至算命、占卦无所不晓。

从刘基的口中得知，朱升是皖南人，早年师从陈栎、黄楚望等儒学名家。在长达二十年的时间里，他一直过着耕读于乡里的田园生活，常年在自己的家乡休宁、歙县一带开馆讲学。直到五十岁才算勉强进入体制内，但是他却不愿意放弃耕作。

他任池州学正时，南北学者云集，颇有号召力。可是他并不恋栈，等到任期满后，他毅然回到了皖南，在家乡石门山过起了隐居生活。

徽州地区宗法势力极强，聚族成风，历久不衰。朱升在徽州同族中享有族长之类的崇高声望。就连我这个姓朱的也要称呼他一声“宗长”，也算是对同姓长辈的尊称。这样的儒学大才，我岂能错过。我学着当年刘备三顾茅庐请诸葛亮出山的做法，一再上门求教。朱升为我的诚意所打动，愿意暂时放下自己所留恋的田园生活，出山辅佐我。

第一次与我见面，他就送给我一个九字真言——**高筑墙，广积粮，缓称王**。

如果说在此之前我所采取的是一种被动的生存方式，那么从这一刻起，我有了更为深远的军事计划，更为内敛而膨胀的军事野心。一侧身，我看见了一片天光。

很多个夜晚，我在梦境里看到，那些流离失所的人，他们在淮河边上，排成一支长长的队伍。

他们说，你去吧，代表我们赢得更多的胜利。

我说，我去了，我要为你们赢得更多的胜利。

对于乱世求生存的各路霸主而言，他们生存发展的前提条件，就是要想尽一切办法提升自己的生存指数，不让自己在这场竞争中出局。只有那些不被对手踢出局的霸主，才能谈得上发展壮大。不要学那些占上一个山头，就急着称孤道寡的草头王。称一时之王，莫如称百世之王。

我一生行事，都是一个稳字当头，积小胜为大胜。虽然说“高筑墙，广积粮，缓称王”的九字方针是朱升提出来的，但这又何尝不是我的想法。只不过朱升在无意中把准了我的脉而已。

我常说的一句话是：“吾平日为事，只要务实，不尚俘伪……不事虚诞。”我并不看重那些虚名小利，而是看重长远的利益。虽然有人在称王这件事上劝过我，可我迟迟没有采取行动。在各支反元力量中，我是最后一个称王称帝的，也是笑到最后的那个人。男人都有坐天下的梦想。可是天下很大，大到超出我们的想象。我做了皇帝，天下也只是在我的想象中存在。对于我来说，这座孤岛似的宫殿才是我的天下，刚好可以容纳我的野心。天下，是我的死穴，也是我的生门。

上天在不经意间，赋予了我这个社会最底层的农民一个出色的大脑。而我所经历的艰难困苦，除了赋予我一副结实的身板，也同样给了我一颗勇敢而冷酷的心，给了我异于常人的自控力。

就算具备了这些特质，我也不过是一块值得打磨的生铁而已。要想将这块生铁锻造为一把削铁如泥的宝剑，最后还是离不开战场的淬炼。因为战场从来都是男人锻筋炼骨的大熔炉。古今中外，顶级的男子汉都是在战场上练就的。因为只有战场，才能为他们提供生命熔炉所必需的高温和高压。

剑，一人敌，不足学，学万人敌。我从二十五岁投军，仅仅用了四年时间，成长为一名可以独当一面的地方长官和指挥十万大军的统帅。攻占集庆，初步实现了当年冯国用为我谋划的天下蓝图中最重要的一步棋。一个人的运势，会呈现出一种迥然不同的走向。所谓运势，不是自家独自酿造，是大势所趋，顺势而为。

至正二十年（1360），我决定以应天为中心地带向四面扩张。此时的我想要低调都难以做到。因为各路诸侯已经将我锁定为他们前进道路上的生死对手，尤其是居于应天两侧的陈友谅和张士诚。

雄踞长江上游的陈友谅占据天时地利人和，而下游的张士诚也是实力雄厚。我中居南京一带，处于东西两大强敌之间。在这两大王牌之间，又岂能容我酣睡。这时候的我虽然已经有了一定的实力，但是对于自己到底该往哪个方向去，心里并没有一张清晰的地图。

当年为了能够混上一顿饱饭，我进庙当了一名游方和尚。等到我云游四方后回到庙里，本以为可以过上一段安稳的日子，赖以栖身的庙宇却毁于战火。接着我又被逼投军郭子兴的帐下，也同样是为了苟且活命。

我想尽一切办法去协调各方关系，只是为了更好地保护自己，而搏命厮杀则是为了获得军功，以便能够得到提拔。但现在，我已经不是当初那个有一顿饱饭就很满足的朱重八。

虽然我的手里握有几万人马，却不知道该去向何方。是像江湖草寇一样打家劫舍？还是像地方军阀一样占山为王？随着地盘的扩大，实力的增强，我的心胸也在一步步地放大，眼界也在一点点地扩展。目标渐行渐近，前方有了一个大致的轮廓，天下蓝图正在徐徐展开。

先捏软柿子

渡江之前，我仅仅满足自我保全。等到渡江之后，军事策略有了根本性的转变，由保守型的发展变为进攻性的拓展。在战术的选择上，我对自己的对手有了更加精准的定位。

等到扫平中原各路诸侯，准备剿灭残元余部的时候，我却在前进的道路上遇到了一个大难题。这个难题就是下一步该往何处去？

经过一番权衡，我决定先攻陈友谅，再打张士诚。我并没有采取贸然行动，而是审时度势，先拣软柿子捏，然后再全力以赴啃硬骨头。不断缩小包围圈，慢慢地将对手绞死，这是一个迂回渐进的策略。对于相对较弱的南方各派势力，则采取攻势，集中力量将它们逐一歼灭。

消灭了陈友谅、张士诚等南方主要割据势力以后，我等于控制了中国最富庶、人口最稠密的地区，实力得到了大幅度的提升。从今以后，我立誓，我再也不会为肚皮而战斗。我要建立一个理想国，自淮河以南，南方千里沃野。

而下一步，我将目标锁定元大都，最后的决战就要到来。

在战争初期，我并没有形成自己的进攻与防御体系，通常是打到哪里算哪里。等到好不容易占领了一块根据地，却又强敌环伺，无法向外拓展。元廷刚开始并没有将我带领的这支红巾军放在眼里。他们将主要的精力都用来对付张士诚、陈友谅这些实力强大的军事集团。这样就给了我很好的发展机会。我可以避开与元军正面交锋，埋头扩充地盘，从而大大降低了运营成本（打仗）和人事成本（军饷）。

地盘大并不代表实力强，只有把所有资源集中于一个地方，才能产生局部效应，从而扭转战局。我在刚刚走上反叛之路时，总是在不断地谋划形势、策划战略。当条件不具备的时候，我决不贸然行动，而是耐心等待或主动创造条件。等到条件成熟了，我才会选择断然出手，将对手彻底解决掉。

步步为营

当我基本上平定了中国南部，只剩下北元一个敌人时，我并没有急于挥师北上。北元的权力集团内部同样面临着分崩离析，战斗力已经大受折损。此时的我依然步步为营，对每一个可能存在的风险点都进行客观地分析与巧妙地闪避。

我并没有盲从于一些激进派将领，理由很简单——元建都百年，城守必固，若悬师深入，屯兵于坚城之下，粮饷不足，援兵四集，非我利也。我毕竟是一点点的从小民打上来的，深知资本的积累来之不易。我提出先取山东，撤其屏蔽，然后再进攻河南，断其羽翼，拔潼关而守之，据其户槛。等到占据了主动，再全力进攻元都。

在一次次危机、逃亡、死亡、绝境中，我就像是一块含有杂质的铁砣迎接着命运的重锤一点点砸将下去。十余年军旅生涯过后，我终于做到了百炼成钢，成为一块品质极佳的钢。也同时练就了一颗超人之心，如同铁一般坚硬，冰一般冷酷，水一般沉着，弓弦一般柔韧。

这颗心只受利益的驱使，绝不会被感情软化。这颗心能承担任何巨大的压力，能冷静地面对任何艰难的挑战，能指挥自己的手和嘴，发布任何别人所不敢发布的残酷、野蛮和不义的指令。血与火的战场，将我从一个七情六欲的血肉之人打造成了一架机器，一部安装了高性能芯片的钢铁机器。

应该说，这时候我与元军的实力对比，强弱已发生了根本性的逆转，曾经菜鸟级的小人物如今已经成为一个军事集团的领导者。在这种情况下，攻克元都的可能性还是很大的。对于处于弱势方的我来说，风险与利益是同时存在的。当时元朝的军事实力还没有受到强有力的冲击，忽必烈的子孙们忙于权力集团内部的自相残杀。正因为如此，他们已经很难再真正地联合起来对付北伐军。

如果说这是一项投资，那么我所做出的军事部署就是要把市场风险降到最低点。如此一来，投资的成本也会随之增长。对于精于算计的我来说，宁可多付出十倍的努力，也不愿意多增加十分之一的风险。

正是按照我的军事策略，北伐的红巾军步步为营，就这样慢慢地耗尽了元军的有生力量，毫无悬念地从一个胜利走向另一个胜利，从出师北伐到克元大都仅仅用了不到十个月的时间。经过几年的发展，在南方群雄割据的各方势力中，我由最为弱小的一方，慢慢地变为最有竞争实力的一方。

灭掉陈友谅——失道者的悲喜剧

笃信命运，从来就不是一个安于现状之人该做的事。

至元十八年（1358）九月，常遇春率部攻克池州。随后他又与徐达在九华山下设伏，打败了陈友谅的军队，并俘获了四千人。

常遇春竟然没向我请示，连夜将四千人全部活埋了。我能够想象得到，那个令人恐怖的场面，四千个坑，塞进四千个身体。身体里的深渊，既是仇恨和痛苦的渊薮，又是活人坟墓。速死而不能，脱去躯壳之累而不得。身体回归土地的过程，隆起四千个丑陋的土丘。常遇春就像是我驯养的一头嗜血的豹子，他总是能够轻易地摧毁敌人的防线，撕碎他们的身体。

这个野蛮的将军只留下了几个活口，让他们回去给陈友谅带去了一句话，打败你的人，是我常遇春。这件事彻底激怒了陈友谅，我与陈友谅之间的决战也因此提前爆发，这是我没有想到的。暴力从来就是历史的加速器，一旦开动将无法休止。

我虽然已有与其决战的心理准备，但战争以这样一种方式拉开序幕是我始料未及的。陈友谅是湖北沔阳人，世代以捕鱼为生。他自幼习武，勇有余而智不足。虽然略通文墨，也曾经在官府衙门里做过一段时间的小吏，但他始终无法适应刀笔小吏的体制内生活，过得并不快乐。看来人处于何种位置都不会感到满足。如果当初的我能够过上陈友谅这样的生活，或许就不会加入造反队伍。与我这样生无立锥之处、死无可葬之地的游民相比，陈友谅的出身真是好得太多了。

据说，有风水先生在看过陈家的祖坟后，下过一个结论：“你家法当贵！”或许是因为这句话给了陈友谅奋斗的执着和勇气。湖北人徐寿辉起来造反之后，三十出头的陈友谅认为自己彻底翻身的机会已经到来，于是就加入了这支红巾军。他起初只是领军元帅倪文俊手下的一位小小的簿书掾（秘书），专门佐掌文书、钱粮之类的杂务。他很快就凭借自己的能力和所获得的功劳，成为倪文俊手下的一员干将。

至正十七年（1357）九月，倪文俊图谋杀害徐寿辉，篡夺其帝位，未能如愿。阴谋失败后，倪文俊便奔往黄州，途中被陈友谅杀死。陈友谅这样不知满足之人，又怎能长期居于人下。只要有机会，他必然会做出弑主夺权之事。除掉倪文俊之后，陈友谅以所谓匡扶之功成为天完（正式国号为“宋”，传世文献多作“天完”）国的第一重臣。

至正二十年（1360）六月，陈友谅挟持徐寿辉，于五通庙登基为帝，定国号为汉。

陈友谅在掌握了西系红巾军统帅大权之后，将军事矛头指向元军。虽然他将自己的年号定为“大义”，但他的所作所为，与“义”字根本沾不上边。在很短的时间内，陈友谅就将各路人马迅速地整合到自己麾下。

陈友谅喜欢玩弄权术且手段狠辣，有着极强的组织与控制能力。他能够在很短的时间里，就整合出一个在割据群雄中土地面积最大、人口与兵力最多的“大汉”国。其实，说起来容易，并不是随便什么人都能够做到的。

在此之前，陈友谅的军事履历上最光彩的部分，都是在与元军交锋时留下的。他直接指挥了安庆战役。在安庆外围战中陈友谅三败三起。虽然付出了惨重的代价，但陈友谅还是攻下了安庆城，迫使负隅顽抗的元军守将余阙引刀自刭。

在一年多的时间里，陈友谅驰骋于红巾军抗击元军第一线，攻城略地，取得了一系列的胜利，占有安徽、江西、福建、湖广等大片地区，半壁江山落入其手，陈友谅因此成为江南地区反元的主力军。

捕杀凶兽

历史充满了巧合，也充满了变数，而巧合和变数都是当事人的选择。像我这样一个容易情绪化的人，愤怒会让我难以做出理性的判断。这也是为什么我会感到一种面对历史的虚无与脱力。到底是先打张士诚，还是先打陈友谅，对我来说，这是一道选择题。

我的军事智囊团对此存在很大的分歧。他们认为我应该先拿下张士诚，理由是——“张士诚，富而弱，宜先。”我并没有听从大部分人的意见，而是听取了谋士刘基的意见。刘基从来就没有让我失望过，而这一次也不例外。

当时我的东面是张士诚所建立的周，西面是陈友谅的汉，北面是小明王韩林儿，南面则是福建山区，由效忠元朝的陈友定控制。我要想突围而出，实现更大的宏图霸业，最大的威胁来自张士诚和陈友谅。

我与刘基在这件事上达成共识：降与逃都不是办法，只有拼死抵抗。

刘基说：“捕杀野兽就要先捕杀凶猛的，擒拿盗贼就必须先拿下强壮的。今日之计，不如先讨伐汉国。汉国地域宽广，夺取之后，一统天下的格局就有了。”

刘基建议将进攻的矛头直接指向陈友谅，这深得我意。对于未来的战略走向，我有着自己的权衡和考量。我与陈、张二人周旋多年，对两个人的脾气性格摸得很透。在我看来，这两个人都具有致命的弱点。

弱点是人性的突破口。累累白骨上是它们任性开出的血色花朵。陈友谅是一个至情至性的热血汉子，临大事易冲动，自乱阵脚。而张士诚性格偏于内向，缺乏雄霸天下的进取心。二人性格上的差异，正是我选择进军次序的关键所在。

我对手下谋士们说，你们提出不同的看法固然有理，但并没有看到问题的本质所在。

张士诚器小，而陈友谅又过于自大。器小无远见，志骄好生事。如果我先打陈友谅，张士诚就有可能坐山观虎斗。如果我先打张士诚，陈友谅就有可能会参与进来，借此机会大捞一笔。

张士诚与我曾经爆发过严重的冲突。至正十六年（1356），我攻克应天。此后，我们双方摩擦不断，大大小小打了上百场仗。同年六月，我的部将投降了张士诚，我写信于他：我是一个贫苦农民，而你张士诚是一个私盐贩子。大家都是苦孩子出身，苦孩子不打苦孩子。你我之间还是少动干戈，和平相处。

这封信好像并没有起到作用，又好像起到了一些作用。张士诚没有向我发起攻击，可他却恐吓我。那时候我正和徐寿辉开仗，不希望腹背受敌。张士诚的回答很不友好。他说：“你朱元璋从哪里来，就回到哪里去。我已经和徐寿辉商量好，早晚非灭了你。”

张士诚说，他早晚非灭了我。这话听起来吓人，但并没有实质性的内容。话又说回来，既然他没有选择早动手，那么我就不用担心他搞突然袭击。经此一试，我得出这样一个结论，张士诚还是可以稳一稳再动手的。

权衡之下，我采纳了刘基的意见——“决计先伐陈氏。”

我的许多将士慑于陈友谅的强大实力，害怕与他发生正面交锋。甚至李善长在听到我要诱使陈友谅速来时，也不解地问：对方实力如此强大，我们唯恐躲之不及，为什么还要将他引上门来?

这种生死存亡间的选择，既考验了我在复杂形势下驾驭全局的能力，又能让人领会我的识人用人之术。我闻着手掌上残留的血腥之气，内心虽有胆怯之意，但我超长的脸庞和粗糙的五官并没有表现出来。不得不承认，敬畏命运是最有威力的感情。多杀积功名，而少杀也不见得能活过百年。

陈友谅就这样轻易地走进了我为他布下的战局，更像是我为他专门挖好的一个大坑。他在南京沿江六渡之一的龙湾遭到我的伏击，主力部队几乎丧失殆尽。龙湾战役不仅击溃陈友谅，也同时震慑了张士诚。

在我与陈友谅的几次正面交锋中，张士诚始终抱着隔岸观火的心态。鄱阳湖决战时期，我的军队倾巢而出，集庆几乎成为一座空城。尽管如此，张士诚不但没有对我发动攻击，甚至摆出几分像是为我看门护院的架势，令人茫然不解。

我将陈友谅作为第一攻击目标，打破了陈、张建立军事联盟的可能，也使自己摆脱了东西两线同时开战的战略危机，并最终将陈、张集团各个击破。陈友谅根本不是我的对手，尽管他是武艺超群的猛将，可毕竟是勇有余而智不足。在军事策略的选择上，我显然要比他高明许多。

在对付陈友谅的战事中，我首先遇到的是陈友谅的部将赵普胜。此人本是巢湖水军主帅，后来又投降了徐寿辉。赵普胜骁勇异常，善施双刀，江湖人称“双刀赵”。赵普胜为陈友谅攻城略地，立下无数战功。对我来说，赵普胜的存在已经成为我前进道路上的一块绊脚石。

既然是绊脚石，那就要想办法搬掉。我本着对陈友谅的了解，为生性多疑的他量身定制了离间之计。我放出口风，谎称赵普胜意欲投靠我。陈友谅不出意料地中了圈套，在没有调查取证的情况就将赵普胜杀掉。赵普胜的军队在反元战场上是一支劲旅，也是陈友谅的左膀右臂。除掉赵普胜，也为我除去了一大障碍，同时也为陈友谅的失败埋下了伏笔。赵普胜的死，成为陈友谅与我争锋的胜负手，一边元气大损，一边实力大增。

我一鼓作气连克衢州、处州等地。我将陈友谅视为自己的头号劲敌，将四分之三的兵力用于西线战事，迫使内部还没有统一的陈友谅不得不全力与我应战。

利用矛盾

一个人一旦认定了宿命，然后，人与卦象就开始等待判决。

我刚攻下应天时，因为考虑到江左、浙右各郡有可能会被张士诚、徐寿辉占去，所以急令徐达为大将军，率诸将攻下镇江。随后，我又派常遇春、廖永安等人自铜陵进取池州。或许是我的锋芒过于咄咄逼人，身为红巾军天完政权丞相的陈友谅只好亲自引兵迎战，结果反为我所败。

由于各方军事力量之间的博弈呈现一种交织状态，而我很好地利用了他们之间的矛盾。

随着实力的不断增长，张士诚、陈友谅、方国珍等军事集团日渐式微。他们不仅没有实力与我一较高下，也无法做到抱团作战。这几支力量呈品字形将我包围，方国珍、陈友定占有浙闽交界地区，陈友谅占据与浙东接壤的江西州郡，而张士诚则占据浙西一带。

拿下应天府的屏障太平府后，陈友谅完全被胜利冲昏了头脑，对眼前的形势和下一步的战略部署缺乏清醒的认识。他过高地估计了自己的实力，同时也看低了对手的竞争力，以致军事部署频频失误。

一方的失误，就是另一方的机会。这时，我作为他的对手，比任何时候都要清醒。我听从谋士刘基所言："贼骄矣，待其深入，伏兵邀取之，易耳。"我让大将康茂才（康是陈友谅的旧将）作为内应将陈友谅引诱至应天，致其大败。陈友谅由此失去太平、安庆。他手下不少将领将所占地盘拱手献给了我。

陈友谅虽然收复了一些城池，但是复得复失，让他的实力大打折扣。他是一个有韧性的人，不到最后一刻，不会轻易地放弃对胜利的渴望。当我赶往安丰营救小明王时，陈友谅乘机向南昌城发起了进攻。

陈友谅率领六十万大军，将整个南昌城围得铁桶似的，围困了八十五天。等到我率援兵赶到，他才东出鄱阳湖与我交战。作为反元势力中的重要力量，我和陈友谅虽然都是打着红巾军的旗号，但并没有形成联合之势。

在这几股武装集团中，唯独陈友谅和元政府没有任何瓜葛。他在反元斗争中的立场是最为坚定的。在和我正面交锋之前，他的军队一直冲锋于反元第一线，称雄江南。直到至正二十年（1360）遇上我，才被牵扯进兼并战争的旋涡中。陈友谅本想联合张士诚对付我，可张士诚心不在此。他没有吞并别人的野心，只想保存自己的实力。

鄱阳湖大战

至正二十三年（1363）七月，那场至今想起来仍令我心有余悸的鄱阳湖大战全面爆发。后世之人会因这场大战将我列为帝王中的军事奇才。这是中国史乃至世界军事史上投入人员最多、规模最大的一次水上大会战，也是我与陈友谅之间的生死对决。

双方投入了总兵力八十万。其中，陈友谅六十万人，而我只有二十万人，实力悬殊。

陈友谅水师势力非常强大。他的战舰分大中小三等，大者可载三千人，中者可载两千五百人，小者亦能载两千人。从人数来说，号称六十万，文武百官的家属也全部出动，倾国而出。可见陈友谅从一开始就抱着与我决一死战的心态与架势，试图将我的军队全部消灭。

在我的记忆中，那是一场极为酷烈的战争。想一想那样的场景就让人心悸，数十万军队像饱满的豆子均匀地撒在鄱阳湖上，那些饮血的刀剑、拖着火焰的巨船，就像是濒临死亡仍奋力回阳的野兽。那些魂魄已散、不辨方向的战士在激流与船体之间寻找遁去的缝隙。那些刀剑碰撞在一起，发出的锵然之声，像是命运发出的诅咒，伴随着士兵们撕心裂肺的喊杀声，混合成了一曲荡气回肠的鄱阳湖战斗乐章。

几番杀伐过后，整个鄱阳湖被鲜血染成了红色。湖面上漂浮着数不胜数的尸体。愁云惨雾之间，天地为之色变。敌我双方实力悬殊，这本应是一场毫无悬念的战事，结局却有了另外一种走向。

幸运女神在历史的转角处会将手中的绣球抛向谁？她并非是不长眼睛的。我不能说，自己就一定比陈友谅强大，但有一点是可以肯定的。那就是时势可以造人，人也同样可以造时势。比如我，比如陈友谅。

陈友谅先是追随倪文俊，又将其杀害，这是集团内部分裂的一个强烈信号。

倪文俊在集团中制造矛盾，陈友谅将其除掉，在一定程度上安抚了人心，使得军队在抗元理念上能够暂时保持一致。没过多长时间，陈友谅再次置集团的整体利益于不顾，他在攻占太平后谋杀其主徐寿辉。尽管徐寿辉早就将权力交给陈友谅，自己徒留一个虚名。可是从某种意义上说，徐寿辉仍然是天完政权的象征，对天完红巾军起着号召和团结的作用。而这时候的陈友谅已经膨胀得找不到方向。他更没有想到的是，自己有一天黄袍加身，竟然会使手下将士离心离德。

元至正二十二年（1362），徐寿辉帐下的重要将领明玉珍称帝，国号夏，建元天统，与陈友谅成为利益竞争对手。陈友谅也由此失去天完红巾军的绝对控制权，走上众叛亲离的败亡之路。

陈友谅虽然兵多将广，号称六十万，但忠诚捍卫他的只有两三员大将。那些被他强力整合进来的将领，似乎并没有特别出色的战绩表现。鄱阳湖之战中，我军与其人数相差悬殊，本应是一场对方完全压倒我方的歼灭战，结果却成了一场你死我活的胶着战。

经过一个多月的对峙，陈友谅被我活活困死于湖中，粮食殆尽，伤亡惨重。于是陈友谅孤注一掷，冒死突围。很不幸的是，他在激战中被飞箭“贯睛及颅而死”。主帅阵亡，全军溃败，剩余的五万余人全部投降了我。陈友谅虽然战败身亡，但是我并没有看轻这个对手。他的败亡是抗元大业的巨大损失。正因为如此，我才会由衷地发出感叹：“友谅亡，天下不足定也。”

陈友谅是个不容忽视的对手，是我前进道路上必须要翻越的一座大山。如果我不在他发展之初就将其消灭，那么将来我肯定会败于他的手上。他做梦也没有想到自己会败给我。在他的内心深处，他并没有将我视为他的最强劲对手。尤其是在鄱阳湖大战进入白热化阶段时，陈友谅的自信心一度膨胀。或许正是源于心态上的变化，让他变得更加刚愎自用，根本听不去任何人的意见。陈友谅的手下将官往往会因为一个反对意见，惹来杀身之祸。时间久了，谁也不敢进谏。军队的凝聚力也由此降至最低点。陈友谅的很多将领阵前倒戈，带着军队直接归降了我。

与陈友谅相比，我明白人心向背的重要性。我懂得积蓄力量，待时而战，战则必胜，永葆士气旺盛的战法诀窍。一个人认定自己能够改变现实，就不会轻易陷入宿命的旋涡。

我身上所具备的性格特质，恰恰是陈友谅的软肋所在。陈友谅虽然有着打不垮的精神，关键是他总是打不赢。这种久拖未决的疲劳战术，严重影响了士气。虽然他拥兵数十万，但关键时刻攻不破，冲不上。故谓，善用兵者以一当十，不善用兵者以十当一。打仗是这样，人生中的好多事情又何尝不是如此。

吴王元年（1367）正月，我再度下令：“且太平，应天诸郡，吾创业地，供亿最劳。”由此下令减免太平府租赋二年，让南京及周边地区的百姓能够享受到我给他们带来的温饱生活。应天、镇江、宁国、广德租赋各减免一年。三月，陈友谅守将邓义亨率军队来降，我顺势平定了湖南全境。

大汉国覆灭

一些美好的结局会让人陷入欣悦的遐想，让人反复回味自己的成功之处。从未远去的往事经常浮现于眼前，让本来并不着意的是非选择变成无尽的省思。我之所以在近几年中没有受到元军的攻击，主要还是应天所处的有利位置。东边是张士诚，北边是小明王，西边是徐寿辉。南边是长江天堑，元兵不敢轻举妄动。东西北三面有三个政权形成了一道屏障，替我挡住了元军，使我能够坐享太平，不断地发展壮大。

在前前后后长达近一个半月的时间里，陈友谅始终无所作为。

至正二十四年（1364）三月，也就是在陈友谅败亡后半年，他的儿子也投降了我。看着跪在自己脚下的对手，我不无感慨地当着众位大臣的面说道：“陈氏之败，非无勇将健卒，由其上下骄矜，法令纵驰，不能坚忍，恃众寡谋，故至于此。”也就是说，陈友谅之败，不是败在军事实力，而是败于制度。他没有严苛的法律，放任手下为所欲为，伤透了军民的心。

有人说，战争和情欲是人的两大幻想和谎言之源。而两者的混合，是这个世界上最大的不纯。但这最大的不纯，却可能是战争中最纯粹的兴奋剂。至正二十五年（1365）大年初一，春节是中国人向来重视的节日。对我来说，最强悍的对手陈友谅已经兵败身亡，苏州城指日可下，王者霸业犹如一幅精美的画卷正在向我徐徐展开。近年来，我的心境发生了很大的变化。既渴望早日实现那曾经想也不敢去想的成就，同时，又对那一天的到来有着莫名的不安。每向权力的巅峰迈进一步，来自内心的不安就会越发难受。

我怀念那些逝去的亲人，尤其是我的父母。也不知道，他们在另一个时空里过着怎样的生活。他们若是看见人间的我，造出如此大的动静，不知做何感想。他们习惯了逆来顺受的生活，宁愿饿死也不会像我这样冒险。每逢佳节倍思亲，大年初一祭奠完父母，我和李善长、刘基、徐达等人聚在一起喝了些酒。在酒精的作用下，我兴奋难收地写了一副春联贴在中书行省的大门旁："六龙时遇千官觐，五虎功成上将封。"

随着"大汉"国的覆灭，原属陈友谅的广大土地就这样落入我的手中。张士诚也因此陷入敌国广阔土地的包围之中，成了一只待宰的羔羊。这时候的他已经没有更好的选择，唯一能做的就是等着人家上门来收拾自己。

亲人的背叛——反叛者的消亡史

历史有这样一个特点和功效，虽然它的手里擎着火把，但所到之处涂抹的却是阴影。它会将一个人映在有光的墙壁上，勾描成两个不同的鬼物，相互排斥，又相互模仿。那些执笔的史家对黑夜、阴谋、复仇，仿佛有一种特殊的偏爱。他们口口声声地反对酷烈的文化，但他们的笔又饱蘸复仇的血。

至正二十五年（1365），也就是我称吴王的第二年，做出了一项重要的决定——挥师东征，扫平称霸之路上的另一个重要对手——张士诚。我是在八月份出兵，在不到半年的时间里，便势如破竹地攻取了徐州、盐城、泰州等大片地区，其中包括张士诚原先的根据地高邮。

眼看就要搬开通向皇权之路的最后一块拦路石，走到与元廷生死对决的最后关头。谁也不会料到，我的身边会突然发生一场事故。有密探来报，我亲侄子朱文正暗地里勾结张士诚，准备倒戈讨伐我。

消息传来，震动朝野。没有人想到，朱文正会站出来造我的反。在皇权的巨大诱惑面前，连牢不可破的亲情纽带也要被扯断。中国人向来喜欢看热闹。所谓看热闹，也就是看别人的好看。我不允许在自己的世界里有热闹给别人看。就是看，也要看我位尊威重成就霸业。我不能因为朱文正一人，毁了自己辛辛苦苦多年创下的基业。官天下，家天下，万物皆备于我。

如果换作他人，我也没有那么多顾虑。可朱文正毕竟不同于旁人。他是大哥朱重四的第二个孩子。我在攻占滁州后，因为思念失散的亲人，便派人四处寻访。这个小名叫驴儿的少年在得知我的消息后，便带着他母亲、妹妹一道投奔而来。

我共有三位兄长，也就只留下驴儿这么一条朱家的"根"。我在心里将驴儿看得极为重要，常年将其带在身边，视同己出，并取名朱文正。试想，如果这条“根”今日被我亲手斩断，那么百年之后我有何面目去见九泉之下的父兄？

在一个宗法社会里，辈分是最让人马虎不得的事。我和他虽有叔侄关系，但我仅比他大五六岁，我们甚至是少年时的玩伴。玩当皇帝的游戏，在我面前纳头便拜的孩子们中间就有我这个长了反骨的侄子。

朱文正是我诸多养子中的带头大哥，也是“朱家军”的一员猛将。我收养文正、文忠及沐英等数人，“爱如己出，太子诸王生，恩无替焉”。至正十五年（1355）六月渡江时，朱文正还没有二十岁。人们都说，他的性格和长相与我这个叔父最为相近。或许正因为如此，我对这个侄子总是另眼相看。

其实，在我的建军体系里，一直想将最亲近之人安排在最为关键的位置。让朱文正执掌大都督府，就是想要利用这种直系亲属关系，在我的权力版图上扎起一道朱姓藩篱，使其成为“朱家军”的核心人物。此时，围绕在我身边的男性亲属，除了还没有成年的儿子们，还有养子、侄子和外甥。

而在这其中，作为亲侄子的朱文正是年龄最长、血缘最近、职务最高的将领。如果我要从中选择一个朱家军的领军人物，朱文正无疑是最佳人选。等我将来当了皇帝，他就是正儿八经的皇室宗亲，一荣俱荣也在情理之中。为何他偏偏选择在这时候横生枝节？在以“家天下”为背景的王朝时代，家与国的联系最为紧密直接的，莫过于宗室。所谓天潢贵胄，凭借皇帝的亲侄子兼养子身份，朱文正根本就不用担心自己的锦绣前程。

当初为了能够稳固朱文正在大都督府中的地位，我也是煞费苦心。我将原任于枢密院、职务高于朱文正的邵荣、徐达以及平级的常遇春等武将先后调到中书省任职，使这几位军中主帅直接受我节制。如此一来，新改设的大都督府就成了一个独立的衙门。我授予侄子朱文正大都督一职，品级定为从一品。这样一来，军权就成了朱家的私有物。

三大罪状

朱文正是我的军事集团中的最大利益者。他凭借身体里流淌着朱家血液，又勇猛善战，职务升迁之快、级别之高，他人无法望其项背。当初，我让他与年龄长、资历深、经验丰富的徐达共统一军，也是为了能够提升他的实力和在军中的话语权。

由于徐达参加的战役几乎都以全胜告终，如此一来，胜利果实也就顺其自然地落到朱文正身上。

其与生俱来的军事天赋以及我为其搭建的平台成就了朱文正。从乡野村夫到军事衙门的一把手，朱文正只用了短短七年时间，便步入人生的巅峰。血统固然重要，但能力也是不可或缺的因素。在我的手下，有着太多的天才将领，而在这些精英人物中，朱文正是其中的佼佼者。他最为光彩的时刻，集中展现于那场艰苦卓绝的战役——洪都保卫战。

在那场旷日持久的拉锯战中，连陈友谅也不得不发出感慨："朱元璋座下猛将如云，竟还有朱文正此等军事奇才。其若能效力于我，势必如虎添翼！"朱文正守南昌城时，只有两万人；陈友谅有六十万军队。在接下来的鄱阳湖大战中，朱文正再立新功，派人烧毁陈友谅的粮船，致使陈友谅的汉军军心大乱。朱文正因屡立战功被擢升为同佥枢密院事。

我事前征求他的意见，问他想当什么级别的官？他的回答是："叔父大业，何患不富贵。先给亲戚封官赏赐，何以服众！"

再强悍的人也有自己的梦。如果说国是我的大梦，那么家是我的小梦。对于一个帝王来说，家国一体，可家毕竟连着血脉。朱文正的这句话让我很是满意，深为侄子高人一筹的见解感到欣慰。要知道，雄心与野心有时候只有一纸之隔，一捅即破。也许今日你怀揣着雄心，明日便转换为野心；也可能揣着的是一颗野心，只是用端正朴素的外衣遮掩起来。朱文正的这句话，并不是说他需要封赏，而是他想要得到更大的封赏。

洪都之战，确定了我的王霸之业，天下格局就此成型。就算他不是我的侄子，凭借如此军功也足以在大明开国功臣中排名前列。何况他手里还握着亲情这张王牌。

朱文正所辖地区远离张士诚，也与后者没有任何交情。如果李饮冰的揭发属实，那么只能是谢再兴（朱文正和徐达的老丈人，投靠了张士诚）对他施加了影响。外人有异心，尚可理解。如今连亲侄子也要加入叛将之列，这使我陷入了巨大的愤怒与痛苦之中。一个宗室，本就处于权力要害，如果再与手握兵权的将领抱成一团，将来对皇权的威胁将是灾难性的。要处置本是亲侄子又是养子的朱文正，我心里很不是滋味。朱文正不出事则已，出事就是轰动朝野上下的大事。

在得知消息的第一时间，我就此事告知夫人马秀英。马秀英也是忧心忡忡。别人她都不挂念，文正、文忠，还有沐英，虽不是她亲生的，但是因为他们从小在她跟前长大，她总是担心几个孩子会出事。

我将心中的苦闷向外甥李文忠倾吐。我在亲笔信中提到了意图谋反的朱文正，我说，老舅家书付保儿（李文忠），教你知道驴马（驴儿朱文正）做的人。当自从（朱文正）守住江西，好生的行事不依法度……在那里奸人家妻女，多端不仁。我禁人休去张士诚家盐场买盐，他从江西自立批文，直至张士诚家买盐，江上把截不得，尽他往来。南台城里仓与库四处俱各有物，其余多等不仁不孝的勾当，我心里闷，说不得许多。

皇帝本来就是一个赤裸裸的实利主义者。等到江山稳固、皇权在手，和维护家天下的利益相比，所谓“亲情”“仁孝”都要绝对服从并服务于皇权。皇氏宗亲既是一块躺在上面几辈子都吃不完的福利，又是一把悬在脖颈子上的剑。

洪武十二年（1379），我在给靖江王朱守谦（朱文正儿子）的敕谕中说道，朕与尔父（朱文正）同寒微，平日所受艰辛，有不可言之苦……后因尔父（朱文正）长成，拨军护卫，教练威武，威武既成，令守江西，恣意放纵，视人如草木，作孽无休，其不仁者甚，夺人之妻，杀人之夫，灭人之子，害人之父，强取人财，事觉，教之不听，未几，谋奔敌国。

而那时，我在皇帝宝座上待了十二个年头。时移世易，我站上了礼法的制高点，有了凌驾一切的话语权。我给侄子朱文正定下的罪行有三条：一是阻挠我在江西开设专门监察百官的“按察司衙门”；二是违反禁令，自立批文，派人到张士诚处走私买盐；三是夺人之妻，杀人之夫，灭人之子，害人之父，强取人财，有敢向官府告其状的，就灭人全家。

我需要朱文正给我一个交代，念兹在兹者，亲也。人啊！三十年河东，三十年河西。别人固然可以不管不问，可是朱文正不能忘本啊！

贬往桐城

清晨，满江大雾，罩着两岸如烟的屋舍树影。浓雾深处隐隐透出汩汩的桨声。渐渐地，一支庞大的船队从雾中现出轮廓。我在刘基、宋濂的陪同下正在前往洪都的路上。我立于船头之上，透过渐渐变得稀薄的雾气，眺望着朦朦胧胧的浩荡长江和两岸的青山田畴。

我已经几天几夜没有合眼，内心的愤怒和纠结可以用“煎熬”二字来形容，有时想着想着其他事，心绪便散漫了。我实在弄不明白，那只变得陌生的雄鹰是我一手调教和放飞的吗？是人固有的劣根性让我走到今天这一步，还是我训导无方？我最担心的就是，有一日自己坐得江山，却失去更多。就像今日，就算是枕着百万两银子的玉枕也让我无法睡上一个安稳觉。我宁愿在战场之上快意恩仇，也不愿面对亲人的背叛。

我亲自坐船抵达城下，招来朱文正当面质问。朱文正仓皇出迎，我看见他的眼神中透着难以名状的苦楚与恐惧。这让我不由得想起了父亲，也想起了我那死去的穷鬼大哥。

在兄弟几人中，我最不喜欢的就是他父亲，我那个稍显刻薄的大哥。在我的记忆深处，大哥常有顶撞父母的不孝言行。正因为如此，我后来将朱文正的一切罪恶源头都归结于他父亲，也就是我的长兄朱重四。

我说："孝顺还生孝顺子，忤逆还生忤逆儿。"

我拿过鞭子狠狠地抽在朱文正的身上，一声紧似一声地逼问他。虽然我的愤怒之火足以震慑在场所有的人，却无法征服朱文正那颗反叛执拗的心。

让我万万没有想到的是，朱文正会摆出那样一副桀骜不驯的姿态，让我当场下不了台。我是打给身边那些人看的，使得"桀骜者懔懔知畏"。我要告诉他们，何谓主宰？我朱元璋才是那个掂着刀的宰夫，而他们则是案板上的肉。人性底下的这点东西，我比谁都拎得清。要让别人听话，最有效的两个办法，第一是让他处于恐怖之中，第二是给他足够的利益。当这两个办法都失去效力的时候，只有一种可能，他要的不是利益本身，而是利益的掌控权。

一个合格的利益主宰者，通常是第一流的社会心理学家。当我拿出按察使李饮冰的证词，质问他为何要背叛自己，投入敌人的怀抱。欲望固然是个好东西，可在这家的王国里有什么不可以商量的，除非你也想做利益的主宰者。

朱文正非但没有丝毫的悔过之意，反而当面指责我。他振振有词道，叔父为了扫除自己当皇帝的阻碍，不惜一切代价剿灭小明王韩林儿及其部下，根本不顾洪都城内上万名将士和侄子的安危。如果不是我朱文正死守洪都八十五天，就不会有安丰、鄱阳湖两大战役的胜利，也就不会有叔父今日之荣耀。

朱文正在这里说的每一句话都像是一把刀子戳在我的心窝上，让我无言以答。他的小名真不愧叫驴儿，活脱脱的一头死犟死犟的驴。一系列事件证明，他是一个看似混沌但内心极其强大的人。他那种骄纵狂放的性格和该出手就出手的果决，都超过了同时期的诸多将领。在一个天崩地裂的乱世，成王败寇，最重要的是胆识。我不由得为他感到惋惜，也为我朱家感到心痛。

我下令以“不谏阻”之罪，将朱文正身边的郭子章、刘仲服、卫达可等元帅杀掉，又将其部下随从头目五十余人挑断脚筋。在做完这一切后，我将朱文正带回应天。

马夫人得知我要处死朱文正，出面劝说：“文正虽骄纵，自渡江以来，克太平，破陈野先，攻下应天，多有战功，坚守江西，使陈氏强军不能克，皆其智勇也。况且是骨肉亲侄子，就饶了他吧！”

一些大臣也前来说情，宋濂说：“文正直罪固当死，陛下应体谅他是自己唯一的亲侄子，还是将他贬往外地为好。”

在众人的劝说之下，我也考虑到他毕竟是兄长留下的唯一血脉。如果真是按律将其处决，未免显得太过绝情绝义。我害怕有一天死后到了阴曹地府，也没办法向父母兄长交代。我虽然免去朱文正的死罪，但还是剥夺了他的军权，将其安置于桐城居住。

贬往外地的朱文正，无论如何也接受不了昨天还是身居高位的大都督，如今从权力的高台跌落为庶人的残酷现实。在他看来，这一切都是我这个当叔父的太过绝情。丧失理性的他，偷偷地命道士用红笔书写我的生辰八字，“钉地压之”。这就是阴毒的诅咒魇压之法。只要我死了，他就可以一呼百应，另立山头。历朝历代，针对皇家的巫蛊之术是一项仅次于谋反的大罪。

死亡不追随生者的脚步，但挡不住生者自寻死路。

逆天之罪

我获知此事后，将朱文正囚禁于应天城内苑。这孩子真的疯了。他每日口出不逊之言，扬言上天如果能够再给他一次机会，他就会重新改写命运。这样的话一再传到我的耳朵里，这让我无法做到充耳未闻。

他已与我离心离德，再也不是我所信任的驴儿。我抬头望向西天，斜阳如血，在天空的俯视下尽情漫漶。有人甚至说，应天城外的山野，飘起了雪……

在我看来，将朱文正留在身边，只能是留下一个祸患。云在青天水在瓶，凡事问心不问天。不是我朱元璋要向亲侄子举起屠刀，实在是自作孽不可活。这时候，又是马夫人站出来劝阻。她说，文正这孩子本性不坏，只是性子刚烈。他根本没有背叛你的心思。何况他的母亲还健在，当念其母子之情，且见亲亲之义。

不是马夫人的话有用，而是我实在不忍杀了这个孩子。我又一次放过了朱文正。等到至正二十六年（1366）四月收复濠州后，我将朱文正解送回老家看守先人坟冢。我希望他能在先人的坟冢前，好好地反思己过。在那块土地上，来自先人的亡灵并没有消失，他们只是暂时陷入沉睡。我希望驴儿在先人的怀抱里，能够反省自己的过错。

让人无法理解的是，即使落到这步田地，朱文正也没有收敛自己的言行。他不能忍受寂寞，不甘心失去已得到的东西。在濠州期间，他非但没有对我做出妥协和让步，甚至一天到晚都在琢磨谋逆之事。身边人将情况秘密告发于我，我再也坐不住了。朱文正一而再再而三地这么做，分明是在故意挑战我的容忍底线。我再一次提审朱文正。我实在不明白这孩子为什么会如此痛恨我。他先是“心有异志”，接着用巫术咒我，然后“谋奔敌国”。不要说是我的亲侄子，就是我厚待三分的外人，也懂得知恩图报。

当我面对这个曾经无比宠爱的侄子时，我内心的悲愤可想而知。我多么希望朱文正能够给出一个还算过得去的解释。谁料这反而更加激怒了朱文正。他指着我的鼻子破口大骂，一口一声“荒淫之主”。我在惊骇的同时，内心充满了怨恨。这世间最可怕的背叛，莫过于来自亲人的背叛。

我要向时间说明一切，当正史里的“我”与现实里的我狭路相逢，我的叙述是我的救命稻草。我在自己撰写的《御制纪非录》中记载了当时的情形。我愤恨道：“其应之辞，虽在神人亦所不容，其逆凶之谋愈推愈广，由是鞭后而故。”

在我看来，我的一忍再忍不但没有换来朱文正的迷途知返，反而在某种程度上助长了对方的嚣张气焰。我夺过鞭子，狠狠地抽打在朱文正的身上。我要亲手打死这个不孝逆子。与敌国勾连，为非作歹，这些都可以大事化小。唯独这“逆天之罪”，是我不能原谅的，因为这是涉及大明纲常礼法的大事。

命运，仿佛一张冲不出去的网。这时候的我不仅是朱文正的叔父，更是堂堂的一国之君。朱文正虽然是皇帝的亲侄子，但更是大明的臣子。君臣间应该以敬为主，敬为礼之本。纲常礼法是治国之本。朱文正当着外臣的面将我个人及政权最见不得人的隐秘撕得粉碎。这完全触及了我的容忍底线，死亡也就成了他一种必然的结局。

朱文正的罪行从诬陷、奸淫、杀人、违法，到僭越、叛逆、“逆天之罪”“神人亦所不容”——凡是人间丑行恶事，朱文正好像都占全了。这种死后定罪的套数在洪武年间，被我反复用于那些被我处死的罪臣逆党。一旦定型的历史，往往不可变易立场。所以我能想象到，等到时间覆盖真相，只剩下记录者的牙齿，个人的言说已经无关紧要。

那些堂皇于时间里的人与事，那些依靠公正的诱因把光明的词汇洒得到处都是的宏大叙事，并不符合我的风格。我本想自己亲掌中书省，让朱文正执掌大都督府——以朱氏家族来掌控大明政权。我的这一执政思路，随着朱文正的获罪被杀，被生生地撕裂。自朱文正获罪后，我便不再设立“大都督”一职。朱文正的死成为我的政治布局中长期无法解决的难题。如果找不到信任的人替代朱文正的职务，那也就意味着无人手握大都督府之权柄。

这时候我对军事大权极为敏感，我最信任的儿子们还没有长大成人。我只能将侄子朱文正、外甥李文忠视为心腹之人，而朱文正的变故，给我上了惨痛的一课，连自己的亲侄子都会背叛自己。在这个世界上，除了相信自己，还能相信谁？

今年花落颜色改，明年花开复谁在？从个人情感上来说，我实在不应该杀死自己的亲侄子。但既然选择成为一国之君，搞了政治，也就不应该再感情用事。但他的率性而为，已经使他与我之间裂开了一道巨大的血口子。

关于小明王的谎言与暴力

至正二十七年（1367）十二月十二日，季节步履蹒跚地走向冬天，落日静静地沉没于天际。对于此时置身于滁州的小明王来说，正满心欢喜地等待着廖永忠来接自己去南京。我想，那一夜他一定辗转难眠，或许还做了一个囫囵梦。

在梦境里，小明王冠冕堂皇，高高在上，心安理得地接受所有的欢呼和朝拜。在梦里，我只是男二号，领着一帮文武官员一脸肃穆，踩着庄严的宫廷鼓乐，手持朝笏鱼贯而入。

梦里呈现的祥瑞景象一定让我的王笑醒了。醒来后的他觉得意犹未尽，又端坐在椅子上愣了半天神。直到有人来报，我派去接他的船已经停靠在滁河岸边。他掐断了自己的白日梦，用手整了整绣有龙纹的服装和帽子。他取过一面铜镜，仔细地端详着镜子里的自己。平日里柔和有余硬朗不足的五官，隐然间生出几分不怒自威的王者之气和顾盼生风的华彩，这让他内心愉悦不已。

滁河的码头比往日冷清许多，码头周围有很多官兵持戟而立。小明王在廖永忠的引领下，进入一艘并不起眼的官船。不知是否因为还沉浸于黎明前的那场梦境，小明王走得慢条斯理，揉着眼睛四下观望，像是在寻找什么。有时候现实与梦境就隔着一层窗户纸，捅一捅或许就真的能够看见梦想照进现实。

有些不起眼的小人物，之所以会在历史上留下痕迹，完全是因为某种偶然的际遇。小明王从称帝以后，就成了一个名副其实的傀儡皇帝，凡事都由丞相刘福通当家做主。他在坐享无边荣华富贵的时候，一天到晚会想些什么，内心深处有没有一丝忧惧？将一个小人物的信念放在波诡云谲的历史幕布上，看上去略显单纯，甚至透着几分白痴。他或许还来不及搞清楚什么是政治与权谋，但严酷的现实已经告诉他，什么是谎言与暴力。

多年征战，红巾军虽然打出了气势，也扩张了地盘，但给人的总体感觉，始终处于一种无组织、无纪律的涣散状态。几方势力各自为政，没有统一的号令，又加上天生狭隘的小农意识，军纪不振，难以形成强大的战斗力。

可以说，这时的红巾军主力已经被元军打散了，只剩下山东地区的一部分军队翼护着小明王的帝都安丰。当益都被扩廓贴木儿（汉名王保保）包围时，刘福通前往救援，结果也是惨败而回。益都陷落，安丰也就成了军事意义上的一座孤城。

我们且回到历史的现场，至正二十三年（1363）二月，张士诚的大将吕珍围困安丰达数月之久。城内粮尽弹绝，外面的援助也运不进去，城里出现了人吃人、甚至吃腐尸和人油炸泥丸子的人间惨景。面对如此困局，小明王韩林儿心中是万分惊惧，多日来一直躲在行宫内哀叹不止。

军情紧急，生死事大，刘福通不得不派人向我发出救援的请求。在救与不救之间，我与谋士们也存在着严重的分歧。刘基认为，小明王是名义上的“君”，我是“臣”，过去我与小明王各处大江两侧，相安无事。若此番救出小明王，又该将其置于何处？今日正好可借他人之手将其除掉，免得将来再去背这个弑君篡位的罪名。

而我的顾虑之处在于如果发兵，陈友谅在背后乘虚进攻，那么我将会陷入进退无据的境地；如若不救，万一安丰失守，应天将失去一面坚固的屏障。是进亦忧，退亦忧，可这世间哪里会有两全其美的事？

元顺帝不会允许另外一个与他并行的皇帝安安稳稳地存在下去。这时候小明王成了一个烫手的山芋，捧不得，也丢不掉。如果我将其接手，那么我的军队将会成为元军的主攻方向。对于我来说，这实在是一桩赔本的买卖。经过一番内心挣扎，我还是决定亲自领兵前往救援。

孤家寡人

我还未赶到，等不及的刘福通便簇拥着小明王趁月黑风高突围而出，刘福通在突围中被杀。我摆设金銮玉扇，将小明王接到滁州暂住，并将其临时皇宫里的人全部换成自己的人，防护极为严格。在龙凤政权中，韩林儿是皇帝，刘福通是他的丞相，韩林儿的地位在名义上比刘福通要高。当吕珍向安丰发起总攻时，韩林儿、刘福通二人这时候都被困于城中。

吕珍若能破城杀死刘福通，他绝对不会轻易地放过韩林儿，即使不将其杀死，至少也会将其带回去请功。然而，结果却是韩林儿既未被杀，也未被吕珍所俘，反而被迟到的我带回了滁州。有人说，在这里只有一种可能，刘福通死在我的手上。

此时，小明王名为皇帝，实则是我的俘虏，完全受我控制。由于救驾有功，小明王内降制书，封赠我祖上三代。这让我感到无限荣耀，连夜撰写了一篇《朱氏世德碑》，记叙自己贫寒的家世和小明王对我朱家先人的封赠。

在这兵荒马乱的年月中，做人能够做到小明王这个分儿上，天天享受生活，然后再以个人名义发出“圣旨”到处传布，似乎是一件幸运的事。然而，不幸的是从这个年轻人被当作宋宗室后裔供奉之日起，也就注定了他的悲剧。他要为这短暂而虚幻的风光付出更为真实和惨痛的代价。

从本质上说，我与龙凤政权之间的关系，其实是一种利益的纠葛。当龙凤政权强大时，我在其中扮演的是一个依附者角色。随着龙凤政权在北方战场上接连失利并败退安丰，与此相对应的是，我的地盘不断扩张，在红巾军中的威望也在不断提升。这时候，依附与被依附者的关系已经发生了根本性的逆转。

在这纷乱的世道里，做一个默默无闻的小老百姓，或许可以苟活世间。要是一旦被人发现身上具有某种奇异的价值，而发现这种价值的又偏偏是野心家或不安于现状的枭雄，那么就意味着，你的命运已完全掌握在别人的手中。

小明王不论是在刘福通的手里，还是在我的手里，对他本人来说并没有多大的区别。

表面尊贵的小明王，实际上是一个被人圈养、操纵的“超级玩偶”。像他这样一个活在权力世界中的玩偶，在中国历史上并不少见。若论资质，小明王根本就没有资格登上历史舞台。可就是这样一个人，却因缘际会，被人发现了他活在这个世界上的奇异价值，最终成为大时代演进过程中绕不开的人物。毫无疑问，这并不是他的幸运，只是不能掌控自己命运的悲哀。

小明王一直率领红巾军主力在北线顽强地抗击元军的进攻。而我隶属其下，对他一直是毕恭毕敬。随着小明王与元军间的相互消耗，我的实力不断壮大，此消彼长，打破了我和他之间原先的君臣秩序。

我不能一直做依附者。身为一个王者，我早已将自己的目光放得更加长远，放眼整个天下，而不是一城一池的得失。相对于历史来说，无论是纸上的荣辱，还是刻在石碑上的审判，都经不起时间的打磨，甚至不值一提。

在人前，我依然毕恭毕敬地向小明王执君臣礼，为他建造宫殿。小明王就这样被我像个宠物似的圈养起来。就连身边伺候他的侍宦都是我为他安排好的。小明王的一举一动，这时候都处于我的监控之下。

这时候小明王已经徒有虚名，手下将领几乎伤亡殆尽。他成了真正意义上的"孤家寡人"。尽管如此，我对小明王仍然心存疑忌。我的吴王身份并不是小明王封的，而是自立为王。在别人看来，只要小明王还活在这个世界上一天，我的头上就会套着一道无法摆脱的"紧箍咒"。

我已经无法心甘情愿地居于人下，哪怕只是形式上的，也让我无法接受。

空头招牌

在小明王的龙凤政权里，权力的游戏规则并没有发生根本性的转变，依然是谁有兵权谁当家，可是小明王系宋宗室后裔的名声早已传播在外。不要小看了这无中生有的名头，在元朝统治不得民心的时候，这个名头就能够起到凝聚人心的作用。正因为如此，各路红巾军还是愿意打着小明王的旗号从纷乱的世道里捞取利益。

我也明白，为小明王扛着这面大旗，并不需要付出太大的成本。只要将他圈养在自己身边，让他好吃好喝，自己还是该干什么干什么，势力并没有因此受到制衡与限制。

以小明王为号召的红巾军成为反元的主要势力。在当时，几乎所有反元势力都是打着红巾军的旗号在江湖上闯名堂。红巾军的主力席卷了大半个中国，元政权被铺天盖地的红巾军折腾得疲于应付。正因为红巾军的分支众多，让元军左支右绌，根本忙不过来。这也为我在江淮地区赢得了发展的良机。

一句话，红巾军之所以能够发展起来，就是打着小明王的旗号。我比谁都心里清楚，龙凤政权和小明王的存在对自己有多么重要。正因为如此，当张士诚的部队围困小明王所居的安丰时，我才会亲自领兵前去救援。

军师刘基劝我静观其变，不要轻举妄动。这是因为他担心到时候请神容易送神难，将来不好安置小明王。在这件事上，我看透了事物的本质，刘基却只看到了表象。小明王拥有号令群雄的帝王名号。这让他成了一个烫手的山芋，同时也成了野心家们借壳上市的法宝。刘基所担心的，显然是前一种可能。他不希望我因为这件事掣肘，也不希望我将来因为小明王一事处理不当给外界留下口实，失去人心。

刘基考虑问题如有神助，总是先人好几步。这既是他的长处，也是他的短板。乱世求生存，所有问题的归属都是基于利益上的考量或政治上的便宜。没有绝对的对与错，只有你敢不敢去做。刘基显然高估了我的觉悟，或者说，过高地估计了我的德行，以为我解救小明王仅限于“道义”“君臣”“迎圣”这些神圣堂皇的指向。

随着我的势力不断做大，元朝皇帝想用笼络张士诚的那一套怀柔术稳住我。他们派遣使者主动向我招安，我并没有给予明确的答复。与同时期的其他政治对手相比，我的做法好像更合乎生存游戏所遵循的规则。比如说陈友谅，在当时的人看来，他应该算是徐寿辉的部下。可是等到徐寿辉兵败来投，他不但没有向自己的主子伸出援助之手，反而杀了对方。另外像张士诚、方国珍这些人，他们在革命的彻底性方面做得还远远不够，对待元廷的态度也是摇摆不定。

虽然元廷曾经将他们封为太尉和行省左丞相，但是时局一变，他们便会翻脸无情。这种反复无常的秉性，从他们使用的年号上也可见一斑。韩林儿称“龙凤”（宋），徐寿辉号“天完”（宋），张士诚建“天佑”（周），陈友谅立“大义”（汉）。

和他们的反复无常相比，我算是一个有始有终的人。尽管这时候我手里已拥有足够的资本，可是基于政治上的考量，我还是把“龙凤”这个空头招牌在自己的肩上一扛就是十二年。不是我不想撕掉“龙凤政权”的标签，建立自己的政权，打造属于自己的政治品牌，而是我在等待机会，等待一个可以让自己一锤定音的机会。

小明王沉江

黑云滚过，天光渐渐地被静寂无声的江水吞没。江面的能见度也随之变得越来越低，远处的景致影影绰绰，一切如在梦中。几只战船护卫着一艘飘扬着巨大的"宋"字旗的官船，船头甲板上竖立着曲柄黄金伞，显示着帝王威仪。船队即将抵达六合县境的瓜步山水域，一直站在甲板上的廖永忠却在这时候进入底舱。

他一个人躲在底舱的黑暗角落里蜷缩起身子。在橹桨发出的沉闷而又单调的声音里，昏昏沉沉的他像是进入了一场梦境。或许只有他自己明白，此时的他比任何时候都要来得更加清醒。他用眼神的余光透过舷窗恰好能够锁定那艘承载着小明王的官船。

自从领着小明王上路，他就没有睡过一天安稳觉。在每天的计算中，目的地离他越来越近。他在心里发出一声叹息，又慢慢地合上了双眼。这一次他真的睡着了。

直到有人在他耳边炸雷似的一声吼："将军，大事不好，龙凤皇帝的船翻了！"

小明王的死在意料之中，也在情理之外。刘福通败亡之后，韩林儿不过是一个普通人，只会慢慢地被人淡忘。他既无政治上的影响力，也谈不上军事上的号召力。战乱之后，教众各奔东西，或各自有所归属，已丧失了宗教上的凝聚力。这样的龙凤皇帝，随时可以让他"禅让"。在这时候除掉他，既无必要，也毫无意义。方国珍投降后，我都能让他享受一个"授广西行省左丞，食禄不之官"的待遇。

廖永忠是安徽巢州人。他和兄长廖永安在渡江前随巢湖水师投奔我，成为我的水军将领。廖永安在征讨张士诚时阵亡。随后，我和陈友谅在鄱阳湖上掀起滔天巨浪。廖永忠又与俞通海等人用七条船载着芦荻，趁着风势放火，烧毁敌军几百艘大船。后来他又率领六条船深入敌阵搏杀，再冲杀一圈出来。敌军惊呼他为神人。

第二天，廖永忠又在泾江口拦击陈友谅，陈友谅战死。战争毕竟不是沙盘上没有血腥的推演，而是勇气与勇气的搏击，生命与生命的碰撞。也正是在这场生死大决战中，廖永忠一跃成为水军的领军人物。回到京城，我用漆牌写了"功超群将，智迈雄师"八个字赐给廖永忠。

这时候，廖永忠在巢湖水师将领中最为年轻。我曾经问过他一个问题，问他为什么来投奔自己，是想要大富大贵吗？

廖永忠的回答是："跟随明主，扫除寇乱，垂名竹帛，是我所愿。"

一个人能够在箭矢如雨、杀声震天的战场上做到凛然无惧，从容应对，还有什么事是他办不到的呢？我显然是在一番权衡之后，将迎接小明王这一重要任务交到了廖永忠的手里。临行前，我特地将廖永忠召进自己的吴王宫，屏退了身边的所有从人。密室内只剩下我们二人，在外人看来，似乎要酝酿一场倾国倾城的阴谋。我故意压低声音，简单交代了一番此行的任务，其余什么话也没有多说。烛影摇晃，廖永忠退去时的眼神里散发着阴鸷的光芒。那一刻，我已经意识到此人心中已有了自己的打算。

在外界和后人看来，廖永忠杀死小明王，无非是有两种可能性：一是出自我的授意；二是他自己拿定的主意。有一点是肯定的，那就是小明王的人间蒸发，最大的受益者不是别人，正是我朱元璋。正因为如此，我不应该对所谓“小明王沉江”事件抱有任何不满。

我不愿意将快要到手的皇位让给小明王。既然如此，小明王的存在也就成了我奔向皇权之路的最大阻碍。我宁愿小明王是自己在正面战场上狭路相逢的对手，那样的话，处理起来就没有那么复杂。除掉小明王，是一件既简单又复杂的事。简单是因为这时候小明王已经没有任何抵抗力量，复杂是因为贴在我身上的道义标签还没到完全撕去的时候，我需要一个能够说服天下人心的理由。

我和我的那些文臣武将都清楚，我们都是韩林儿的臣属，韩林儿才是我们名义上的皇帝。如今王霸之业已定，一国难容二主，韩林儿又该做何处置呢？时至今日，我才意识到，当初刘基不让我出兵救韩林儿是多么有先见之明。此一时，彼一时，当时有当时的道理，我并没在这件事上表现出太多的懊悔之意。

既生韩林儿，何生朱元璋？要让我这时候突然翻脸将自己的主子杀掉，这显然违背了一个王者治国平天下的基本准则。独立领军之后，我一直以来向天下人所展示的都是仁义忠孝的一面。除非这时候我认为天下尽在掌控，自己可以完全抛弃先前的理念，撕掉儒家的伪善外衣，将王道直接化为霸道。

如果我还想让天下人相信，自己得天下是天命所归，那么在处理韩林儿这个问题上，我就不得不谨慎从事。在内心深处，我迫切地希望天下人都能将我视为一个吊民伐罪、天命所归的英主。正因为如此，我宁愿选择与自己的对手在战场上刺刀见红，也不愿意冒天下之大不韪。

御用器物

这个有点棘手的难题很快就随着一艘船的沉没而沉没。一个能够为我排忧解难的人，我应该给予更多的恩宠。廖永忠不是一个傻子。很多时候他显得比一只猴子还要精明。他自作聪明地认为，他已经看透了主子的心思。就算一个眼神，他也能揣摩其中的深意。

廖永忠内心清楚，他所要做的，就是替主子背上这个黑锅。他要把“不义”“弑主”这些罪名全都一个人扛下来。他一定认为，他是我朱元璋最信任的人。不然，我又怎会将那么重要的一项任务交到他的手上。这完全是基于一份信任。在这个世界上，还有什么比君臣之间的信任来得更加实惠？有了信任，其他一切也就迎刃而解。

不管是廖永忠自作主张杀了小明王，还是我在事前向他传递了某种不可言说的信号，总之，小明王从这个世界彻底消失了。尽管事后我在人前表现出一种群龙无首的慌乱与痛苦，但内心的轻松只有我自己最清楚。对于小明王的死，我没有理由不暗自兴奋。

洪武八年（1375）注定是朱明王朝的多事之秋。后来，每当我回忆起这一年，心中都不免有些百感交集。也就是在这一年，我的治国策略发生了根本性的转变，由建国前期的对外转向了对内。身为开国之君，我不得不为朱家江山传之久远考虑。

从年初，我就病倒了。还不到五十岁的我须发白了大半。谋划国事之用心，可谓深远且细密，不累皇帝又累谁？人处于愁病之中往往会陷入悲观和不安，我常常会在梦中被一幅画面惊醒。梦中有一位将军，手持利剑，向我发出要挟。

梦中之人，轮廓模糊，我醒来后细细回想，总觉得梦中之人就是廖永忠！

廖永忠此时已经成为太子名义上的辅佐。所以他常常跑到太子那里履行职责，并常常说出类似于“太子必成太平之主”的话。要知道，这可是犯了皇家大忌。因为我活得好好的，他说的这些话太过于超前，也就是大逆之言。廖永忠所表现出的积极插手朝廷事务的态度和他本身所具有的开国功臣身份，都让这样的话成为压在我心头的一块大石。如果不能将它搬开，我会坐卧难安。

可是要搬开这块大石也不是一件容易的事，做得太过直接，必然会引起功臣集团的恐慌和不满。可是要做得不露痕迹，以廖永忠的为人和行事，实在难以找到足以将其治罪的把柄。

正当我苦于无计可施之时，我想到了自己几年前无意中为功臣们挖下的那个坑——当年廖永忠在接小明王来应天的时候，也一同运送来了大量的龙凤朝廷的御用器物。小明王死后，这些东西有一部分被我留下了，剩下的则让我分赐给了廖永忠等人。

既然是皇帝所赐的东西，自然不会让它们闲置，所以廖永忠便开始使用这些器物，其中包括卧床器用、鞍辔靴镫等物。谁也没料到，我早已在廖永忠家中安下了眼线，搜集到了一些私密的情报。

当时使用这些器物的将领并不在少数，就算是我追究下来，也是法不责众。凡是能摆到桌面上的问题都不是大问题，这只能算是一个敏感问题。它的微妙之处在于不能摆到桌面上明说，即使摆到桌面上来说，说的也是另外一回事。政治上的影射和暗示，最能考验一个政治家的嗅觉和心机。

或许连廖永忠也不认为这是一个大问题，依然将那些看上去花里胡哨的碗碟摆在自家餐桌上。也就在这时，有廖府仆人密奏，廖永忠在家里偷偷“僭用龙凤诸不法事”。由于此前廖永忠身上已经背负溺死小明王、勾结杨宪等罪名，数罪并罚，就看我的态度了。可一个帝王的心事谁又能体察呢？那些大臣也在观望中。

我派出专人前往廖家收集罪证，并将廖永忠绑来。当床帐、器皿、鞍辔、靴、雕金钑花、龙凤各样僭用御物等说不清的罪证摆放于廖永忠眼前时，他的内心世界瞬间坍塌。

我强撑着病体，厉声喝问道：“廖永忠，你知罪吗？”

“臣已知罪！”廖永忠还想为自己多辩护几句，可是话到嘴边又被他生生咽下。他明白这一切早已注定。人活在这个世界能够体会到的悲哀有许多种，但只有无法开口道出的悲哀才是最大悲哀。

廖永忠虽然不认同那些附着于自己身上的莫须有罪名，但是他却认同时势逼人的道理。他并不后悔当初所做的一切，即使昨天的一切都没有发生，今天的一切也会发生。不是我太过绝情，而是时势使然，人又能奈何？

我听到这样回答，以为会有什么意外的发现，于是紧追不舍：“你知何罪？”

“天下已定，臣又岂能无罪？”说完这句话，平日里从不敢近距离直视我的廖永忠，突然紧紧地盯着我，像是不认识我似的。他苍老了许多，官帽已经掩盖不住满头的白发。我不禁叹了一口气。看来这些年，他背着沉重的心事活在这个世上，有多么辛苦。

我想在气势上压一压廖永忠，便说：“你以为朕是汉高祖，你是韩信吗？”

“臣是不是韩信，不是臣说了算，而是天下人说了算。陛下是不是汉高祖，陛下心里比谁都清楚。”廖永忠这句话显然是找准了我的软肋。我不待他说出下面的话，就命人将其押了下去。命运，真不是说不清道不明的东西。从接小明王渡江那一刻起，他就已经成了我砧板上的鱼肉。

为了堵住天下臣民的悠悠之口，我命刑部将那些从廖家搜罗出的所有物品罗列出来，榜示天下。纸醉金迷，裘马轻狂，对一个功臣来说算不得什么罪过；而放着美人在侧，说自己性冷淡的功臣才是最可怕的。

我将一个相对安全的开国元勋除掉了，用了一个算不上多大罪过的借口——“僭用龙凤不法”。这要人命的六个字，几乎将一个臣子的狼子野心彰显无遗。私下里穿了绣有龙凤图案的衣服，以逾制为由将其除掉。说得过去，又好像说不过去。等到了洪武末年，我又再次将廖永忠之死归罪于擅杀韩林儿“不义”。

一个王朝，一件事，让一个人如此反复，他到底图的是什么呢？

有人说，廖永忠是在狱中被折磨而死的。也有人说，廖永忠是被打了四十廷杖后，暴死于家中。一代名将廖永忠的死亡，就这样成了大明王朝开国后发生的首例杀戮外姓功臣的事件，他也因此成为被我第一个推出来祭旗的开国功臣。在遭到诛杀的大批功臣宿将中，廖永忠根本算不上一个重量级的人物。论功勋，他与李善长、刘基这些人无法相比；论殒命，他不如蓝玉一案株连得那么深广。

3. 群臣劝进——踏上建国新旅程

元至正二十七年（1367）即小明王龙凤十三年，改元吴元年。这一年七月，张士诚上吊自杀不够决绝，反而被部将救起成了俘虏，押解至应天。我派首席谋臣李善长审讯。张士诚的态度极其傲慢，自始至终不改自己的王者本色，根本不把李善长放在眼里。本来我安排李善长提审张士诚，也是故意羞辱他。

张士诚显然不给李善长面子。没办法，我只好亲自出马。我问张士诚，如今兵败被俘，有何感想？我问这句话的目的很明显，就是想听到对方的臣服乞求之语。

张士诚的回答却是：“天日照尔不照我而已。”这句话让我想起了楚汉争霸，项羽败于乌江，也曾经说过类似的话——“天亡我也，非战之罪也。”这让我恼恨不已。虽然我可以武力征服对方，但却无法令其低下那颗骄傲的头颅。既然你张士诚要做霸王别姬的项羽，那么我朱元璋就要做最后的赢家——刘邦。

我赏给他吃的，他也拒不进食。我本想借机羞辱张士诚一番，结果却讨了个无趣，于是命人将其扛到竺桥打了四十大棍，一代枭雄当场毙命。

随着张士诚的黯然落幕，首席谋臣李善长首先站出来表态。朝堂之上，他与朱升、陶安、杨宪等一班文臣联名上表：“暴元指日可亡，当今天下，四方群雄划削殆尽，远近之人莫不归心于吾主，诚见天命之所在。臣等愿主上早正位号，以慰臣民之望。”这句话虽然是说给我听的，也是在为我登基大造舆论。

李善长等人的奏表已明白无误地告诉我，我登基称帝的时机已经到来。即便如此，我还是会做出一番推让，向天下人显示自己并不热衷于皇帝的宝座。

我推辞的理由是，现在很多地方还没有平定，没有形成统一。以前历代皇帝，知道天命降临，还要再三谦让。如果我真能得到天命眷顾，也不急于一时。我现在不过仅仅控制了天下的一个角落，还没有称皇称帝的资格。

君臣双簧

吴元年（1367）十二月的应天府（南京），似乎在一夜之间，这里的坊巷庭院由最初的热闹走向平静，又似乎不是一般意义的平静，像是一场狂欢来临前的期盼与等待。从洪武门到承天门，这条城市中轴线上所有大大小小的瓦舍勾栏粉刷一新，各家商铺也都换了颜面。随着人流穿过御街（先借用这个名称），两侧是即将启用的大明中央机关府衙。过了承天门，就进入了即将启用的宫城。

对我来说，登基已进入倒计时。各项准备已完全就绪。新的“皇历”《戊申（1368）岁大统历》已经颁布，新的法律《律令》及《律令直解》已经颁行，皇帝即位朝服、后妃官员朝贺礼服都已齐备。皇帝即位册立皇后、皇太子等各种仪礼已经起草完毕，包括皇帝仪仗的各种演习都已经相当精熟。

就在徐达的北伐军队以破竹之势挺进的时候，我知道，自己登上权力巅峰的时机已经瓜熟蒂落。虽然徐达的军队还没有夺取大都，元顺帝还没有退位，但决胜天下的最后时刻已经到来。我要向天下人宣告，我才是那个真正受命于天的皇帝。也只有我有资格占据那个正统的至尊地位。这将会使我的事业快速推进，让我的江山稳固下来。

十二月十一日，李善长再率文武百官奉表劝进。表文大致内容如下：天下已经扫平，那些期盼过上好日子的老百姓需要一个圣明君主。只有你吴王殿下登基，才能顺乎天心民意。

在儒生们的造神论中，只有我朱元璋才是真正的天命所系，是协助造物主化育天地万物的上天之子。在听了这些溢美之词后，我自然会谦让一番。自己功德浅薄，实不敢当，还不足以当此造福万民的皇帝重任。更何况自己也仅仅控制了天下的一个角落，还不到登位的时候。

我虽然没有答应他们的请求，但我还是很满意眼前这一出君臣之间的双簧戏。当皇帝像是活在一场春秋大梦里，来得虚幻。不要说让别人认可我，就是让我说服自己，也需要一个情绪的缓冲。当群臣打着天下民意的旗号将我绑架于权力的塔顶的时候，我的心理发生了微妙的变化。自己既然是来拯救万民的，为什么不能舍身取大义呢？

第二天，李善长等文武百官再次恳请："殿下谦让之德，已经著于四方，感于神明。愿为生民百姓的利益着想，答应群臣的要求。"

虽然我的面前没有摆放一面镜子，但我的内心明镜似的。我仿佛能够看见，那个叫朱元璋的中年男人满脸写着无奈，眼神里还透着一丝无辜。既然你们都认为我当这个皇帝，是奉天承运，那我还有选择的余地吗？

中国人对于权力向来持欲迎还拒的姿态，尤其是那些儒家士子。心里想的是一套，表面上却要装作另一套，虚伪得不得了。其实那些准帝王比谁心里都要着急上火，恨不得一步登天。可越到跟前，表面上越要推三阻四，做出谦虚低调的姿态。正所谓越高位，越要低调。

自古以来的开国皇帝，不管是靠武力打拼出来的，还是靠阴谋篡夺来的，都要践行"三推三让"的程序，好像唯有如此，才合乎天意民心。"三推三让"是礼，以礼来表现继位者内心的仁。

其实这是一件虚伪的事。一个想当皇帝的人，憋了几年几十年，人尽皆知，但是在即位之前，偏偏还要像演戏似的"三推三让"。这种做法，无非是要告诉别人，当皇帝不是我个人的意愿，而是天命，是民意。

身为官员要善于体察圣心，在最合适的机会，做出最恰如其分的试探。当我环顾整个朝堂，发现没有比左丞相李善长更为合适的人选。更为重要的是，凭李善长的能力完全能够胜任这样一个角色。

我已经深深地领略了权力的滋味，这种滋味妙不可言。让人尝了一口，就再也舍不得松口。我喜欢看见人们在我的面前毕恭毕敬、诚惶诚恐，渴望体验掌握千万人命运的强大感和改造山河、建功立业的成就感。如果能够掌握无上的权力，我宁愿付出任何代价。

多年周旋于斗争的旋涡之中，我已经深谙各种玄机。如果说，生命曾经对我来说是一场苦难，那么这一刻就是奇迹，而创造这个奇迹的人就是我自己。我深知，为了达到光明的目的，有时要用不光明的手段。这不是谁定的规则，而是活生生的现实。

登基大典

登基对于新皇来说，是极为隆重的事。自古以来，中国人讲究的是开局顺，事事顺。

十二月二十二日，应天皇城全面竣工。刘基参考了天地阴阳消长之规律，判断来年正月初四应该是一个大吉之日，于是我的登基大典就定在那一天举行。十二月份常常是雨雪连绵的阴天，如果到了即位那天仍然是这样的天气，就是一种不祥之兆。我只是担心，我并不畏惧。真正智慧的生命不会只为自己留一盏灯。

这一天，我迁居新宫，祭告上苍，说：“明年正月四日，于钟山之阳设坛备仪，昭告帝祇，惟简在帝心。如臣可为生民主，告祭之日，帝祇来临，天朗气清；如臣不可，至日，当烈风异景，使臣知之。”如果上天认为我朱元璋可以做天下苍生之主，登基之日就会天气晴朗；如果认为我朱元璋不够这个资格，那么老天您就继续阴云笼罩。

我当然期盼自己即位时阳光普照，大地回春。老天爷似乎要给我脸子看，从祭告这一天开始就一直雨雪霏霏。皇帝再大，也大不过天，也要口必称“天子”。既然天老子要给我脸色看，我也没有办法。

时间一天天过去，一连十几天都是狂风暴雪。到了正月初一，上天好像是得到了神明的某种暗示，风停雪止，我和文武官员们大大松了一口气。

四十岁的我就这样站在了1368年的时间门槛上，看上去踌躇满志，意气风发。

1368 年对我来说是一个全新的起承转合的开始，历史由此翻开崭新的一页。正月初四，整个天空像是被风雪洗过般的洁净湛蓝，整个南京城也都沉浸于喜庆祥和的新年气氛。

天朗气清预示着上天对我朱元璋即位这件事是欣然接受的，也预示着大明王朝会有一个天朗地阔的未来。在大队仪仗的簇拥之下，我率文武官员浩浩荡荡地前往郊坛。郊坛是“天地合祀”之所，与后来的天坛、地坛、日坛、月坛有所不同，它不是分开的。到了郊坛，敬天拜地，中华帝国由此迎来新的君主。臣民们憧憬着我能够带领他们走进一个新的时代。他们为自己躬逢盛事而欢欣鼓舞。

我把命运终于活成了一个深藏的奥义，一个时代的某种象征。我将朱家从艰难苟活的困境里拖了出来，活成了一副不知今夕何夕的幸福模样。

——“定有天下之号曰大明，建元洪武。”我穿戴衮冕，率领文武百官，在郊坛之南面北行礼，向上天报告。即位的第二天，我在与身边的官员交流治国之道时说：“创业之初其功实难，守成之后其事尤难。朕安敢怀宴安而忘艰难哉！”创业不容易，守业会更加艰难，我自己不敢有一丝一毫的松懈。

第三天，我在奉天殿大宴群臣，又说起自己当了皇帝的感受。我说：“尊居天位，念天下之广，生民之众，万几方殷，朕中夜寝不安枕，忧悬于心。”或许是看到我这个新皇如此忧虑不安，御史中丞刘基安抚道：“过去天下未定，皇上焦虑难安可以理解，如今四海一家，您应该少些忧虑。”自己和天下相比，太渺小了。一个人走路还有可能会摔跤，饮食生活不当还会引发疾病，何况一身担天下之重。

按说当了皇帝后，我应该完全放松下来，享受帝王生活。奇怪的是，我感到自己身上的担子越来越重，重到必须时时警醒自己。我在宴请群臣时，仍不忘语言的敲打。我是一个深谋远虑之人，虽然登上了皇位，但始终不敢忘记自己是苦孩子出身，更不允许自己产生乐极一时的暴发户心态。我时时警醒自己，危险从未离开。唯有如此，才能让自己不再陷入危险境地。

如同一辆车子在险峻的路上往往会走得稳当，平坦的路稍一颠簸就有倾覆的危险。守天下就如同车夫驾车，虽然天下太平，也不能忘乎所以，不然就会江山不稳，帝业不牢。一个人的出身环境、成长经历决定了他的思维。出身于世代雇农之家的我，在人生的旅途中备尝人间艰辛。这一切无疑对我设计国家制度和国家政策具有决定性的影响。

刚刚登上帝位的我将自己的忧患意识归结为“三畏”。我对文臣宋濂说：做人不能无知无畏，人只有有所“畏”，才不会乱来。我“上畏天，下畏地，中畏人”，我无时无刻都不敢疏忽，生怕自己的所作所为违背“天地之道”，违背老百姓的意愿，触犯老百姓的利益。

我从早到晚都抱着警惕自持的心态。作为一国之君，若是无法让普天下的老百姓过上安稳的生活，那么就会失去天下民心。这是非常可怕的事。自从做了皇帝之后，我常常因为琢磨身边的人和事，寝食难安。

可是不琢磨能行吗？这么大的一份家业，我总是担心哪一天被人颠覆了。这禁城宫殿不是归别人所有，便是被一把火烧了；子孙妻妾不是被杀个精光，就是被掠去为奴做婢。每当念及于此，我就浑身出冷汗。

眼前这帮王侯公卿，没有一个吃素的，都是刀头舔血过来的。尤其是徐达、常遇春、蓝玉、胡惟庸等人，哪一个不是狠角色。所谓礼义纲常不过是花架子，能唬住庸人，可唬不住他们。为了不让自己迷失了方向，麻木了神经，忘却了忧患，我特地让人搜集和编纂有关历史上那些无道昏君的恶劣事迹，供我借鉴，以此来敲打自己。历史上的那些帝王，无论是向善，还是为恶，我都可以拿他们作为自己的一面镜子，以史为鉴，少走弯路。

从游民领袖到一代帝王，社会地位的变迁好像并没有给我带来更多实质性的改变。两种身份似乎有高下之分，但是它们之间的距离却并没有我们想象中的那么大。庙堂之高与江湖之远基本上都是在一个规则体系里生存绵延，异曲同工。

无论是我，还是其他皇帝，我们的思想根源都深植于同一种文化土壤。我们深信自己的个人意志应有绝对自由的空间，并具有自由伸张的绝对权力。我们确认自己的一切想法、一切行为及其所产生的一切后果都具有绝对的真理性，都代表着上天的意志。

明，何以为明

一个叫“明”的王朝就这样开启大幕，统一全国的战争还在向前继续推进。天下指日可待，我需要为我炮制宏大叙事的知识分子，需要他们和我一道筑造这个时代的乌托邦。洪武元年（1368），明军平定了福建和广东等地。徐达率领的北伐军按照既定的战略方针而行，所到之处势如破竹，元军非逃即降。

徐达，人如其名，处事谨慎而练达。在我的记忆里，他几乎没有犯过错误。我信任他，远胜过对其他人的信任。他的北伐军席卷山东，直取河南，兵锋直指元大都，逼得元顺帝深夜带着太子、后妃仓皇出逃，快马经过居庸关，奔向元廷的发迹之地——茫茫草原中的上都。

洪武三年（1370）深秋时节，征虏大将军徐达、左副将军李文忠班师回朝，我亲赴龙江出迎慰劳。当年在这里，我率领徐达等人与陈友谅展开殊死斗争。时间似乎带走了江面上的人和事，拖着火焰的战船早已沉入江心，勇敢的将士如入无人之境，斩首数万。望着深邃的夜空，我特别想知道，我的敌人如今在哪里？对于一个将军来说，失去了对手，也就意味着失去了半条命。我在郊庙举行仪式，内心感慨不已。我把北伐得胜、扫平沙漠的消息祭告天地，同时下令大都督府、兵部逐一登录各位将领的功绩，准备论功行赏。

我登上奉天殿，大封功臣，发表热情洋溢的庆功讲话："今日成此大业，是皆天地神明之眷佑，有非人力之所致。然自起兵以来，诸将从朕，披坚执锐以征讨四方，战胜攻取，其功何可忘哉？"我之所以能够成就帝王霸业，全赖天地神明的眷顾和护佑，非人力所为。诸位文臣武将跟着我征讨四方，我不会忘了你们的功劳。

我大宴功臣，等到酒酣宴罢，说出了一番意味深长的话："创业之际，朕与卿等劳心苦力，艰难多矣。今天下已定，朕日理万机，不敢有丝毫安逸。卿等现在都安享爵位，优游富贵，也不可忘掉艰难之时。"这天下是我和他们一起打下来的。如今天下已定，我不敢有丝毫的懈怠，也希望他们能够和我一样时时警醒，居安思危。饱饮鲜血的屠刀暂时回到了鞘内，只是他的主人多了一种戾气。

我于华盖殿赐座慰劳，对那些南征北讨的将领说："我朱元璋能够成就今日之统一大业，都是你们各位将领的功劳。"徐达等赶忙起身跪地叩头，说道："臣等起自田野，风云际会，追随上位左右。每次征战，都是奉了上位的成算，用兵次第，如以掌运指，待战事胜利结束，竟至不差毫分。这是天赐上位的圣智，非臣等所及。"

在少年时代，无论悲哀，还是快乐，我都表现得不那么明显。人为什么要把自己活成透明？一字一句都像是掏心掏肺。过去不明，难道做了皇帝就要堂皇而明，真是荒唐。我的大明，脱胎于昨日的明教。

所有的来处皆光明，所有的去处皆虚妄。昨日，我的先人在九泉之下护佑着我；今日及以后，我要在光明的国度里，荣耀我的先人。

功臣与皇帝共同创业之时，他们的地位并没有多少悬殊。在创业过程中，像我这样的成功者为了能够得到追随者的忠诚和勇力，往往会摆出一副礼贤下士的姿态，使那些追随者能够感觉到自己存在的价值与尊严。我和他们的关系并不存在君臣之间的等级，更像一种信任与平等的朋友关系。

新朝初立，利益的分配大多是一种分享而较少恩赐色彩。大家都起于贫贱。有的功臣还与我自小相识，一起成长，相互熟悉了解，对我很难产生臣下对君主所应具有的神圣感。这种情形，自然会让我觉得功臣的权位距离我的皇权近在咫尺。

每个最高统治者都需要一个政治空白区。权力欲越强，猜忌心越重，所需要的政治空白区域就越大。当年农民起义领袖陈涉在帮人打工时与身边的工友约誓：“苟富贵，勿相忘。”可是在他称王之后，昔日的工友们去看望他，说起当年大家一起给富人打工的往事，陈涉心里就接受不了了，转脸就将老友全部杀掉了。

我自始至终都保持着一种清醒的状态，由于过分清醒而显得凛然有余，温情不足。我本来揣着吃一顿饱饭的理想，结果吃完饭发现，我的理想是让天下人都吃上饱饭。

大明是天下民众都在盼望的一个光明世界，更寄托着我的治国理想。历史上出现过的那些国号，有的标注姓氏、家族，有的标明地望、徽号，当然，也有的国号寄托了开国者的政治理想。我想，在一个难以判定方向的未明世界里奔走，一个人又如何知道自己是在走向光明呢？如果说“明”是智慧的本性，那么它又何尝不是在警示我和我的后世子孙：从光明到黑暗，是很正常的事。

大明的“明”来源于明教的“明”。小明王宣扬的是“弥勒降生，明王出世”，将会给天下人带来幸福生活。红巾军要实现夺权，小明王是最好的一面旗帜。既然明王出世可以带来光明，那么就要在现实里找到一个明王带领大家推翻黑暗的现实。这是红巾军所信奉的宗教，也是红巾军所提出的政治理念。

至正十五年（1355），红巾军迎立韩林儿为“大宋皇帝”，使用“龙凤”年号。为了扩大自己在红巾军中的影响力，我打着小明王的旗号。由此，我与小明王结下不了之缘，也与明教结下不解之缘。村夫不解风情，但景致托升而起的绝色，让他们没有看到掩藏在景色之下的凶险。于是，你所看见的美好，也是美好的诱惑。

小明王是一块金字招牌。刚开始创业之人，都需要有一处避风的港湾，以便泊船靠岸。每年的正月初一，我都要在军帐中专门设立一个座位，御座。虽然韩林儿没来，但那个座位也是属于韩林儿的，文武官员都要向着那个座位行叩拜之礼。虽然刘基等人私下称呼韩林儿为“牧竖耳”，但我一直将其奉为正朔。

我在那篇讨伐张士诚的檄文中，说过元朝末年有很多人“酷信弥勒之真有”，误中妖术，“聚为烧香之党”，大家纷纷起兵，“焚烧城郭，杀戮士夫，无端万状”。祸害民众的怪力乱神只会给人民带来更加深重的痛苦和灾难，不可能迎来一个真正的光明世界。如果说“明”仅止于小明王的明，是摩尼教的明，人民肯定是不会接受的，儒家也难以接受。

我和我的军队经过儒家知识分子的全方位改造，与依托白莲社的红巾军渐行渐远。部将廖永忠将小明王韩林儿沉于江后，从此我就与以“弥勒降生，明王出世”为号召的红巾军完全脱离。我已经不再需要别人的金字招牌，朱元璋就是最大的品牌。

我仿佛是一个孤独者。我隐身于光明的背面，看着我建立的光明国。

我必须要用这个“明”，不能抛弃那些为了追求光明世界而追随我的部众，不能让他们失望。我要彻底改变信奉明教的红巾军部众无组织、无纪律的生存状态，要以“仁义”行天下，得天下。我身边不乏饱学之士，他们都是儒家学说的传承者，之所以会接受“明”字来做国号，是因为他们赋予了“明”字一个新的含义。

明是什么？明是日月同辉。中国古代有日月崇拜。中国历朝历代的京都之地都设有日坛、月坛，要祭祀朝日，祭祀夕月。中国的皇帝说自己做皇帝是奉天承运，皇权是神授的，因此要敬日、敬月，日月相合就是明。他们赋予了“明”字新的含义。

在中国传统的思想观念当中，阴阳五行观念居于主导地位。按照阴阳五行之说，南方为火，北方为水，南方属火，火神为祝融，北方属水，水神为玄冥。每个皇朝都占有五行中的一种德运。哪一种德运兴盛，哪个皇朝就会兴起。元朝起自北方为水德，明朝起自南方为火德，水火相克，明朝取代了元朝，就是火克了水。

清明之国

我出生的时候以及在寺院里做和尚的时候，民间社会所流传的那些传说和征兆，都在宣扬我占有了火德。我出生的时候，红光满室，如同着火；我在寺庙里做和尚，寺庙里经常是一片火光，走近一看原来是我在里面读书。他们将这些东西大肆渲染，说我是因为得了火德，才得到了天下。日月为明，南方为火，他们将火与儒家所信奉的天命观以及中国自古以来的阴阳五行观联系起来，“明”就被赋予了新的概念。

我是神，是被人造出来的神。我的家乡有个习俗，秘密不可说，说出来就漏气了。造神者还将我的姓氏和远古时代的火神联系起来。火神祝融是颛顼之子，是帝喾的火正，也就是掌管火的官，因为天下立了大功，以祝融作为姓氏。据说朱姓是祝融的后人，朱是赤色，是火的颜色。于是他们把都城南京说成祝融氏的故地。如此就把我的皇权天授，与一个古老的传说联系起来。

这样的附会说得有板有眼，史官也会大做文章。因此以“明”作为国号不仅被那些参加起义军的人所接受，也被儒家知识分子和广大臣民普遍接受。

而追随我打天下的大多数人，都是红巾军的将领和战士。这些人是为了迎接明王出世，才一路与我同生共死。现在如果要我抛弃这个“明”，也就等于让很多人放弃自己最初的信仰。

我不仅要保留住这个“明”字，更重要的是占住明王这个位置。我要向天下人表明，我朱元璋才是真正的明王，是这个光明世界的王，是大明王朝的王。既然自己是明王出世，那么天下就不会再有第二个明王。既然韩林儿是小明王，那么我就是大明王。

我以大明为国号，提出过一个口号“驱逐胡虏，恢复中华，立纲陈纪，救济斯民，拯救生民于水火”。我起于社会最底层，知道百姓生活的困苦艰难，知道社会的弊病究竟藏于哪里。我希望自己能够建立一个清明之国，以实现明王给大家带来光明世界的预言。我用一个“明”字表明了我的治国理想：我要做一个真正的明王，为天下苍生创造一个幸福安康的光明世界。

性格与天命

——我只想天下太平

如果你们只是因为占了时间的便宜，而将我放在古镜下做标本研究，倒也未必真能了解我。与其将我置入辽阔的历史叙事中，不如将我放在乡村的草木与俗物间，放在市场的升斗尺秤上，放在家庭谋求的一顿饱饭上。你们关注我，不过是关注一个坐在皇位上的赤贫者。看他如何建家国，守江山，或许还想看他的笑话，揭他的短处。想到你们是后世的读者，我不免难过。此时的你可曾想到，我一个人站在这空旷的宫殿里，想到我的父母，想到我的乡土，百感交集，归心凄惨。

三、分享荣耀——“以术驭人”是大学问

而在我们这些造反者的心目中，扯旗造反的真正目的并不是去推翻一个千疮百孔的旧体制，重新打造一个新体制。打倒旧皇帝，图的是他们屁股底下的那张龙椅，要的是自己能够取而代之，登上王者之巅。

“皇帝轮流做，明年到我家”，这是如我之流的普遍心态及主流思想。不要以为一只蝼蚁在大地上忙碌毫无意义，也不要认为一片树叶在森林里的漫游不着边际。以元末纷乱的天下大势而言，如果这时候没有出现我朱元璋，肯定还会有张元璋、李元璋站出来，他们也许会成为皇帝，也许会成为异乡夜晚的一缕孤魂。我对历史的影响并非战争时期，而是取决于我建立了大明王朝，登上皇位后的一系列政治策略。一言概之，我朱元璋会建设怎样一个新世界。

1. 建功臣庙——私人派系的内外圈层

人与人的交往，犹如一滴山泉融入另一滴山泉，一支响箭追赶另一支响箭，仅此而已。

游民出身的我没当过家，更没治过国。做了皇帝，只能参照前朝，依样画葫芦地为朱家王朝定规矩、画方圆。此时的我内心更多的是得意，是张狂，是全情演绎，是酣畅淋漓，是意犹未尽，就像人间行乐图中，只有我是唯一的主角，也只有我一人可以抵达高潮。

洪武二年（1369）正月，我下敕给中书省。从来皇帝封功臣，最大奖赏莫过于死后配享太庙，让后世皇帝也时常祭祀怀想，功臣名爵可与整个王朝相始终。可是我却别出心裁，在配享太庙之外，另立一个单独的功臣庙，把那些和我一起打天下的人按功劳分成三六九等，供在功臣庙里受人间香火。

能够进入一个帝国的功臣庙，对于那些文臣武将来说，无疑是莫大的荣誉。“忠”字由上“中”下“心”构成。“中”指的是旗帜中心的圆环，引申为旗帜。旗是原始民族的精神图腾。“忠”字就是心随旗帜而飘动。古人造字，自有奇妙的道理可言。

过往时代的“忠”，是朗朗乾坤，罡风猎猎，而“义”则是江湖血性，结盟抱团。“忠”借助“义”涂抹了一层嗜杀的气象，而“义”则借助“忠”坚定了立场，改变了命运。而我从洪武二年（1369）建功臣庙，到洪武八年（1375），在我大明的功臣庙里供奉了309位功臣。

所谓功臣庙，也是我心里的忠义庙，忠与义犹如剑之双刃，犹如飞扬的旗帜。

分封功臣

洪武三年（1370）十一月十一日，按照司天监早已择好的良辰吉日，举行隆重的仪式，分封功臣。开基之始，我就想大封功臣，只因当时天下还没有进入完全的太平时期，武将们还在四处征战，功过还不好衡量，此事便一拖再拖。

文武大臣早就盼着这一天的到来。于我而言，这也是权力运行的一次重大考验。在这次分封中，我一口气封了六公、二十八侯、二伯。在榜之人也由此成为我大明王朝的第一批勋贵，构成了明初勋贵的主体。按照分封体系，应该分为五等，公、侯、伯、子、男，我将子、男追封给了那些战死的功臣。

我这个皇帝也不是自由人，也处于游戏规则制约之下。我也要以富贵与热情维系着自己上下左右的连环。我给了那些有功之臣足够的尊崇，按照品级划分，公、侯、伯的权威要高于一品大员。我的封赏在天下臣民看来虽然有些贤明君主的宏大气象，但是我心里清楚，在那些貌似公正奖赏的背后，是我朱元璋的个人算计。这个世界本来就没有什么绝对的公正，我的公正只有一个原则，那就是建立在有利于皇权的基础上。

对于分封，我在心中早就有了自己的一番考量。正因为如此，我从建立君臣尊卑有序，防止左右上下纷争出发，按照他们的功劳大小，将他们分为三六九等，依次封赏。

封赏功臣向来是一件皆大欢喜的事，但是处理不当往往也会引发各方纷争，为帝国埋下斗争的隐患。我在封赏之前，就已经向那些大臣反复做了强调：封谁？怎么封？都是我朱元璋定下的，绝对是公正无私的，不存在厚此薄彼。你们有意见当面提，但是当我做了决定后，我不希望再听见其他不同的声音。一个不知恐惧为何物的莽夫，似乎比那些老谋深算的智者更能因势利导地解决问题。

按照我所说的公正无私，六公按地位高低依次为李善长、徐达、常遇春之子、李文忠、冯胜、邓愈，伯为刘基、汪广洋两位文臣。

这些封公的人，他们的功劳毋庸置疑。受封者的心里很清楚，关键是他们要识时务，可偏偏有人就是做不到。后来的丞相李善长、大将军徐达、常胜将军常遇春，当然还有我的外甥李文忠、大将军冯胜和邓愈。这六个人各有优势，其中五人是武将，只有李善长一人是文臣。在我看来，打天下仰仗的还是武将，靠的是枪杆子，武将的功劳要大于那些文臣。

一切有为法，如梦幻泡影，如露亦如电。没人相信，自己苦苦争取来的功名会转瞬即逝，反正李善长不会这么想。他一直跟在我的身边，我打滁州时，就开始跟着我。鞍前马后这么多年，功劳非常人所及，所以我才会将其封为“公”。除了这六个公作为一个特殊的等级之外，二十八个侯全部来自那些能征惯战的武将。也就是说，在这里公侯伯的分封是有一个条件的，凡是封侯的，都是武将，带兵打仗的。封伯的，是文臣。洪武三年（1370）的这次分封，我只封了两个伯，一个是刘基，另一个是汪广洋，这两个人都是文臣。

我规定“凡爵非社稷军功不得封”，“凡公侯伯封拜，俱给铁券”，根据勋臣爵位的高低，将他们的军功封爵与颁赐铁券完全结合于一体。铁券定为七个等级。同时又铸铁榜文，从法律上对铁券的免罪特权做出具体的限制。

历史没有错，错的都是人。铁券是我赐予勋贵功臣免罪免死的一种凭证，因取坚久之意，乃以铁铸之。铁券可以传世，故亦称世券。铁券制是汉高祖刘邦首创。我登上皇帝宝座，算是正式开启了体制与江湖的联欢。马蹄踏过的山河大地，把这样一大批人赶进了我的乌托邦世界，旧的体制像一柄折断的剑，被重新抛入熔炉。

各个王朝对铁券制一直都没有形成严密、规范、程序化的典章制度，时用时废。

为了巩固皇权，笼络这批功臣，我将封爵与赐券进行二合一处理，铁券也就成了我朝重要的典制。有道是，美人如霜，草木如刀。好看与实用兼而有之，面子与里子都要讲究。

我和那些功臣也都明白，免死铁券是暂时的隆恩崇誉，刻上字的铁牌子真的能免死吗？当功臣们囚于槛车，押赴刑场时，这块免死铁牌又何曾起过丝毫作用。铁券并不是功臣的一道万能的护身符。它既以维护皇权利益而开启免罪功能，又同样因损害皇家利益而失去免罪功能。

说到底，真正决定铁券是否有效的还是我这个制定者，毕竟它是为我这个皇帝服务的。分封的二十八个侯依次为汤和、唐胜宗、陆仲亨、周德兴、华云龙、顾时、耿炳文、陈德、郭子兴、王志、郑遇春、费聚、吴良、吴祯、赵庸、廖永忠、俞通源、华高、杨璟、康茂才之子、朱亮祖、傅友德、胡美、韩政、黄彬、曹良臣、梅思祖、陆聚。

人生有两大苦楚，想要而不得，不想要而得。对于权力的得失，他们只有无条件地接受。我既没有按照官职高低，也没有按照俸禄多寡，而是按照他们投奔我的时间先后排定。这一原则将濠州红巾军旧将，也就是将汤和到吴祯等十四人排名向前提。

时间有先后，人分三六九，我有意识地将部分位高名重的战将排在了那些平庸战将的后面。濠州旧将之间的位次是以投奔我的时间先后来排序，水军头号战将廖永忠，骁勇善战的傅友德也是如此。在我看来，投奔越靠前的人，他们的忠诚度也就越高。他们在我朱元璋身处险境、居于低微之时，就将身家性命交给我，感情基础是不一样的。

忠诚是把尺子

在分封的这些人中，汤和算是一个例外。这个像锅汤一样和和气气的男人，于我有着格外重要的生存意义。当年被他的一封信骗到这条路上，就再也没有回去。必须承认，在那个封赏的具体场域中，声名比死亡更锋利。

汤和是资格最老的红巾军高官，也是最早与我相识，又有封公之勋。虽然犯了一点小错误被我贬封为“侯”，但他在我所分封的那些侯爵中仍是处于第一的位置。我向官员们强调封爵规则时说过，汤和、赵庸、廖永忠、郭子兴等四人各有罪责，

"止封为侯"。

御史大夫汤和与我从小玩到大，一起参军，一起建功立业。这个人有一个致命的缺点，那就是喝完酒后控制不住自己的情绪，喜欢胡乱杀人，无视法度。他在镇守常州时，曾经有事想要向我当面请示，没得到批准。他借酒浇愁，酒后吐出一段愤懑之语："吾镇此城，如坐屋脊，左顾则左，右顾则右。"他认为自己镇守这座城池，就像坐在屋脊上，他帮谁谁就能赢。他要是当时投了张士诚，张士诚也能赢。若是他点燃的是一盏圣灯，那我又算得了什么？

我太了解汤和这个人了。他说这句话的时候肯定没有经过大脑思考，而我却不能置若罔闻。在他的情绪里，有对我朱元璋的不满，也有对他个人处境的不满。如果每个功臣都怀有这种不满的情绪，那将是一件很危险的事。

当然，很多事情不便说得过于通透，只得按一个"欲加之罪"，算是对大家心底的那份疑惑有个形式上的交代。除了看重分封之人的资历，和大多数决策者一样，我也凭借着个人的感情好恶来确立他们所占的位次。对于开国功臣，我最为看重的是他们的忠诚度以及他们在大明权力体系中的安全性。

我的用心裁夺，让那些官员感受到了皇权带来的压力。我就是要让他们知道，这天下都是我朱元璋的，包括他们的身家性命。在封侯的同时，还有两个人与其他侯爵同时受到重赏，最后却没有捞到侯爵的封号。我本来打算封三十个侯爵，最后剔除了两人。他们是来自巢湖水军的汪兴祖和早年跟随赵均用，后来率泗州军队投奔我的薛显。

汪兴祖先是被封为东胜侯，可偏偏有人向我告发他是一个犯过错误的人，于是我就势将其从侯爵的名单里直接抹去，只给了他一个都督的职务。第二年，我出兵征伐四川，汪兴祖受命戴罪立功，或许是立功心切，他战死沙场。

薛显曾经跟随大将军徐达攻取中原。我曾经当着武将的面夸赞过这个人。我说："薛显勇冠三军，可当一方。"但此人身上的戾气过重，经常拿身边的胥吏、兽医、火者、马军开刀，动辄取人性命。在分封时，我将其封为永城侯，并没有授予他免死铁券。没过多久，我又将其发配海南，多年以后才被召还。我能够听见他们关上门的窃窃私语，我也能够听见他们宽袍大袖的官服之下，于江湖历练的筋骨发出的铿然之声。

我不担心他们对于欲望的不满足，我反倒担心他们对于欲望的无所求。小的时候，在淮河里游泳，母亲告诉我，不要往死水的地方游，那里看似无波无纹，水底却蕴藏着难以估量的迅猛之力。为了安抚他们不安的心，我告诉他们，如果不满意我的封赏，可以当面告诉我，不要在背后嘀嘀咕咕地议论。如果让我知道，你们当面一套，背地一套，后果会很严重。

我虽然这么说，可是没人敢当面提出质疑。有些人心里虽有不平，但表面上还要装作皆大欢喜。不管怎么说，这些被封赏的开国功臣都成了这个社会新一代的大地主、大贵族，也成了我朱明王朝的既得利益者。他们应该关起门来歌唱和舞蹈，而不是嘀咕。

登上帝位的我并没有一刻放松自己的身心。在我看来，这些文武功臣所结成的关系网过于庞杂，很多时候，会让我透不过气来。即使用非常规手段用力戳破几个血窟窿，也不能让我感到呼吸顺畅。

大风卷起巨浪，哪管浪花发出的呜咽声。那些在我内心彷徨不定的想法，此时也获得了一种“借力”落地的平静。事情就此注定。我知道，编织这张网的人或许不是别人，正是我自己。十四位濠州旧将中，其中有十一个人来自濠州的钟离县，一人来自定远县，他们与我都是长于淮河岸边，同饮一河水。

元代的濠州辖钟离、定远、怀远三县，濠州红巾军是先起于定远，然后占据濠州，所以这些将领都来自钟离与定远，都可以称为濠州人。而后十四人绝大多数来自淮西地区，都不属于濠州人。如常遇春、胡大海、傅有德、廖永忠兄弟、华云龙、汤和、俞通海父子等，这些人如我一样都是游民出身。在没有投奔我之前，他们或是沉沦游荡于社会底层，或是占山为王，或是地方秘密宗教的组织者和传播者，游离于宗法网络之外。他们没有任何牵挂，来去自由，同时又有着强烈的反社会倾向。

在社会大动荡中，这种人往往是最积极的勇敢分子。他们自然也就成为我武装反元集团的铁血骨干。在兵荒马乱的时代，无论是归去还是出山，都必须赤脚从火上踏过。只要不怕痛，咬牙踩过去，一切皆有可能。

都是方圆百里之内的乡人，在亲疏远近上，却犹如大圈套小圈。偌大的朝堂，成了一个巨型的套娃。历史充满了幽默感，但又让人无法笑出来。我是钟离西乡人，与费聚、王志、顾时算是近邻同乡，但这些人的位次都排在定远人华云龙之后。在地位更高的六位公爵中，除了徐达是钟离永丰乡人，李善长、常遇春、冯胜都是来自濠州外围的定远、怀远，而李文忠、邓愈则来自泗州的盱眙、五河。

虽然他们都出自濠泗地区，与我属于大同乡。但是六位公爵除了徐达属于最早的一批濠州红巾军追随者外，其他五人都是从濠州红巾军的其他派别、民间或其他社会组织投奔我的。他们中的绝大部分人在投奔我的时候，都要晚于那十四位濠州诸侯。尽管如此，他们所享受的待遇却丝毫不比那些濠州旧将差。

生于斯，长于斯，乡土成为游民们抱团而生的唯一理由，这个理由胜过一切说教。同饮一江水、同食一地粮、同说一乡音的地缘，像是一股热血从人的脚底板贯通至每个人的天灵。当然，所有的事情都没有绝对的。

亲家情分

在这块古老的土地上，有很多奇妙的事情，比如婚姻。如何掌控这些同生共死的战友，除了封赏杀伐外，我选择了最为传统、也最为有效的手段——联姻。在我的儿子、女儿成年后，我和功臣们之间的羁绊除了最初刀口舔血的友情以及立国后的君臣之义外，又多了一层关系——亲家情分。

打天下时，我和那些功臣风华正茂，我们的子女也大都处于幼年。等到坐天下，随着亲王、公主们渐渐长大，那些元勋宿将的孩子也都到了谈婚论嫁的年龄。为了将自己的皇权这盘棋越下越大，我主动和他们攀亲。当然，这也是他们求之不得的。于是，在我的执政史中，也因此留下一段暴力与媚眼交相辉映的特殊时期。

我梦见自己变成了一只巨型蜘蛛，盘坐于宫殿的内部，乡土远近的亲疏关系是我吐出的丝，勋贵之间的姻亲关系也是我吐出的丝。我在网中央，困住别人，也困住了自己。当这张网让我动弹不得时，我又将其撕扯得七零八落。皇太子朱标的岳父是常遇春，李善长的儿子娶了临安公主，傅友德的儿子娶了寿春公主，而邓愈之女为秦王妃，汤和之女为鲁王妃，蓝玉之女为蜀王妃……其中和我朱明皇族最为亲善的是徐达，他的三个女儿，分别为燕王妃、代王妃和安王妃。至于功臣家年纪稍长的女儿，我也主动将她们召入后宫。

若是从我的角度来说，邓愈和李善长都是皇族的亲家。但两人私下算起来，李善长却比邓愈长了一辈，邓愈的儿子娶了李善长的外孙女。可以想象，若是在家宴上，这些人的称呼怎一个乱字了得。至于那些和我关系并不密切之人，他们也会主动和那些功臣联姻以求富贵荣华。

与此同时，诸位皇子也在娶妻后被我分封到了全国各地。毕竟这时候还没有完全结束统一战争，让皇子们以亲王的身份分镇各地，既是对他们的锻炼，也是对领兵将领的监控。

徐达、傅友德、蓝玉这样的高级将领几乎年年在外征战，但真正的最高军事统帅并非他们，而是他们领兵所在地的藩王们，也就是被我分封出去的那些皇子。我那个有野心的儿子朱棣就当过好几回名义上的统帅。

如此一来，以我大明皇族为核心，以和皇家结亲的远近为半径，在我的帝国里形成了一张庞大而又盘根错节的联姻网络。这个网络几乎涵盖了所有的功臣宿将，包括大多数高级文武官员。我作为一国之君，理所当然地雄踞于这个网络的核心位置。

当我信赖这些功臣之时，我给予他们的权力荣耀既有公侯封号和铁券封赏，也有与之联姻的纽带。但是当我开始怀疑他们的时候，那些东西也就不值一提。于是，功臣之间的联姻不再是维系王朝安全的纽带，而成了私下勾结的罪证。

翻云覆雨，只是我的一转念间。出生入死换来的荣华富贵都是建立在一座名为“皇权”的沙砾城堡之上，我的一句话既可兴之，也可亡之。权力有时候看上去硬如刀锋，实则薄如蝉翼，每一个局中人都是透明而脆弱的。

渡江旧人

元至正十五年（1355）夏，濠州城的红巾军南渡长江，一举奠定了我大明的立国基础。那些在江北加入队伍的势力与濠州旧部，所谓“渡江旧人”，也是我的势力根基。我习惯用“从朕渡江”来划分这一时期追随我的那些人，那些功勋之臣私下里也喜欢用“从上渡江”等话语来炫耀自己不凡的身份。而这也是我所希望的。

如果以投奔时间来划分阵营，有一个不容忽视的问题，那就是同时期不同时间节点投奔我的人，他们在权力排位上也有着很大的区别。

那些渡江前就追随我的功臣，他们来自不同队伍、不同地域。我之所以能够成功南渡，最后占领应天（南京），是因为在此之前我就吸纳了巢湖水军。他们的到来，让我的水军战斗力提升了好几个档次。

如果按功劳划分，巢湖水军是在我渡江之前投奔而来的。除濠州旧将外，他们是我的队伍中最重要的一支军事力量。这支军队是我称霸水上，支持北方作战的强大水军的核心力量，但巢湖诸将却没有一个人能够跻身公爵。只有赵庸、廖永忠、俞通源、华高在我的侯爵排行榜中占据四席。其主要首领俞廷玉、俞通海、廖永安、赵伯仲、张德胜等人则在洪武三年（1370）先后离世，剩下的代表人物基本上都是他们的兄弟子侄。

这些人的官位和战功虽然远远高于那些排名在他们前面的很多人，但是得到的封赏与他们及其父兄所建立的功绩是不相称的。我这么安排有我自己的想法。从表面上看，巢湖水军只是比常遇春等人晚一点投奔过来，但是他们投奔的对象却有所不同。

至正十四年（1354）是我人生轨迹的一个重要转折点。当时濠州城解围后，我就脱离了大部队，回乡组建自己的个人武装。我当时只带了二十四名亲信回到定远。经过我的一番谋划与经营，赢得两万人归属红巾军。我也因此分得部分军队，独自南下滁州。也就是在这种情况下，属于我的核心群体才算初步形成，包括徐达等旧属和李善长等新人。

至正十四年（1355），郭子兴去世，濠州红巾军接受了龙凤政权的任命，我成为其中的三号人物。不久，巢湖水军投奔于我。这时候我还不是濠州红巾军的统帅，与巢湖水军的将领并没有建立起一种私人归属关系。

等到渡江之后，我才算真正夺得军队的领导权。那些早期没有追随我的濠州旧将以及巢湖水军和那些新投降者，虽然他们对我也表现出衷心拥护的姿态，但始终无法建立起那种患难见真情的私人关系。带有感情色彩的私人归属关系，往往会在一个人名位不彰时确立下来。

我要给他们设置空间和时间的界限，让他们在我的帝国世界里分出不同的等级。那些渡江前的追随者，他们早就投奔了我，属于濠泗地区的老乡。特别是濠州人，他们构成了公爵的全体和侯爵的前半部分，在洪武三年（1370）的勋贵体系中，居于绝对的主导地位。他们是我最亲密、最可信赖的战友。

那些渡江前的归附者，他们并不是严格意义上的濠泗人。在我的早期私人关系网中，他们甚至没有资格入选其中。洪武三年（1370）封赏时，我有意识地对他们进行压制。其中以巢湖水军为主力，这一部分人仅在侯爵中占据四席，还不如那些渡江后的归附者。

至于那些渡江后的投降者，他们能够在我封赏的勋贵中占有一席之地，大多仰仗其战功。他们虽然带来了极有战斗力的军队，但是我对他们仍存有防范之意。我总认为在他们中间，有我隐藏的对手。

如果说濠州从军者是我权力布局的核心地带，那么处于次核心地带的那部分人就没有那么好的命运。虽然他们也是战功显赫，甚至占据了侯爵的后半部分席位，但是他们还是受到了来自濠州集团的压制。我对他们也是胡萝卜加大棒，左手安抚，右手防范。一句话概括，洪武时期与勋贵有关的政治部署，与我刻意打造的帝国权力核心层有着很大的关系。

在这场权力运动中，我煞费苦心地进行了一番筹划，既要貌似公正地封赏那些功臣，颁赐他们那块看上去很美的“免死铁券”，又要貌似合理地消除皇权的潜在威胁，同时还要避免天下人言而无信之讥。

在我颁发的“免死铁券”中，都刻有这样一句看似不经意的话语：“除逆谋不宥，其余若犯死罪，尔免二死，子免一死。”我在这里预先埋下了一个伏笔，那就是，如果有人谋反，一律不得免死。

2. 偏执与妥协——委托代理关系

洪武五年（1372），我颁布了《洪武青花执壶铁榜文》。人们可以将其视为我对那些骄傲放纵的功臣发出的一次严厉警告。这也传递了君臣关系趋于紧张的一个信号。我在其中严厉指责部分有功之臣在新的时代里干下违法乱纪之事。

在随后的几年里，我又先后炮制了《资世通训》和《臣戒录》等训诫性的制度。

在那些颁布的制度里，我逐步褪下温情的面纱。作为君王，我不能对这个世界始终报以温情，因为狮子般的凶残手段好像更有效果。我警告那些曾经的战友，如今的帝国官员们，让他们不要自恃功高就不把我这个皇帝放在眼里。如果他们对我不忠，逾越礼制，将会受到严厉的惩罚。

这些功臣虽然嗅到了帝国上空弥漫着的不祥气息，但并没有意识到，我心中那把无形的屠刀已缓缓举起。从无形到有形，缺的只是一个借口。有人说，我是一个暴君，从登上帝位的那一天，就在想着杀戮功臣，清除异己。

有人借用经济理论来形容我与那些功臣的关系，说我们是一种委托代理关系。这极为形象。作为帝国的法人代表，我手里控制着帝国的产权，但又分身乏术，抽不出更多的时间和精力亲力亲为，于是就委托一个或数个代理人来帮助我管理国家。

我这个皇帝所能做的，就是让他们在政治上得到荣光。我希望用这些现实的利益换得功臣对我的一颗赤胆忠心，并且能够保证皇权独大。开国功臣们不要动不动就生出异心，更不要一天到晚想着去造反。虽然说，有人的地方，就有江湖，是江湖就无法淘尽这滚滚而来的恩仇与鲜血，但庙堂的江湖是不按常理出牌的。有条件要上，没有条件创造条件也要上，是颠扑不破的真理。

造反是一项高风险，但也是高收益的行业。对于任何一个皇帝来说，要让自己的江山千秋万世地传下去，就要将功臣造反问题视为重中之重。在不清楚谁将会造反的时候，每一位功臣都有可能成为皇帝怀疑的对象。其实这是一种很致命的逻辑，因为这种完全靠内心推理来完成的命题，对于功臣来说，是非常不公平的。

新朝刚立，我就任命了两位丞相，分别是左丞相李善长和右丞相徐达。左右丞相无异于早期明教中的左右护法，一文一武。李善长是安徽定远人，他和胡惟庸是小同乡，和我是大同乡。而徐达和我是小同乡，都是安徽凤阳人。从年龄上看，李善长比我整整大了二十一岁，不应该算是同辈人。

李善长毕竟不是没有文化的草根阶层。他是读书人，是一个修习过法家思想、有着深谋远虑的知识分子。这些知识分子与传统意义上的儒生有着很大的不同，他们是坚定不移的实用主义者。在他们看来，儒家信奉的“为政以德”过于温良恭谨让，不足以为政治国。

李善长与我有着某种相似之处。我后来推行的那一套铁血政策与法家“以暴抗暴”的统治理念如出一辙。我可以认定，信奉法家之人拥有无穷的力量。他们在欲望的旷野上时刻与血肉相遇，而儒家只是在被语言架空如道德的虚空里，想要飞，却始终飞不起来。当我还是吴王的时候，李善长便出任右相国。在相国这个位置上，李善长干得颇有起色，可谓我大明开国的首功之臣。

在王朝更替、皇权易主的大时代背景下，很多像李善长这样的实用主义者，他们每天醒来思考的第一个问题就是如何能够在这乱世之中掘得人生的第一桶金。当第一桶金到手的时候，他们又会幻想着建立起属于自己的财富王国。

不是我看不起这些读书人，他们中的很多人打着道德的旗号，怀揣着不道德的心思。他们并无普世的家国情怀，有的只是个人的小我满足。毕竟苟且于乱世，生存才是第一位。儒家推崇的导君于正、匡扶社稷的人文理想，在他们的头脑中所占的比重是极少的，也是不切实际的理想主义。

对于赤手空拳起家夺得政权的我来说，我不愿意分权与人。我将处理朝政视为自己的责任，也是我的一种人生乐趣。这种乐趣是权力带来的，是人性在权力游戏中得到的满足。我端坐于御座之上，好似真理在握。一个人在其一生中若能有一秒钟的时间得以窥见真理的面目，甚至是灵魂的面目，你就会哑然失语——因为你无所畏惧，只有满怀悲悯。

在我看来，若能够将帝国朝政一把抓，那是多么过瘾的事。可"奏事不许隔越中书"的制度却使得我无法和手下的各级官僚进行有效快捷的沟通。就算丞相们唯马首是瞻，可是制度的鸿沟摆在那里，想要跨越也不容易。一些鸡毛蒜皮的小事情，丞相们是不愿意劳驾我的。在他们看来，举手之间就能摆平的事，再转手交给我这个皇帝，实在是多此一举。

其实这种体制运行是很有问题的。对于我这样一个还算勤政的皇帝，倒也无妨。可是如果摊上一个贪图享乐的慵懒之君，这么做就很容易惹祸上身。丞相们这么做分明还有钻制度空子的嫌疑，是在故意架空我这个皇帝，瓜分我手中的皇权。

三驾马车

建国初期，我在中央权力机构设置了三大机构，分别是：中书省、大都督府和御史台。

中书省总领帝国政务，大都督府分管军事，御史台则负责监督检察，而这三大机构的领导者都要对我负责。从帝国政治制度的表面看来，政治、军事和纪检部门各负其责，但是在实际的工作运行中，大都督府和御史台都要受到中书省的掣肘和节制。

我要用制度打穿一切无底的黑暗，在宫殿的幻象中高歌前行。正在过渡时期的人往往惧怕因为比较而带来的急躁。处于刚刚建国时期的我也一样。因此我不希望被日光捕捉到。作为中书省的最高行政长官，李善长和徐达这两个左右丞相官居正一品。和中书省平行的大都督府的最高长官大都督和御史台左、右御史大夫则稍逊一筹，只能算是从一品。所以从品级上来看，大都督和御史大夫比丞相要矮半头。

宫殿里的时间几乎静止。帝王将权力的秘密埋在宫殿的某个角落，如同山贼草寇抢了漂亮女子做压寨夫人，白日里希望她是冰冷的石女，夜晚又希望她放纵如荡妇。我无比珍视抢来的皇权，除了保留元朝沿袭的中书省，还设置了左、右丞相，让独大的中书省实现了两条腿走路。

一切，看上去都非常的明确。

但一觉醒来，发现一切并不明晰。右丞相徐达作为一员武将，长年领兵在外，追杀遁入草原沙漠的北元势力，迟迟无法到岗。如此一来，中书省大权只有李善长一人独揽。李善长跟随我多年，有着极为高超的行政才能，在他的身边逐渐形成了一个以他为首的功臣集团。这些人分布于帝国权力机构大大小小的各部门，把持着政府的行政运作。

我没有当皇帝的经验，只能从帝王传、忠臣录的文字高处，找到指引。纸上得来终觉浅，现实是纷繁变化的，而让我们有所觉察的总是生活的单面。即使李善长是个有品行的政治完人，可他在面对一人之下、万人之上的局面时，估计也会在某个时刻被眼前的幻境冲昏头脑。于是，有官员私下向我打小报告，说他“外宽和，内多忌刻”。当时我并没有将这一妄评之言，放在心上。

李善长出身淮西，对于乡人有着强烈的护犊之情。居高位时，他所重用的官员也大多是乡土人士。在朱明王朝的权力体系中，形成了一个盘根错节的淮人朋党。战争年代，攫取权力者需要乡人的抱团相助。可等到江山坐稳，官僚集团的抱团只会削弱皇权。

对此，我有着清醒的认识。因为清醒，才让我无法容忍。这时，我必须回到有宫殿和旗帜庇护的氛围中来，成为皇帝，是，似乎又不是。

洪武四年（1371），汤和、傅友德平定蜀地，天下蓝图已定。虽然还有一些不服气的小股势力在边境上打打游击，虽然扩廓帖木儿领着北元骑兵还在和帝国右丞相徐达缠斗不休，虽然梁王还在云南试图做最后的挣扎，但是放眼辽阔的中原地带已经成为明朝的天下，平灭或者驱赶四方边境之敌只是时间早晚的问题。

如果没有什么石破天惊的突发事件，我所设定的权力格局也就落定了。我已经在悄然转换着自己的角色，由一名军事统帅向帝国领袖转型。我开始着手改革沿袭于元朝的一揽子朝廷制度，在诸多的改革方案中，首当其冲的就是丞相制度的存废。我犹如一支飞驰的箭，不断地被空气削弱力量，只剩下一截有形无力的锐器继续前行的事业。我从不认命，权力的意象在皇城里是硬邦邦的行礼如仪，是软乎乎的玉体横陈。

我像蛇一样穿过一条黑暗的甬道，将自己摊放于一块干净的石头上。我还没到与对手和解的时候，虽说在被仇恨点着的时候，我习惯了在黑暗中淬火。中书省的存在对于我而言是皇权通行路上的第一大障碍。我要大权独揽，势必要触及丞相权力。要触及丞相制度，就不得不从帝国的权力体系中生生地撕开一道缺口，否则就会师出无名。

制度的缺口往往存在于人，而人的缺口又往往发乎于人性。要废除一项制度，首先要废除制度内的人。我也是有所顾虑的：一是将现任丞相拉下马，能否废除现行制度；二是废除此项制度，能否堵住天下流言汹汹。

生活是一场急行军，坦途绝非我们所希望的捷径，而羊肠小道也未必能够准确抵达。现实逼人，如果我们把一个新皇帝视为进京赶考的举人，那么我对于自己的这份答卷显然是胸有成竹。在权力运行的规则体系中，进京赶考的我在登上皇位的那一刻，就有了自己的想法和思路。

对于我来说，李善长并不仅是一个居于高位的权臣。在长期的战争岁月里，我和他之间建立起来的情谊并不比徐达等将领少。对于这个大我二十岁的长者，我心里更多的是一份敬重与感激。然而，时过境迁，随着各自身份的变化，这份感激也就滋生出更为复杂的情绪。

洪武初年，在即帝位和册封皇后、太子等一系列的帝国大事件中，李善长都充当着大礼使的重要角色。我甚至还让他担任了太子朱标的太子太师，等于将帝国未来也交到了他的手上。没有绝对的信任，我绝不会这么做。世界只剩荒诞，人生也只剩荒诞，于是荒诞成为这个世界挥之不去的大梦。

君臣之间的这份信任并非一朝一夕建立起来的。当年我羽翼未丰，寄身于郭子兴麾下。郭子兴曾听信身边人的挑拨，扬言要夺回我的兵权，更要将李善长调到他那里工作。李善长听到消息后，第一时间跑到我的面前表达忠心。他说，除了我朱元璋外，他哪儿也不愿意去。言及肺腑之处，居然涕泪满面。这让我很受感动，从此也对他高看一眼。

对我来说，李善长是一个亦臣亦师的人物。只要他没有犯下谋逆这种不可饶恕的罪行，我就很难找到一个与他撕破脸皮的理由。我并没有想过清理李善长、徐达这些开国功臣，不然我就不会给他们那么重的封赏，我还是有过与这些革命战友共同分享胜利果实的想法。

我还没有腾出手来与功臣们进行政治博弈，因为条件尚未成熟。我的统一大业尚未画上圆满的休止符，还需要功臣们尽心竭力。我和他们一路走来，如果说没有革命情分，显然是不合常理的。一个难以找到出路而开始寻找出路的人，一个知道他的归宿注定是与刀锋对撞的人，仍知其不可而为之。

洪武初年，朝中的实权人物大多是我的同乡，也就是那些所谓“淮西勋贵”。有人将中国的熟人社会比作丢入水中的石子，水面会形成一圈圈向外放射的波纹，而每一个人都是自己圈子的中心。社会关系是逐渐从一个个人向外辐射出去的，是私人联系的累积和增加，而社会范围也是由一个个私人联系发展起来的网络。

李善长只是常例，并非特例。

至正十四年（1354）七月，我南下攻打滁阳（今安徽滁州）。在行军途中，李善长特地赶到军门求见。李善长号称“里中长者”。我听说他是地方的知名人物，就礼节性地接待了他。一番交流后，我与他顿生相见恨晚之意。

从厚待李善长开始，聚集在我身边的文人就渐渐开始多了起来。在我身边的这些儒生士子中，李善长是最为特殊的一员。这是因为我和他之间有着一层微妙的关系。

我曾经与李善长有过一段推心置腹地交流。我说：“如今群雄纷争，要打好仗，最要紧的是要有好的参谋人员。现在群雄中管文书与做谋士的幕僚，总喜欢说一些左右将士的坏话，从而导致文武不和，将士难以施展才能。这样的军队非败不可。将士垮了，就好比鸟儿失去了羽翼，主帅势孤力单，必然要走向灭亡。这是一个教训。你应该为我搭建一座梁，将文武官员的心联结在一起。千万不要学那些幕僚的坏样子。”

在我的政治蓝图中，李善长扮演了一个能够在关键时刻左右时局的重要角色。如果我们能够理解西汉开国丞相萧何就是靠着为刘邦转运粮饷而摘得头功，并进而荣升丞相，也就能够明白此时的李善长在我心目中居于何等重要的位置。

我自称吴王后，就将李善长封为右相国。因为元朝是以右为大，所以说这时候的李善长已经是我创业团队中最重要的人。他果然没有辜负我的信任，不光接手军机檄文之类的文案工作，更是保障了军队的后勤供给，使得前线将士能够安心作战。同时，他还要制定一系列的法律法规，如经营盐，立茶法，立钱法，开矿冶炼，定鱼税等等。

在李善长的高效运作下，我的统治区域呈现出一派兵强马壮、经济繁荣的景象。吴王元年（1367 年，明朝建国前一年），我论功行赏，封李善长为宣国公。后来改革官制，不再像元朝那样以右为尊，改以左为大，李善长也理所当然地调整为左相国。

淮西集团的嚣张

我大封功臣之时，李善长虽然没有在战场上获取卓著的军功，但并不妨碍我对他的重用。我给出的褒奖理由是：后勤保障工作做得好（给军食，功甚大）。于是授太师、中书左丞相，封韩国公，岁禄四千石，子孙世袭。

除了上面这些优厚的待遇，我还赐给李善长一件铁券，“免二死，子免一死”。在我封公的六个人中，李善长名列第一。在颁发的嘉奖令上，李善长更是被我比作帮助刘邦夺取天下的谋士萧何，我给予他的风光荣耀在那些开国功臣中绝对是首屈一指。

由于右丞相徐达常年领兵在外，朝中实权基本上掌握在李善长一个人的手中。

以李善长为首的淮西勋贵在帝国的权力系统中炙手可热，这种权力上的垄断地位也为其他地区的政治势力所不满。但是在我的保驾护航之下，就算其他势力有什么非分之想，也只能将羡慕嫉妒恨暗藏于心。

淮西集团的勋贵们把持了洪武初年的政治要塞，由他们释放出来的熏天势焰让其他派系根本无法近身，更谈不上掣肘。当各个派系之间的欲望无法得到遏制的时候，明争暗斗也就不可避免。此时帝国政界上层圈子中存在着一个以李善长为首的淮人官僚集团，而且这个政治集团是以我朱元璋为背景的，早在我创业之始，就已形成并逐步发展壮大。

由于我的培植与倚重，淮西集团的权势被迅速推至最高点。淮西集团与其他派系之间的矛盾也由最初的暗流涌动，开始逐渐浮出水面，直到掀起滔天巨浪。

为了能够巩固自己的既得利益，攫取更大的财富，淮西勋贵又岂能容得下其他势力与自己分肥？他们当务之急就是要想尽一切办法，通过一切正常或者非正常手段来打击压制其他势力。

从前期的李善长到后来的胡惟庸，前后十七年的时间里，淮西权力集团都在竭力挤压那些非淮人的权力生存空间，根本不给非淮人揽大权的机会。李善长势力的发展在很大程度上是得益于我对淮人集团的倚重。作为淮右党人的带头大哥，李善长手中握有的权力越大，就意味着集团势力在新的王朝体系中能够分到的利益蛋糕也会越大。

3. 君臣有别——谁的派系，谁的党争

洪武八年（1375）初春，江南多雨潮湿的季节过早地降临南京，连绵不绝的雨水冲刷着这座千年古都。这是一个冷雨萧萧的清晨，一辆破旧的牛车“辚辚”地驶出南京聚宝门，载着刘基离开了这座沸沸扬扬的都城。驿道边的杨柳已经抽出了新枝，浮出了绿油油的春意。一群燕子从柳树的枝丫间飞起，掠向巍峨的城楼。

刘基回头望了一眼冷冰冰的城郭。大开的城门仿佛命运敞开的巨大黑洞，将那些波澜往事吸附得毫无影踪，剩下的只是躺在牛车上的一位瘦骨嶙峋的老人。刘基小心翼翼地打开锦盒，取出我赐予他的那道圣旨《赐归老青田诏书》，又仔细地看了一遍。

我不得不承认，我在这封诏书里，用词极为严苛，甚至出现了这样的句子：“君子绝交，恶言不出；忠臣去国，不洁其名……”我闭上眼睛，完全能够想象得到，他在那一刻的黯然神伤。人与人之间的交往，一旦置之于权力的绞肉机下，也就自然而然地将人性导向黑暗语境中的耻辱记忆。存在，或是不存在，都是不重要的。重要的是我使用的惩罚逻辑和血性法则，有没有得到配合与落实。

刘基的离开，不是因为刘基，而是因为这一切符合价值逻辑。

听那些前去送行的大臣说，刘基面对诏书，老泪纵横。听到这些，虽然我面无表情，但内心还是颇不宁静。我要让刘基这样的开国功臣们看到一个真正的帝王朱元璋，而不是他们的战友朱元璋。我要慢慢地淡化自己与他们之间的战友关系，我要让森严的君臣等级变得越来越清晰。

吾之子房

在帝国的权力场上，此时能够与淮右集团相抗衡的只有浙东集团，而浙东集团的领军人物正是刘基。五十岁，一个男人知天命的岁数，帝国普通官员也该到了致仕的年龄。身处乱世的刘基却在这样的岁数迎来自己仕途的春天。

刘基的才华毋庸置疑，他与宋濂、章溢、叶琛等人并称“浙东四贤”。

早在元末，“浙东四贤”在浙东地区已经是久负盛名的风流人物。至正年间，浙东贤士改换门庭，由事元而事明。“浙东四贤”虽然是一个组合式的名号，但是他们

之间从无拉帮结派之举。就是在刘基与以李善长为首的淮人集团做斗争时，其余浙东人士并没有像淮西党人那样抱团相争。

与李善长、徐达、常遇春、胡惟庸这些淮右人相比，刘基作为后来归顺的浙江青田儒士，在我的皇权体系里究竟能够占据多大比重，连我本人也感到怀疑。

刘基是浙东的青田大族，他生在一个知识分子家庭。此人天生就是读书的料，有着异于常人的天分。他向我吹嘘过，曾经在元朝大都（今北京）的一家书店中翻阅一本有关天文方面的书籍，翻过一遍后竟然能够默记于心，背诵出来。书店的主人见他手不释卷，便要将此书送于他，他却说："书的内容已经在我的胸中，要书何用？"在叙述这一切的时候，他的脸上始终洋溢着骄傲的神采。

我太熟悉这个人的经历了。准确地说，我熟悉他们每个人。他们琢磨我，我也琢磨他们。

元朝至顺年间，只有二十三岁的刘基考中了进士，在当时算是起步较早的后备干部。三年之后，他才算正式进入元朝体制内。虽然只是一个正八品的高安县丞，但是他的心中却藏着一幅锦绣蓝图。有人形容他"慷慨有大节，论天下安危，义形于色"。也就是说他是一个人品不错、心系天下的好官，但同时也是一个不懂得掩饰自己情绪的感性文人。

与科举的顺利晋级相比较，刘基的仕途却是一波三折。这主要是因为科举在某种程度上取决于一个人的才华，而官运则更多地取决于一个人对于官僚体制的适应能力。在我看来，刘基的性格并不适合波诡云谲的官场，在他还是一个八品小官的时候就注定了日后的结局。

至正十六年（1356）春，浙东黄岩人方国珍举兵反元，行省推举刘基为元帅府都事。就在刘基准备大干一番时，方国珍却突然掉转方向归顺了元廷。这真是一种莫大的讽刺，自己的平乱对象居然华丽转型为行省大员，而他所依附的体制却反过来折腾自己。

无乱可平的刘基被朝廷削夺了兵权，只好弃官返回青田故里，处于一种半隐退状态。

对于如此结局，刘基百思不得其解。愤然离去的他，不免仰天长叹："臣不敢负国，今无所宣力矣！"在刘基这样的文人看来，空有一腔报国之志，可是在那样一种环境下，却也只能有心无力。无论是张士诚，还是我朱元璋，都不过是乱世中浑水摸鱼的一方流寇，不值得他们以性命相托。中国古代士人最基本的生命情调与生存方式，向来是“天下有道则见，无道则隐”。在那样一种现实政治生活环境的催迫之下，不得不隐就成为刘基这样的末世文人所做出的一种无奈选择。

隐居的刘基无法再为朝廷效力。他必须对自己的人生方向做出新的调整。可是他从内心深处瞧不起我们这些割据一方的草寇势力。我知道刘基这个人，应该是我的势力范围扩展至浙东以后的事。他们向我描述，刘基“少有英名，海内闻之”。在进入浙东前，我的人才库里已经储备了李善长、胡惟庸、汪广洋、陶安、朱升等一大批家门口的（江淮一带）文人谋士。

自古以来，浙东一带都是英才荟萃之地，刘基、宋濂等人自然不会逃过我的视线。我刚到滁阳的时候，韩国公李善长就向我举荐浙东名士宋濂，说宋濂知星象经纬。宋濂却说，他的才学远不如青田刘基。

至正十九年（1359），我的军队攻下处州城，刘基被手下带到南京来和我见面。我向刘基表明自己的观点，希望他能留下来帮我开拓疆域，成就伟业。刘基不为所动，我只好又将其放回。

为此，我还专门写了一封言辞恳切的信劝说刘基，可刘基屡辞不就。这让我很是恼火，就找来宋濂问这究竟是怎么回事。宋濂说：“刘君最有名，亦豪侠负气与君类，自以仕元，耻为他人用。”刘基是一个重气节的君子。既然他已经做了元朝的官，就羞于再来做我朱元璋的官。

没过多长时间，我又指示处州总制官孙炎去劝刘基出山。孙炎接到我的指示后，并没有亲自登门去请刘基，而是派使者去请。请了几次，刘基就是不肯出山，只是回赠了一柄宝剑给孙炎。孙炎以其独特的人格魅力折服了刘基，完成了我给他下达的任务。据说，刘基早在做江浙行省儒学副提举时，曾经游览西湖，见西北方的天空飘起奇异的云彩，光映湖水。同游的文人雅士都以为是祥瑞，准备当场赋诗。刘基却在旁边大声说道：“这是天子气啊，应在金陵，十年后有王者起其下，我当辅之。”

此时的杭州城还是元朝的繁华之地，同游的人都以为刘基喝醉了酒，说的是醉话。这帮胆小怕事的文人吓得躲得远远的，抱怨道：“刘基，你这不是要连累我们抄家灭族吗？”

听说他于临行之际，在家中大摆筵席，又向亲朋好友陈说天象，说：“此天命也，岂人力能之耶？”如此说来，刘基加盟的主要原因并不是孙炎劝说，而是刘基本人的决定。或许是因为他相信，我的出现正好迎合了他所想象的“天命”。

除了他，他的朋友叶琛、章溢也在我的盛情相邀之下投奔而来。

时务十八策

对于我的一再征召，刘基的内心是纠结的。作为一名乱世书生，他有着自己的利益考量。儒家的伦理道德、国家的命运和个人的政治前途等，都成为他思考或左右他抉择的因素。特别是从元朝的官吏转而投靠自己历来所不屑的乱贼草寇，经历如此巨大的角色转换，对于像他那样的读书人来说显然是一件困难的事。

处于各种势力纵横捭阖、互争胜负之际，早已声名远播的刘基想要安安稳稳地过一种半隐半仕的生活，显然是不可能的。形势逼迫着他必须做出抉择，才能于乱世求得生存。

答应我的盛情相邀，刘基应该是综合各方面因素考虑，做出的选择。我已经控制了他的家乡处州，如果他有心复出，我是他最为合适的投奔对象，尽管他还无法甩掉身上的道德枷锁。在纷扰的现实面前，道德又何尝不是挂出来忽悠人的一只羊头，尽管卖的是狗肉。关于我与刘基的第一次见面，我依然能够清晰地记得每一个细节。至正二十年（1360）三月，刘基在应天府与我见面。我问他的第一句话是："能诗乎？"

刘基的回答是："诗是儒者的末事，哪有不能的。"我指着手中的斑竹箸，让刘基当场赋诗一首。

刘基随口吟道："一对湘江玉并看，二妃曾洒泪痕斑。"

这句诗并不合我的口味，我说："你这首诗充满了酸儒之气。"

刘基话锋一转，说道："此言差矣。汉家四百年天下，尽在留侯一借间。"

如果说，前一句诗让我领略了刘基的文采，那么后一句诗则让我领略了他的政治胸襟。经过一番交流，我对刘基的印象也发生了根本性的转变，由一个术士变为一个酸儒，再变为一个张良般的谋略之士。初见宋濂、刘基、章溢、叶琛等人，我谦卑地说："吾以天下累四先生矣。"

刘基绝不是一个单纯的术士，也不是只会写诗填词的文人，而是一个具有远大抱负的儒生。他向我呈献的那篇《时务十八策》就是极为高明的策论，可谓字字珠玑，让我读得汗毛都竖了起来。

刘基之所以成为我最信任的谋臣，主要是因为我与陈友谅在南京城外的龙江一战。刘基等地方实力派的加入，不仅化解了元朝的抵抗力量，也使浙东的社会秩序趋于稳定。我授予刘基为弘文馆学士时说过这样一句话："朕初到浙东时，你就对我颇有好感。等朕回归京师，你就前来投奔。这时，浙东的老百姓对我还不够信任，你老卿一至，山越清宁。"刘基的出山，一半是我请出来的，另一半是被当时的形势逼出来的。

刘基来投之日，正赶上陈友谅率军自上游沿江而下，攻陷太平（今安徽当涂），杀守将花云以及我的义子朱文逊。我专门召集诸将，讨论对策。我的手下将领也是各说各理，有主张投降的，有主张逃跑的。

听了半天，我还是想听一听刘基能给我什么样的建议。刘基果然没有让我失望。他向我献策：两军交战勇者胜，在生死决战的关键时刻，不应当被将领们的不同意见所迷惑，而是应该开诚布公，整合人心，努力奋战，争取胜利。

我听后大喜，当场赐刘基一把宝剑，令诸将拜他为军师，如有不服者，立斩之。

在此次会面中，刘基还为我带来了一幅堪比隆中对时诸葛亮献给刘备的军事战略图。当他将亲手绘制的地图徐徐展开，山峦、河流、湖泊、城镇、关隘一目了然，一幅全国战略格局清晰可见。从这幅图上可以清晰地看到，我朱家军被陈友谅集团、张士诚集团以及元朝压制在江南一隅，三面强敌，一面背海，形势岌岌可危。只有做到先强后弱，避免两线作战，各个击破，再集中兵力北定中原，才能一举奠定乾坤。

刘基和我的关系，在帝国建制前后曾经有过一段水乳交融的蜜月期，就像我自己所说："三军所向，治国方略，卿能言之，朕能审而用之。"在军师的位置上，他显现出了非常卓越的才智和能力，分析一针见血，战局掌控自如。我多次在人前称其为"吾之子房"。

等到帝国建制后，君是君，臣是臣，一切都发生了变化。我用刘基参议决策多年，对其城府之深是有所忌惮的。龙湾大捷，奇袭江州，显示了他的过人智谋；拒绝救援安丰，将小明王别置滁州，展现了他的政治远见；至于那些传说中的占星术，更是让他的头顶上方环绕着一圈又一圈神秘莫测的光芒。

治国良臣

元末群雄逐鹿的走势完全按照刘基预想的方向发展。我一步步走向胜利的彼岸，先后翦灭陈友谅、张士诚、方国珍、陈友定等割据势力。朱明王朝建立后，刘基抛开开国勋臣的身份，又扮演起治国良臣的角色。

这个精明的浙江人，像是戴着很多张面具，每一张面具都涂着天然的保护色。在我的家乡有一种叫作“李子”的水果，未成熟的李子咬上去酸涩无比。而它一旦成熟便会在其表面涂上一层粉霜，那是由表皮分泌的一种天然保护物。李子尚未成熟时，在枝头上散发着生机勃勃的青色光泽，一旦蒙上粉霜，便灰蒙蒙得毫不起眼。

在我看来，刘基就是枝头上的一颗李子，熟透了的那个。他心底里一定藏着发痒的冲动，蓄积着不可遏制的力量。我们之间，投桃报李显然不是叙事的结论。他不是淮河边上浪荡的游民，而是生于浙江富足之地的读书人。我无法不对他怀有戒备之心。

他在南京时，我虽然优礼甚厚，但并不完全信任；虽然授予职位不低的官职，但并未委以重任，给予实权。刘基的缜密思维，对于形势的准确判断，以及深远的战略眼光，都让我刮目相看。

我感谢命运将这样一个人带到我的面前，庆幸他不是作为对手而存在。让我数一数，从龙湾战役、安丰战役、江州之战、鄱阳湖大战……一直到灭元之战，我想到的或者没有想到的，刘基都想到了。很多时候，静下来，想到这个人，想到他在一些事情上的看法，让我倒吸凉气，后怕得脊梁骨直冒冷汗。

幸亏他是我的人，如果他跟随其他人，对我来说还有今天的荣耀吗？这样的权谋之臣，让你永远读不懂他的心事，让你胆战心惊。将刘基放在最重要的岗位上无异于一场政治豪赌，我断然不敢冒这个险。有段时间，我害怕黑夜的到来，总是担心有人躲在黑夜的幕布后，觊觎我的皇位，议论我的失政；我也害怕陷入梦魇，在梦里，刘基的眼睛里闪烁着桀骜的光芒，冷冷地打量着我。

洪武三年（1370），我大封功臣。金銮殿上跪满了文臣武将，一个个如雷贯耳的名字在大殿上响起。公封完了，侯封完了，伯封完了，然而，在宣封的声音中迟迟没有响起刘基的名字。看着下面群臣闪着的诧异眼神，或许他们心里也纳闷，这个皇帝怎么了，大明第一谋臣刘基的封号呢？真的万分抱歉，我还真是没有想好。

过了一段时间，我才给刘基补封了一个诚意伯，年俸禄二百四十石。有人议论，说功劳在刘基之下的后勤总管李善长被封为韩国公，俸禄四千石，是刘基的十几倍。嚼舌头的人并不是无中生有，他们轻易地就识破了事物的本质。即使在那些伯爵中，我给刘基的俸禄也是最低的。我始终没有将刘基视为自己的肱股之臣，更没有像对待淮西集团李善长等党人那样倚重。

我是一个将权力当灯笼照明的人。可以想象，那些接近皇权的人也是如此想的。这天下初定，一切都有推倒重来的可能。反正谁当皇帝，都是上天的旨意。如此想来，又是一身冷汗。

一个人的战斗

淮西与浙东两大集团在我眼皮底下开始了明争暗斗。我还是很希望看到这样的好戏，甚至有搅动他们斗法的冲动。除了抱着看戏的心理之外，还有很重要的一点，那就是作为一把手，我对这些同乡的官僚除了有一份乡土之情外，还掺杂着驭臣之术。

在我看来，所有邪恶中，控制一个人是最邪恶的。随着地位的逐渐稳固，我授命于天的思想已经扎根人心，刘基的作用和使命也算到此结束。我大明不再需要熠熠生辉的群星闪耀，要的是孤星闪耀。我越是这样想，对刘基越有所猜疑，不信任感也就越来越严重。

我有意压制刘基的威望，逐步淡化他对帝国政局的影响力。与此同时，我大力培植淮西集团，也有制衡刘基、宋濂等江左名士的意图在里面。

在这场权力博弈中，刘基是一个人在战斗。相反，李善长背后有强大的淮西集团，有我这个皇帝撑腰。一个人与一个拥有强大政治势力的集团相抗争，刘基从一开始就处于明显的劣势。单凭一己之力争取斗争的胜利，是绝对不可能完成的任务。

洪武元年（1368），我离开南京北巡，命刘基与李善长留守京师。

刘基是御史中丞兼太史令，是帝国监察机构的官员。刘基虽然位列三等伯爵，但他的影响力还是远远超过了我身边的那些近臣。每遇重大国事我都会第一时间与他商量。我喜欢听真话，但也厌恶听别人说逆耳的忠言。

有一天，我召见刘基。或许他已经预料到我们君臣之间的这次对话将会充满凶险。我们的话题围绕丞相的人选问题展开。刘基出于公心劝导我不要撤换李善长：“善长勋旧，能调和诸将。”

我又问：“杨宪如何？”

刘基道：“杨宪有丞相的才干，没有丞相的气度。丞相必须保持水一般平衡的心态，用义理来权衡一切，而不感情用事。这一点，杨宪做不到。”

我又问：“汪广洋如何？”

刘基说：“此人过于偏浅，还不如杨宪。”

我接着问：“你看胡惟庸这个人怎么样？”

刘基说：“胡惟庸是最不合适做丞相的，就好比一匹劣马，你叫它驾车，必然会导致翻车事故。”

既然这些人都入不了刘基的法眼，我故意试探他：“我的丞相人选，难道就没有一个能够超过先生的？”

刘基的脸上马上现出惶恐谦卑之色，说道：“臣疾恶太甚，口无遮拦，一向闲散惯了，无法应对繁杂的行政事务。在这个位子上，恐怕辜负皇上的重托。天下之大，怎么会没有人才可用呢？请明主悉心搜求。不过刚才提到的几个人，确实并不合适。”

时隔不久，我将胡惟庸放在了左丞相的位置上。我听说刘基私下里很是失落，在一些故交好友面前感叹：“希望自己评价胡惟庸的那些话不要得到应验。那样的话，天下百姓有福，大明王朝有福。”

交锋

同样是在这一年，刘基与淮西集团带头人李善长之间有了第一次交锋。我于临行前再三敲打两人，不希望在我离开的这段时间里，百官懈怠，朝政松弛。

李善长并没有将我的这番警告放在心上。放眼朝堂之上，淮西帮已经占据了体制内的重要位置。李善长作为淮西帮的带头大哥，让他管理百官没有任何难度可言。而刘基则表现得忧心忡忡。同样是放眼朝堂，他眼睛里看见的官员有半数以上都是淮西人。我让他纠察百官时，即使用击鼓传花的游戏手法，十人中也会有八人是淮西人。

我前脚刚离开南京，政府官员们的头号人物和监督政府官员的头号人物便意料之中地交火了。二人交火的原因很简单，刘基纠察百官，使身为丞相的李善长感觉不舒服。他几乎要像响雷一样炸起来。因为在他看来，刘基纠察的官员都是冲着他所领导的淮西帮，冲着他李善长来的。

应天府当时流传着这样一句诗：“马上短衣多楚客，城中高髻半淮人。”也就是说，当今朝中六部百司，大半的权贵要员都是来自李善长的淮西同乡，而一品以上的官员，徐达、常遇春、冯胜、汤和等也都是淮西同乡。他们占据着要职高位，在朝廷上下盘根错节，潜在势力极大。

这些掌权派是不可能不犯错的。刘基得罪了他们，就是得罪了朝廷的掌权派。

我将此事交于刘基来处理，也因此加深了他与淮西派之间的矛盾。在查清罪行之后，刘基决定要杀掉犯事的中书省都事李彬。此时正好我外出，李善长连忙去找刘基说情。刘基却软硬不吃，还将这件事向我报告。

我走后不久，李善长便登门拜访。这让刘基再也坐不住了，稍一思考，差不多也就明白了他的来意。虽然他心中极不情愿，但还得起身前去迎接。尽管刘基早已知晓李善长为何事而来，还是揣着明白装糊涂。

李善长是个极其圆滑之人，何况出入体制靠的就是能“忍”会“装”的本事。他绕了半天圈子才言归正传将自己的来意说明，听说中书省都事李彬被中丞大人给抓起来了。

李彬到底是什么人？竟然能够惊动李善长为他出面说清。李彬是淮西人，他是李善长的同乡和死党，官任中书省都事（相当于国务院副秘书长），因犯贪纵罪，落在刘基的手里，被投进大牢。李彬的亲信张武，连夜赶到李善长家通报情况，请求李善长能够出面救他主子出来。

李善长找刘基说情，刘基根本不给他面子，软硬不吃，坚持要将这件事向我报告。这是一起典型的卖官贪腐案件，而我平生最恨的就是官员贪腐。我当即传话回京，表明自己的态度，命令立刻处死李彬，决不姑息。

我的这份回复恰好落在了李善长的手中。他心中虽有愤怒但也不敢隐瞒。为了救自己的亲信一命，李善长编造了一个理由。他找到刘基，对他说：“京城已经很久没有下雨了，先生熟知天文，此时不应妄杀人。”

李善长明明知道刘基深通天文之道，便以此为借口。如果刘基坚持要杀李彬，那就索性将天不下雨的责任推到刘基的身上。令他没有想到的是，刘基给出的答案是：“杀李彬，天必雨！”

刘基的态度是如此决绝，没有一点商量的余地。李彬就这样被依法处死。李善长被彻底激怒了，他开始准备自己的第一次反击。为了既成的仇恨而仇恨，自然会招来更多的仇恨。这个仇恨的爆发点，不是别人的有意为之，而是自己将仇恨的血吞回肠胃，是发自自己身体内的爆炸。

刘基敢说这样的话，应该说他是有一定把握的。他确实懂得天文气象。可是这一次刘基的运气实在不好，过了很长时间天也不见一滴雨。等到我北巡归来，李善长的小宇宙开始爆发了。他跑到我面前指控刘基在祈雨坛下杀人，才会惹得天怒人怨。

李善长还嫌自己的能量不够，指使众多对刘基怀有敌意的官员围而攻之。在围攻刘基的官员中，自然以淮人居多。对于淮西集团的官员而言，刘基成了他们捞取权力资本道路上的最大障碍。

刘基一人独挑李党（淮西集团）的结果，就是以自己的黯然退场为代价。我了解刘基这个人。他是个有节操的读书人，虽然声望颇高，但不会主动挑事。或许在李善长等淮西人看来，刘基是“浙东”集团的利益代言人，扳倒他，也就等于扳倒了“浙东”集团。我感到好笑，

所谓“浙东集团”并没有形成气候，也无法与淮西集团抗衡。毕竟我朱元璋才是“淮西集团”的大当家。

刘基的悲剧，在于他看到了政治的根本，他想回避却做不到。他可以掌握王佐之术却掌控不了自身的命运。立德、立言、立功，三立于一身，三立皆达到顶峰，极目茫茫，这样的人历史上能有几人？过于优秀的人往往让人感到无懈可击。我将其列为打压对象，其实也是为了能够找到完全驾驭他的突破口。

致仕

由于文化上的先天不足，创业阶段的我对文人始终怀有一种仰视的心态，也非常倚重以刘基为首的文人。这虽然是我的纳士策略，但并不代表我对他们的尊重与信任是无条件的。此一时彼一时，等我做了皇帝，一切发生了变化。那些耿直的文臣成了维护和伤害皇权的一把双刃剑，他们敢于顶撞，敢于叫板。很多时候，我不得不采取一些打压手段，这样才能让他们找到属于自己的位置。

我坐天下以后，有的士人不想居朝为官，一心想要隐居山林。当然，这种现象在任何时代都会存在。很多时候，作为当世君王还会表彰他们不慕名利的精神。可是对于刚刚打下江山的我来说，是绝对不允许出现这种现象的。当时有个很有才华的读书人拒绝为朝廷征用，并且断指自残。

此风不可长，不然又会像元朝那样，读书人宁愿隐居也不愿出来为朝廷效力。

我只好将这个人处死，以警戒后来者。行刑前，我告诉他：“人的生命是父母给的，所以父母有夺去你生的权利。天下大乱，要不是我奉天承运，夺得天下，你早就没命了。我就是你的再生父母，现在你不为我用，我就有权夺去你的生命。”

在我的眼里，没有个体，只有思想的高度统一。不然每个人都强调自我，那我这个皇帝就成了没人买账的孤家寡人。当然这套理论不是我朱元璋创造的，历代帝王和独裁专制的统治者有几个不是借国家或用集体说事的？没有国哪来家，没有家哪来个体。

国乱民愁，王不出头谁是主。刘基始终无法转换自己的人生角色，经常会不自主地在我面前摆出帝王师的架子，这让我感到很不舒服。这也是我为什么倚重他，而不重用他的主要原因。他离开我，告老还乡，也不忘劝我一句“霜雪之后，必有阳春，今国威已立，宜少济以宽大……”

或许有人认为，历史上有过像唐宗宋祖那样风雅的帝王。他们鼓励臣子口无遮拦，说出“水能载舟亦能覆舟”那样的危言。但我并不完全认同，他们这么做，难道不是对那些贯彻始终的污点进行掩饰和对成就吹嘘？剔除这些，历史剩下的人与事冷硬如铁。

洪武四年（1371），历经冰火两重天的刘基终于大彻大悟，第二次向我提出致仕。看着眼前的刘基，白发稀疏，步履维艰。我不免动了恻隐之心，答应放他回家了却余生。我在事后也不得不承认一个事实：刘基在时，满朝都是党，只是他一个不从。

随着刘基的黯然离去，李善长迎来了个人政治生涯的巅峰时刻。处于权力的制高点，李善长虽然有些高处不胜寒，但他并没有完全被眼前的幻象冲昏头脑。或许他认为，跟随我这么多年，对我的了解要远远超过对他自己的了解。

我绝对不会仅仅只满足于做一个放手撒权的太平皇帝。而李善长所辖的中书省威权最重，也是我最为关注的地方。对于这个人，我不敢有丝毫的大意。他比刘基更让人难以对付。刘基只是一个耿介之臣，而李善长肚子里的花花肠子要曲折得多。

淮西集团在帝国官场上再无对手。李善长位居左丞相，其地位仅次于我这个帝国一把手。加上他打着同乡旗号立于朝堂之上，权势已经到了无以复加的地步。不光个人权势炙手可热，就连他的那些亲友也遍布朝堂内外，人事关系盘根错节。

对于这样的功臣，历代开国皇帝既用之又忌之。用是因为他们确实好用，忌是因为功高震主。我也将这种纠结的心态传递给了李善长。我提醒过他：作为一个臣子，你要做到时时检点自己，不能由着自己的性子乱来。凡事都要讲究一个度。如果一件事情做得不合理，那么就可能会前功尽弃。

聪明如李善长，又怎么会听不出来我这句话的弦外之音？这是我在向他这个开国功臣敲响警钟，让他做人要学会低调，不要过于张扬。否则的话，再大的功劳，再多的免死金牌也起不了作用。

洪武四年（1371）正月，李善长以“患病”为由，也学刘基向我递交了一份辞职报告。

在李善长看来，自己如此重要，他的去留应该是帝国的头等大事，我这个做皇帝的不应该草率对待。可令他意想不到的是，我并没有与他虚伪客套，而是就势批准了他的请求。

李善长主动退出权力场的原因只有一个，那就是政治敏锐性极强的他这时候已经嗅到了朝堂上散发出的危险气息。他在最为风光的时候选择退出，不是他真的想要放权，而是为了明哲保身。

让人遗憾的是，李善长精明过头，却也难以猜中故事的结局。对于大明这张庞大的权力网而言，每个人都身陷其中，但也不是谁想躲，就能轻易躲得过去的。就连我也不知道，今天和昨天会有多少不同，明天又将会走向何方。斜睨之处，余光所及，我对他们并无另外一番心肠。

李善长就这样致仕（退休），回老家安徽定远。虽然我赏赐了他土地若干顷，并赏给一百五十户人家为他守冢，佃户一千五百家，仪仗卫士二十户，可物质上的丰足远远比不了权力带给一个人的精神满足来得重要。年仅五十八岁的李善长就这样被迫提前退休，回家颐养天年。昨天还处于权力的巅峰，今天就远离了朝堂。但我知道，这个世界，有些人的影响力是超越距离的。蜘蛛在困住自己的同时，也在不断地吐丝，延伸自己的触角。

李善长致仕的旨意一下，我相信，平日里仰其鼻息的朝中百官无不震惊。我与李善长之间的关系是众所周知的。也就在两个月前，我刚刚将其封为国公。可谁又料到，瞬息之间，我又将其打发回家抱孙子了。一时之间，朝堂上下人心浮动，朝局动荡。等到我宣布李善长的继任者时，朝臣们悬着的一颗心才算稍微安顿下来。

李善长病休在家，而此时的中书省大权已经转移到了杨宪手里。杨宪并非淮人，他是检校出身。检校是由特殊材料制成的特殊人才，是我为自己的权力系统量身打造的特务人员。

4. 正室与偏房——草根规则

洪武三年（1370），随着李善长的离开。中书省也随之发生变化，右丞是杨宪，左丞是汪广洋。汪广洋本是中书省的参知政事，曾经被我外放到陕西锻炼了一段时间，也算是有基层经验的京官。

中书省最高官职是左丞相，其次是右丞相，然后依次是左丞、右丞、参知政事。

由于左丞相李善长的退出，担任右丞相的徐达又常年戍边，左右丞相皆成虚位。如此一来，身为左丞的汪广洋就理所当然地成了中书省真正的当家人。

我在中书省布下汪广洋和杨宪这两颗棋子，有我的利益考虑在里面。两人都是独立于淮西集团和浙东集团之外的无党派人士，他们不属于帝国权力集团的正室，只能算是偏房。

我让杨宪进入中书省本来是想利用他来制衡李善长，但是杨宪后来的表现超出了我的掌控范围。在这种情况下，我只好又将宝押在了汪广洋的身上。我将汪广洋调任中书省左丞包含两层意思：一是让汪广洋挑起中书省的大梁；二是利用汪广洋来掣肘杨宪。

可汪广洋并不愿意做别人手中的提线木偶，哪怕提线人是我这个皇帝。汪广洋进入中书省，并没有如我所期待的那样去压制杨宪。汪广洋居然玩了一把“无为而治”的策略，平日里不管不问，大事小事任由杨宪去处理。权力游戏有时候就像是小孩子玩跷跷板，汪广洋在这一端的不作为，就会导致杨宪在另一端的大作为。如此一来，权力的跷跷板岂有不跑偏之理？

杨宪识破了我的手法，开始堂而皇之地针对汪广洋。汪广洋平日里表现得谨小慎微，想要抓他的把柄并不是一件容易的事。尽管难度不小，但还是让杨宪发现了破绽。杨宪是检校出身，揭发检举他人是他的专业。人在虚构的命运面前，总是习惯于将自己想象成食人的野兽，位于食物链的前端。即使身处意外的惊恐世界，也要摆出一副盲目乐观的姿态。哪怕是一个委曲求全的小人物。

不久，杨宪就在我面前狠狠地弹劾了汪广洋，说他不孝顺母亲。这一招看似简单，弄不好有可能会出人命。因为在我的王朝体系里，向来标榜以孝治天下。一个文官如果不遵守孝道，就是不听圣人言，不听我这个皇帝的话，便是全民公敌。

人永远是有缺陷的，是病态的。其实我是一个可以交流心思和保守秘密的人。

可是坐在宫殿里，我很难再听见别人的心思，更无从知晓别人的秘密。汪广洋就这样被削职为民，放逐还乡。杨宪觉得还不过瘾，便再次向我奏本。于是处分再度升级，汪广洋就这样被我打发到了海南去反思己过。海南是一个蛮荒之地。

过河卒子

我在安排中书省官员的时候，考虑最多的应该是政治派系的利益布局。我当了皇帝，就算我说，自己行的是公正与仁慈之名，也没人会相信。政治派系除了自然状态下的地缘效应，还有就是在权力斗争中结成的利益同盟。比如李善长找了个借口罢黜参议杨希圣，然后杨希圣的兄弟、身为中书左丞的杨宪就不止一次地在我面前进言："李善长无大才，不堪为相。"

如此一来，杨宪在无形之中就会被人划入淮西派的对立面。胡惟庸忧心忡忡地对李善长说："杨宪为相，我等淮人不得为大官矣。"

在李善长和胡惟庸等淮西派的潜意识里，以刘基为首的浙东派是他们最大的威胁。杨宪虽然在地缘上不属于浙东，但是在李善长等淮西人士看来，与他们为敌的杨宪早已是浙东集团的一分子。杨宪如果有机会当上丞相，那么他们这些淮西人士就会永无出头之日。

李善长、胡惟庸等淮西人士当然不能坐等事态的发展。他们要趁着我还没有倾向于浙东派时将杨宪尽快赶出帝国的权力中枢。

其实如果非要追溯杨宪的后台，既不是浙东派的刘基，也不是其他政治派系的人，而是我。杨宪进入中书省就是我一手安排的。他之所以最后沦为棋盘上的一颗弃子，是因为作为一颗过河卒子的杨宪已经走得太远，远到脱离了我为他设定好的既定轨道。

杨宪是检校出身，就算我有心将整个帝国的权力系统变成一个庞大的特务机构，那些功臣和官员也不会接受。在如何处理杨宪的问题上，各大政治派系的意见也是出奇的一致，要联手将杨宪踢出局。

杨宪是山西阳曲人。此人生性精明，业务能力很强，办事干练，深受我的器重，以检校身份直接选拔进入中书省，并被委以中书左丞的要职。杨宪在中书省任职期间的表现是相当不安分，大肆任用亲信、聚集朋党、刺人隐事，在帝国的权力系统上层形成了一个以杨宪为首的山西帮。他们在我面前大肆诋毁李善长，企图挤掉这一淮西集团的核心人物，以山西帮取而代之。

此事的成败，关系到整个淮西集团势力的切身利益，是一场你死我活的斗争。

杨宪的存在是各方都不愿看到的。李善长、胡惟庸等淮西派人士向我告发杨宪唆使侍御史刘炳陷害汪广洋，刘基也向我告发杨宪的种种阴私之事。按照帝国的法律条文，杨宪罪不至死。真正置杨宪于死地的，不是刑律罪责，而是利益需求。无论是淮西派的李善长、胡惟庸，还是浙东派的刘基，他们都不愿意看到杨宪居于显位。杨宪显然是高估了自己的能力，更高估了山西帮的抱团势力。

作为一颗棋子，它的存在如果不是为了迎合我安排的战局，而是整天想着走出我所控制的领域，那么它的命运除了自我毁灭，还能有其他更好的选择吗？我不会因为一个小小的杨宪，使自己与功臣们的关系陷入僵局。更何况我还没有下定彻底改组中书省的决心。在这样的利害计算之下，做出这样的取舍也是符合逻辑的。于是在这场权力博弈中，罪不至死的杨宪就这样做了第一个冤大头。

李胡交好

在李善长回乡的第二年，远离官场的清冷岁月让曾经执迷于权力的他寂寞难耐。他也许偶尔会站在淮水岸边，遥望着南京的方向，发出一声长长的叹息。

对于一个男人来说，权力真是一个好东西，不仅仅是财富与显赫，更多是来自精神层面的强大。不甘就此谢幕的李善长连着向我发了几道奏疏，汇报说他的病早就好了，希望我能够给他一个继续为帝国效忠的机会，发挥余热。

我看着他的奏疏苦笑连连。这个老伙计想要重新回归帝国中枢的想法显然是过于天真。他若再次进京，朝堂上的权力纷争就会再起波澜。于是我在凤阳当地给他安排了一个活儿，委托他在凤阳主修宫殿，接着又将江南十四万户富裕人家迁到凤阳，在家乡再造一座皇城。我这么做的目的只有一个，就是将李善长像钉子一样钉在大明体制的核心之外，让他死了重返权力巅峰的那颗心。

洪武九年（1376），我将女儿临安公主嫁给李善长的长子李琪，并封李琪为驸马都尉。在准备操办喜事时，我通知李善长可以进京主持儿子的婚礼。当年的丞相，如今又成为我这个皇帝的亲家翁，此等荣耀绝非一般臣子能够享有的。人生与阴谋同名，有人去往南方，有人奔向北方。

李善长进京以后，虽然被我委任了一些职务，但想要东山再起亦是枉然。权力带来的荣耀已如生命里的明日黄花。李善长知道，自己已经没有能力再次染指帝国权杖上那颗最耀眼的宝石。

李善长的离去，并没有因此结束淮西集团在朝廷中的势力。在一个动力系统中，初始条件下的微小变化，就会带动这个系统长期、巨大的连锁反应。后人发明了一个词，叫作蝴蝶效应。凤阳某个乡人菜地里的一只蝴蝶扇动翅膀，我坐在宫殿里也能感受到那阵风。

蝶翅并不受力于刀锋，但蝶翅扇动的那阵风，却有可能让硬邦邦的刀锋卷口。李善长虽然远离京城，但一位后辈同乡还是拎着礼物找上门来。来者是宁国知县，名叫胡惟庸，也是安徽定远人。他提着二百两黄金敲开了李善长的家门。这个说话、办事透着七分精明的老乡成了李善长物色的接班人。

命运有不可动摇的法则和设计，虚荣的人类受制于此。没过多长时间，胡惟庸就从地方上调到了京城，荣升太常少卿，平步青云。接着，胡惟庸又将自己哥哥的女儿嫁给了李善长的弟弟李存义的二儿子李佑。这样一来，李胡两家的来往就更加密切了。生活赋予我们的荣耀和灾难不是从天而降，而是狭路相逢的选择。我们必须清醒地认识到，自己需要什么，而不是被动地接受什么，唯有如此，才不至于显得生命过于荒谬。

随着李善长与朝堂渐行渐远，我也开始着手为李善长的离去寻找新的接班人。

虽然李善长离开了帝国的权力中枢，但是他并不甘心就此完全放手。胡惟庸的出现，让他找到了淮西集团新的代言人，也是他的接班人。我越来越不喜欢那些在我眼前晃悠的官员，他们好像长着同一副面孔。我无比厌恶那些像烂柿子一样熟透的面孔。我只想坐在这里放大细节，审视回忆。我想起那些饿死在草莽里的盗贼，即使暴尸荒野，依然在时间里散发着侠义和道德的芬芳。

胡惟庸是凤阳府定远县（今属安徽）人。早年追随我起兵，颇受宠信。历任元帅府奏差、宁国知县、吉安通判等职务。当李善长了解到我非常看好胡惟庸，而胡惟庸刚好又是淮西人时，于是，他向我上书保举，希望能将淮人心腹继续安插于中央权力集团的核心层，可谓一举两得。

胡惟庸之所以为我所赏识，并不全是李善长的功劳。我在用人上从来不肯假手与人，更何况像丞相这样重要的位置。李善长作为淮西集团文官的一把手，经年经营地盘，这个羽翼丰满的权力集团对于急于抓权的我来说如芒在背。胡惟庸原来就是我帐下的一个文书。我正是看中了胡惟庸并无党羽而且又是李善长阵营的力量，才决定将其放在重要位置以制约李善长。

让我万万没有想的是，胡惟庸居然不能体会我的良苦用心，反而加紧和李善长搞好个人关系，这让我不能不有所忌惮。或许是他们认为，权力只为英雄服务，而那些泛滥如草芥的大多数，只能守着一副臭皮囊死于籍籍无名。而他们肯定自己不是无名的大多数，而是有名的极少数。

李善长虽然离开了丞相位置，但是他在朝堂上的影响力并没有丝毫减退，各个部门的头头脑脑大多是他的老部下。他们要想在权力场上有更大的发展，就必须要和李善长搞好关系。胡惟庸本身就是淮人，又一门心思结交李善长，自然成为淮西集团新的代言人。相比之下，汪广洋这个非淮西集团出身的右丞相实在不好开展工作，也难怪他只能“无所建白”了。

胡惟庸和杨宪一样，一门心思要登上帝国的权力巅峰，成为中书省的丞相第一人。

杨宪被除掉以后，胡惟庸权力路上的绊脚石就只剩下汪广洋一个人而已，他又岂能轻易放过这唾手可得的机遇？杨宪死后，李善长老病在家，从流放路上召回的汪广洋就成了中书省的实际负责人。

代言人

洪武四年（1371）正月，李善长告老还乡，汪广洋升为右丞相，胡惟庸继续作为他的属官留任。然而汪广洋的运气实在太差，在此之前辅佐他的杨宪一门心思要将他赶出中书省，而这一次辅佐他的胡惟庸根本就没有拿他当回事。

中书省的好多事情，胡惟庸自己就可以拍板做决定，根本就不用告知他这个名义上的中书左丞和后来的右丞相。经过了上次罢职流放的折腾，汪广洋就抱定一个原则：凡事没有原则就是最大的原则，对中书省的事务概不过问。

汪广洋越是缩头不争，胡惟庸就越要步步紧逼。这帮吃饱了感觉到撑的官僚，或是你死我活的搏斗，或是幸灾乐祸的旁观，甚至大声鼓励一个彷徨者从高处跳下去。他们的身体里始终有一个声音在喊，与人斗其乐无穷。

到了洪武四年（1371），刘基和李善长一前一后告老还乡，一对冤家就这样离开了朝廷。在中书省昏暗的灯光下，就剩下了汪广洋和胡惟庸朝夕相对。此时的我实在忍受不了汪广洋的碌碌无为，让他压制杨宪，他反而被赶出京师；让他主持政务，他又拱手将权力让给了胡惟庸。

洪武六年（1373）正月，我以“无所建白”为由罢免了汪广洋的右丞相，打发他去遥远的广东行省当参政。然后，我让胡惟庸以中书左丞名正言顺地接手了中书省的全部工作。

汪广洋以为真正离开权力中心，就可以落得逍遥自在。但是我并不这么想，没过多久又将他召回京城，做了左御史大夫。让汪广洋这样性情懦弱之人当监察部门的负责人，对于急于揽权的胡惟庸来说是最好不过的事。果然，汪广洋在左御史大夫任上和他以前在中书省的表现并无区别，可以说是一无建树。这丝毫没有影响到胡惟庸的相权。

且说汪广洋被派往广东后没过多久，胡惟庸与李善长的关系又递进了一步。在两人的包办下，胡惟庸的侄女与李善长的侄子结为夫妻。有了这层亲戚关系，胡惟庸俨然已成为李善长在朝堂上的代言人，支使起李善长的旧部也是得心应手。也因为这层姻亲关系，使得胡惟庸和我的关系也更加密切。

这一年七月，胡惟庸被我提拔为中书右丞相，实至名归地主持中书省的政务。自李善长退休以后，左丞相的位置一直空缺。如此一来，右丞相胡惟庸就变成了真正的实权人物。一人之下，万人之上的感觉让人如此迷恋。

死了杨宪，走了汪广洋，胡惟庸已经没有对手。又加上他和李善长结为亲家，在淮人中一呼百应，风头无人可及。随着权势的增大，胡惟庸渐渐忘乎所以，玩得越来越过分，放眼朝堂，胆敢挑战他权威的人是一个也不放过。

5. 淮西派 PK 浙东派——刘基死亡的操作过程

我也没有料到，胡惟庸第一个要对付的人，居然是已经退休在家的刘基。刘基表现得已经足够低调，或许怕遭遇政治灾祸，他一直隐居山中。他每天以喝酒下棋为乐，将自己混同于普通老百姓，绝口不提朝政，也从不炫耀自己的功劳。

有意与体制保持一种距离的刘基，并没有让我真正获得安心。之所以如此，是因为他从来没有离开过。只要我心中不曾放下一个人，他就算低至尘埃也是如庞然大物。想要逃避现实，但现实无处不在，避无可避。

胡惟庸上位后，他获悉刘基曾经在我面前说他的坏话，说他不具备丞相的资格。胡惟庸对此无法做到充耳不闻，他一直在寻找报复刘基的机会。当日，我和刘基君臣私下论相本来是极为隐秘之事，但还是被我有意无意地散布出去。我这么做，就是要搅浑君臣面前的这一汪池水。这个世界从来不会将恩宠加于一人之身。命运总是遵循着平衡的法则，没有人会成为例外。

如果官员之间没有斗争，那将会是一件很可怕的事。只有斗争才能保持各方势力的平衡，只有斗争才能让我这个皇帝坐收渔翁之利。至于在空无一人的日光背面，谁的手里会捏着道德的秘诀，好像并不重要。

乾坤生万象，阴阳自平衡。别说刘基本是淮西集团的死对头，单就在我面前说胡惟庸不够当丞相资格这件事，就足以使胡惟庸与刘基之间心生仇隙。欲望人间，命悬香火，事出有因果，皆为本性所致。

谈洋盐枭

刘基于洪武四年（1371）告老还乡以后，就一直安居于老家浙江青田，过着布衣粗食的农人生活。虽然远离核心地带，但是刘基表现得依然谨小慎微。他知道远在南京的我并没有放松对他的警惕，而我在帝国各个角落布下的眼睛和耳朵也在死死地盯着他。为了与权力阶层撇清关系，也为了证明自己已完全放弃对仕宦生涯的贪恋，回乡后的刘基从来不与当地的官员见面。

我能够理解刘基的选择。每个人都缺乏背后议论强权的勇气，因为胆怯也是人性之恶。坐在宫殿的深处，我都能够想象得到，那个精明且懦弱的读书人，在黑夜来临的时候，根本不敢面对心中的魔鬼和炼狱之火。我从那些检校收集来的情报得知，有一次，青田知县以布衣身份去拜见刘基，二人相谈甚欢。分别之时，这个知县才透露自己的身份，并表达了对刘基的仰慕之情。刘基听后当即下跪，口称小民，从此闭门不见客。

这件事让我既惊且怒，这个刘基到底想要干什么？一个跪天跪地跪我这个皇帝的人，见了一个七品小官居然表现得如此卑微。他以为这样就可以逃过我的眼睛。他越是如此表现，就越让我放心不下。正所谓世有过分之恶，惩罚已无所谓对错。不光是我，朝中如胡惟庸之流也同样没有忘记他。那些力道强弱不均的明枪暗箭，让他避无可避。

我一直忘不了那日与刘基对话，我问他："我朝文章，何人为首？"

他对曰，宋濂为第一。我又问其次，乃曰："则臣不敢多让。"

刘基这种当仁不让的性格，就算不是一个热衷于官场规则的人，也注定做不了一个远离政治的逍遥客。经历了权力场上的波涛汹涌，要回归心如止水显然是不现实的。

浙江和福建交界处有一个叫谈洋的地方，那里长期被盐枭占据。由于当地盐枭不服管制，埋下了诸多的不安定因素。此处离刘基的家乡非常近。刘基就向我奏请在此处设立巡检司进行管制。刘基拟好奏章，派他的大儿子刘琏带到南京，直接越过中书省，送达于我。

这份奏章之所以越过中书省，直接抵达于我，刘基或许有他自己的考虑。如果按照正常程序，胡惟庸肯定会剥夺刘基在我面前的话语权。这样一来，也就意味着我将看不到他的这份奏章。因为中书省有权在我之前拆看官员的奏章，他的奏章肯定不会逃开胡惟庸的审查，也肯定会被截留于中书省。

这个世界本来是有秘密的，但在权力抵达之处，人性覆盖之所，神灵已逐渐收回遍及生活的美与善。胡惟庸知道了刘琏进京面圣这件事。对于刚刚主政中书省的胡惟庸来说，没有比这更糟糕的了。他立刻指使刑部尚书吴云上书弹劾，弹劾的内容是："刘基说过谈洋这个地方有王气，他想等自己死后把墓建在这里。由于当地百姓不肯让地，这才请求朝廷设立巡检司驱逐百姓，好拿到这块好地方。"

一切都是善的，一切也都是恶的。而在诸恶之中，以人为最恶，往往生于原罪，死于相杀。胡惟庸不是一般的毒辣。如果这个说法成立，等待刘基的将是"谋反大罪，诛灭九族"的悲惨下场。所谓"王气"，只能是皇帝才能够具备的气场。做臣子的如果想得到王气，那就必须造反成功。在当时的社会意识形态里，后人对于自家祖坟位置的选择非常讲究，甚至将后世子孙的祸福吉凶都押在了这件事上。

我虽然也敬天祭地，但并不轻易相信人。看到奏章后，我并没有按谋反罪逮捕刘基。当然遇到这样的事情，我也不可能坐视不管，就势剥夺了刘基的朝廷俸禄。我已经很久没有在乎别人的感受了，更不会为爱而欣喜，为想念而流泪，为一个人摇摇欲坠的命运而揪心顿首。

我心里清楚，凭借刘基在帝国权力场上的能量和个人气场还远远达不到称王称帝的地步。我最为忌惮之处，不过是他的才能。舞台都被我拆了，才能还有用吗？在这苍茫大地之上，成千上万的有才能的人在其中奔跑追逐，被权力驱赶到山穷水尽，被才华连累至胡言乱语，被欲望撕扯到支离破碎，等来的不是轰然一响，而是喟然一叹。

江山初定，如果像刘基这样有影响力的人才心生异志，那么对于朱明王朝来说是一件极为要命的事。我剥夺了刘基的俸禄，让他成了一个空有名号却没有待遇的伯爵。我这么做，是做给胡惟庸那帮人看的。我结束了一个恶意满满的时代，又创造了一个让人疑窦丛生的时代。任何一次荣耀加身都可能是满怀疑问，任何一次关怀备至都可能是别有用心，任何一次梦想成真都可能是献给神灵的诅咒。

刘基显然将此事视为一个凶讯。或许他认为我这么做，是已经做好了与他彻底决裂的打算。他终究还是不顾老病之躯一路颠簸着返回京城，准备向我当面陈清事实真相。

刘基已经衰老得让我感觉陌生。曾经那个眼神里透着睿智，身体里藏着锐气的刘基已经不复存在。站在我面前的刘基，已经与那些谨小慎微的乡下老者没有多大的区别。或许他心里早已清楚，自己此生已经无法逃脱我的掌控。于是，他放弃了指导自己一生的处世准则，绝口不谈政事，闭门谢客，力求远离是非。是非不是能躲开的，有很多如影随形。

刘基进京之后很快就病倒了，而且是一病多年。胡惟庸并没有忘记他，更不会就此放过他。胡惟庸派大夫到刘基那里去看病，并开出一剂药，结果“有物积腹中如拳石”，反而导致刘基的病情加重。其实又有谁能够掌控自己的命运。刘基作为操控政治和军事的人，更应该懂得权力的残酷无情。

神秘死亡

洪武八年（1375）三月，我派人护送刘基返乡养病。临行之前，我将一封绝交密文交给了他。我这么做，是让那些官员看到，像刘基这样的重臣，即使只是风闻他有不臣之心，我也会毫不留情地给予打击，义无反顾地将其抛弃。

刘基刚返回故里，病情就迅速恶化。一个月后，他就走到了油尽灯枯的地步。有传言，御医奉了胡惟庸之命在药中下了毒。一个月后，慢性中毒的刘基撒手人寰，凄凉地死于故乡浙江青田，是年六十五岁。任何死亡都包含着某种神秘的原因，毒药是因为有人在药里灌入了恶灵的诅咒。

我后来与刘基的儿子在谈到这件事的时候，便毫不怀疑地将其父死亡的责任全部推到胡惟庸的身上。当然这是刘基死了十几年以后的事。那时候的帝国权力层已经发生了颠覆性的变化：胡惟庸被杀，我正在想尽一切办法将其党羽扩大化，借此清除异己。我不相信他们。他们站在宫殿的阴影里仰视我。从我的角度望去，他们危险、忧惧、神秘莫测，而我则像是活在一场阴谋里。我不知道阴谋从何而来，只能怀疑一切，斩断一切。

我对刘基的次子说："你父亲活着的时候，满朝都是党，只是他一个人不结党，结果遭到了胡惟庸的毒害，吃了他（们）的蛊。"

我还说："你休道你父亲吃了他们的蛊，其实你父亲心里是有分晓的，他们便忌恨于他。若是那无分晓的，他们也不会忌恨他。到如今，我朝廷是有分晓的，终不会亏待了你父亲的好名声。"

我对其他大臣说："刘基活着的时候，胡家结党，只是我无法扳倒他们。后来胡家加害刘基。一日刘基来对我说：'上位，臣如今肚内一块硬结，怛谅看不好。'我着人送他回去，死在了老家。后来宣他儿子来问，他儿子说（肚子）胀起来紧紧的，后来泻得瘪瘪的，人却死了，这正是着了蛊的迹象。"

我在这里虽然一口咬定刘基的死是胡惟庸做的，但是真相究竟如何，或许只有我和胡惟庸心里最清楚。其实我、胡惟庸在这里玩了一出无间道式的权力博弈。我很好地利用了集团的内部斗争，将刘基之死与胡惟庸谋反案捆绑在一起。有一种怀疑虽然半遮半掩，但他们就像时间深处的一团火，纸是包不住的。

政治清算

死者与生者对立，死者由于被剥夺了在场的权力，而变得形迹可疑。他们只能通过巫祝者和梦，参与人世未了的苦厄与艳遇。以胡惟庸的胆量，如果没有我的表态，他是绝对不敢自作主张毒死刘基的。其实我也不用给他什么明示，只需在说话的时候不断地抛出一些问句，做出几个冷漠与怀疑的动作就可以了。以胡惟庸的精明又怎能不领会我的意思。

胡、刘二人势力过分悬殊，一个是把持威权的丞相，一个是被皇权抛弃的过气老臣。君臣之间相互利用，终究还是我更胜一筹，成为最后的胜利者。我坐在朝堂上，看着活在阴影里的他们，像是突然明白了那些所谓秘密。

当然我不会笨到因毒杀刘基而背负千古骂名。我所做的只是对他少些封赏，削职夺权，剥夺俸禄，日常监视，精神折磨，这已经足够了。刘基垂垂老矣，风烛残年，即将不久于人世。他的死亡只是一个时间问题。我还没有愚蠢到，冒天下之大不韪对这样一个人痛下杀手。

刘基至死还在充当我的政治工具，致使胡惟庸多了一项残害忠良的罪证。

那个遭到灭口的御医，他端给刘基的那碗药，没有任何问题。出问题的是我，是我这服精神摧残的药方让刘基过早地崩溃。在外人看来，刘基也算寿终正寝，好歹保住了刘氏家族没有遭到清洗。我的秘密太多，它们像水一样溢出我的身体。我不敢说梦话，总觉得暗夜里有多少双耳朵在竖着，多少双眼睛在盯着，多少颗心在算计着。

比起前朝后世那些不得善终的文臣武将，刘基是幸运的。在元朝，他的仕途一挫再挫，或是厮混于小官小吏，或是过着辞官隐居的单调日子。那时候他不会想到他日会成为一个王朝的开国重臣。他的幸运在于遇上了我，一个赏识他的主子。我给了他施展抱负的平台，他也得以辅佐我改天换地，实现青史留名的人生理想。

刘基也是不幸的。他的才情太过超群绝伦，连我这个做皇帝的都为之妒忌。他的存在让我深感不安。在家天下的统治意识下，唯我独尊的皇权容不得一丝一毫的动摇。我只有不断地对他实施打压，将其从神坛上拉下来。我的一双巨手不仅遮住了天下，也同样能够遮住看透天下气数的刘基。可惜的是刘基到最后也没有看透自己的气数。

刘基的下场是我政治清算的风向标。有些人得到了警示，如朱升、陶安、汤和等早就选择了功成身退。而那些看不透这场权力博弈的大臣会继续在刀尖上行走，走得步步惊心。

权力弈局

厄运像是顺势而为，幸运的好事则成了陷阱。每个人都在等待，等待厄运和好事的降临。等到多年以后，我以雷霆手段扫荡了帝国官场，说过一句意味深长的话："满朝皆党，只有刘基不从。"这等于是在为后来胡惟庸案的扩大化制造舆论，就算刘基真是一个能掐会算的半仙，也算不出来，他在死了以后，还会成为我手里一颗有用的棋子。

有人认为，刘基是一个神仙，他不会死于我等俗人之手。他早在临死之际布下了一场权力弈局，而布下这场局的目的就是为了瓦解李善长、胡惟庸的淮西集团。如果这一说法成立的话，那么刘基之死，就有了一种命运在他手中的恐怖色彩。这样想的时候，我便会觉得在我的身边，有一双拨弄命运的无形之手，这多么可怕。死亡是什么？是活着的人离开了身体，而离开身体的人，会突然改变自己过去的想法。

无论怎样，刘基与李党之争，是以个人之力同一个权势在握的庞大集团相对抗。刘基的做法无异于以卵击石，这也注定了他在这场斗争中的失败。不管他是提着命运的灯笼在黑夜奔走，还是与荒凉的死亡把酒言欢，他已经怀揣着历史的秘密消失在人间。

在刘基与淮西集团博弈的过程中，我将这一切尽收眼底。胡惟庸上蹿下跳的表演在我看来和一个官场上的跳梁小丑没什么两样。无所掣肘的相权是可怕的。此时的我，心里已经渐渐有了改组中书省、废除丞相制度的想法，如此大的动作非得拎出来几个以血祭旗不可。所以生者面对死者，除了栽赃就是沉默。

胡惟庸这个人身上毛病太多，是一个贪婪之人。尤其是做了中书右丞相后，收受贿赂、任意处分官员、截留奏章，但是仅靠这些鸡零狗碎的罪名要将一个丞相定罪，还是远远不够的。贪欢纵欲，挥霍性情，破坏秩序、道德和纲常，成了权力者的标配，也算不得要命的罪过。

洪武九年（1376），胡惟庸在右丞相的位置上已经待了三年。在这三年里，我任其为所欲为，就像娇宠一个放肆的小孩。这一年，我又撤销了中书省编制中的平章政事和参知政事这两个职位（平章政事就是副丞相）。同时，在地方上废除了元朝实行的行中书省制度，改由承宣布政使司担任地方行政长官，直接向中书省负责。

在中书省的编制中，左、右丞相是级别最高的。如今废除了平章政事和参知政事，中书省就只剩下了左、右丞相和左、右丞，其下虽然增设了几个和地方布政使司相联系的位置，但不过是辅助丞相而已。

我推行机构改革，最大的受益人莫过于胡惟庸。他在中书省，甚至在帝国的整个官僚集团，都获得了一人之下、万人之上的权力。他一定在黑夜里沾沾自喜，在先人的灵位前念念有词。

四、夺回相权——我的 A 面与 B 面

削夺中书省丞相职权的时机已经到来，该到动手的时候了。促使我手起刀落的，还有一个重要原因，那就是形势逼人紧。新朝建制，那些手握重权的开国功臣也开始尝试着将自己的权力触角伸向不该去的地方，这是最让我无法忍受的。

我将目标直接指向相权。我要借此机会将那些分散在丞相手中的各项权力夺回，对帝国的权力系统进行重新布局。这时候，废除中书省已经箭在弦上。他们的快乐已经越出了边界。他们适应了权力带来的愉悦，但他们没有适应我的王朝、我的律令和秩序，这是我无法容忍的。

夺回相权，就意味着要动一动那些功高盖主的开国功勋，这是一件让我很头痛的事，也是每一个开国君主都会遇到的最大难题。那些在帝国的第一轮权力分配中捞到实惠的大臣，想要让他们吐出已经吃到嘴里的食物，并不是一件容易的事。

擅自废除行使了千年的政权制度和官僚制度，不符合儒家提倡的伦理道德要求。如果我要想坐稳大明江山，就不能跳出伦理政治的游戏规则而随心所欲。但对于我来说，不容易的事并不代表做不到。

我在内心做出了一个假设，如果这些大臣犯了国法难容的重罪，那么我这个皇帝不就可以对当下的权力配置做出调整吗？要如何知晓阴影里的秘密？或许那就是他们存在的意义。

1.A 面：裁撤丞相——皇权与相权的血色博弈

洪武十年（1377）六月，我出席了一次廷臣们召开的御前会议。在这次会议上，我当着胡惟庸为首的帝国领导班子成员的面说了这样一段话：

历史上，那些政治清明的王朝有一个共同特征。那就是上下相通，耳目相连。凡是昏暗的朝廷，都是上下隔绝，聪明内蔽。国家能否大治，其实和这一点有很大的关系。我经常担心下情不能上达，因此不能知道政治得失，所以要广开言路，以求直言。

这样的政治腔调在新任中书左丞相胡惟庸的耳朵听来，不过是我在为自己捞取一个开国皇帝应有的政治形象分而已。为了应对这种局面，我专门设立了一个官署来处理所有的行政要件，这就是通政司。

一场要命的大手术

黑夜的屋顶上，亡灵的呼号穿云裂帛，只有活着的人浑然不知。我第一次命令御史们开始巡行全国各地，这样做的目的是为了促进下情上传。通政使司的横空出世向世人传递出这样一个信号：我朱元璋准备为大明的权力系统动一场大手术，一场要命的大手术。

我不想做一个庸医，用望闻问切的手段唬人。通政使司每天将朝臣们的奏章进行收纳整理，然后呈报于我，让“实封直达御前”，然后再转交相关职能部门来分别予以处理。我要减少对官员的依赖，我决定用我代表我，而不是他们代表我。

我没有治国经验，很多制度都是参考元制而来。对我来说，一切都是摸着石头过河。大臣们所呈报的奏章要先经过中书省，其中三分之二的奏章由中书省直接处理，然后按照丞相批注的意见分别发往吏、户、礼、兵、刑、工六部以及大都督府和御史台等各相关职能部门。如果奏章涉及军政大事，丞相当不了家，那么就要转呈我这个皇帝来做最后的拍板。

帝国官员的所有奏章都不能插上翅膀飞过中书省这一级，直接摆在我的案头。在丞相们看来，帝国官员的奏章是需要分级别类并且区别对待的。哪些内容能够让我过目，哪些内容不需要让我看见，这并不取决于我本人的好恶，而是由中书省来决定，也就是由丞相来决定。

对于丞相来说，这是他最乐于享受的一项政治福利。可对于我这个皇帝来说，这也是我在权力运行中最不能容忍的事。这等于架空我的皇权。在他们的门庭之外，每一个黎明和夜晚都聚集大批的人群。好人摇晃不定，坏人用钱铺路，那些黯淡的冤魂无人理会。我无法想象，他们背对着我，隐藏了多少秘密和恶念。

伸手必剁

我设立通政使司，是为了破解这一切秘密，铲除恶念。我要尽可能斩断他们伸得太长的手和毁掉他们的阴谋。我要他们对我既信赖又恐惧。胡惟庸的内心怕是早就山雨欲来风满楼。他或许已经意识到，在往后的日子里，他所迈出的每一步都会异常艰难，并且每时每刻都处于我的监控之下。

通政使司就是一个夺权的部门，夺的不是别人的权力，而是丞相的权力。制度虽然发生了变化，但是多年来形成的权力程序还在旧有的轨道上运行。帝国的权力系统中虽然出现了一个通政使司，但是丞相制度并没有马上消失。通政使司收上来的奏章还是要送达中书省，由丞相胡惟庸做最后的决断。

我要想知道朝臣们的奏章都写了些什么内容，最终还得依靠检校们收集的情报。检校在无形之中就成了我安插于中书省的内线，除了监视中书省那些权力大鳄，就是替我这个当皇帝的掌握朝臣们的奏章内容，免得我当个冤大头。

通政使司在最初成立时并没有在权力系统内担当更多的职责，不过是充当了一个权力偏房的角色，作为中书省的秘书处仍然存在于帝国的权力体系中。

我当然不能容忍这种状况长期存在。我在洪武十一年（1378）的一次廷务会议上，曾经当着六部官员的面说："皇帝深居宫中，能够知晓万里之外的事，这主要是因为兼听广览，了解民情。胡元之世，政令都出自中书省，大小事务都要先关报中书，然后才奏闻给皇帝，元朝又多昏君，才导致民情不通，以至于天下大乱。我要引以为鉴。"

我要随时掌握天下实情，随时掌握帝国官员的思想动态，就要撇开中书省。既然自己已经找到了治国安邦的密码，那么就不会再有丝毫动摇。我下诏，诸司今后奏事不要再报经中书省，直接向我这个皇帝奏报就可以了。我无法做到无条件的信任，也无法做到无条件的怀疑。我每天在这里忙碌，旋转得像一个陀螺，却始终无法解除内心的困惑和迷津。我经常会做一个梦，在梦里，我在干涸的河滩找到迷途的羊群和唉声叹气的母亲。母亲总是一个人。她在土地上劳作，周而复始的动作耗损着她的脊背。

想到父母，我的心就不由得收紧，就不由得为想念而流泪，为前半生颠沛流离的命运而怅然。

我这种集权的做法，让一个人坐不住了，此人便是胡惟庸。我这么做对手中握着相权的胡惟庸来说，无疑是一次致命的打击。因为这样做从根本上动摇了丞相专权的根基。在此之前，胡惟庸利用手中的相权排除异己，打击政敌，靠的就是旧制中“奏事不许隔越中书”这一条款。

制度是王朝土壤里开出的花，而这朵花到底能开成什么模样取决于个人的命运和天性。

我怕自由。自由在理论上是永恒的，但在实践中则显得过分缥缈。制度是自由的对立面，如同笼中鸟与苍鹰的对话。制度赋予了丞相极大的权力。他可以任意扣压奏章，欺下瞒上。而那些六部长官就是想在我面前告丞相的御状也不无法做到，因为他们无权与我这个皇帝直接取得联系。如今颁布实施的新政打破了这一局面。六部官员可以绕过中书省，直接与我接上头。这样一来，胡惟庸的危机感顿生，他的丞相权力正在被我一步一步地架空。

皇帝的焦虑

开国之初，我还没有腾出手来梳理外廷势力，只是照搬元朝那一套，设立中书省，辅佐皇帝处理政务。我对权力的天空充满了向往，却对夜晚和星辰恐惧。自由会将一个人的影子带上天空，而恐惧会将他的敬畏之心洗劫一空。

中书省的权力结构设置是左、右丞相（后改名丞相），秩正一品；左、右丞，秩正二品；参知政事从二品，其属官有左、右司郎中，员外郎等官员。我不懂体制内的弯弯绕。在我看来，他们只是分工略有差异而已。

中书省的权力极大，大到可以总领百官，事务涉及方方面面，就连帝国的一切命令及奏章也需要中书省呈转颁发，不然就视为违法和无效。除了人事任免权、决策权、行政权、监察权、财政权等大小不等的权力，中书省还同时掌管军权、军务。也就是说，靠着中书省一个权力机构的运转，我这个皇帝就可以不用上朝了。对我来说，一颗苦恼的心在尘世颠倒，像鸟的灵魂，飞翔是必然和本性；而跌落尘埃，是不堪重负后的自然反应。

我坐在这里，不像是一个皇帝，倒像是一个震慑人的牌位。丞相的权力也极大，真正的一人之下万人之上。就连后来盛极一时的六部长官也是中书省的属吏。从洪武元年（1368）起，中书右丞相徐达就一直是军中的最高指挥官，直到十七年以后他死于北京城。

从秦朝创立丞相制度起，丞相的权力时大时小。丞相制度天生就有个缺点：那就是皇帝和丞相的权力分配难以平衡。别小看这个问题，因为皇帝是至高无上的独裁统治，官家集团只有一个老板，那就是皇帝，所有的人（包括丞相）都是为他打工的。我做了皇帝，就不能用朱重八的脑子思考，也不能用刘基、李善长的脑子思考。

历史上曾经有过两次皇权与相权的博弈。第一次是汉武帝时，汉武帝刘彻一改过去“非有功不封侯”“非封侯不拜相”的权力递增法则，让仅有儒生资格的公孙弘为相。如此一来，丞相对皇帝不仅再无居功之傲，反而对皇帝知恩图报。第二次是隋唐之时，丞相之职被分为尚书省、中书省与门下省三个部分，它们各司其职，又互相制约。

丞相的特殊性质就在于，他是一人之下，万人之上。如果处理得不好，皇帝太强势了，丞相就会经常换人，甚至会换一个杀一个。若是皇帝太软弱，皇权便会被相权架空。一旦形成这种局面，皇帝所能做的只是根据丞相的建议发一发圣旨罢了，其他就不用操心了。时人可以不知道皇帝是谁，但一定知道丞相是谁。这是非常可怕的事情。

在权力的哀歌与颂歌之间，我的选择由不得别人做主。我出身草根阶层，虽然当了皇帝，但还是能够清醒地认识到自身存在的不足。在学习前朝明君圣主的同时，也以一个草根的立场来观察自己的帝国和臣子。我会不由自主地想起前朝那些实权派大臣，他们在掌权时说一不二，风头甚至盖过了皇位上坐着的那个人。丞相因为权力过大就有可能干预皇帝的意愿，甚至威胁到皇权。比如那个挟天子以令诸侯的曹操。

在权力面前，人永远是有缺陷的，是病态的。这是我内心深处最大的忧虑，而这种忧虑也必将促使我做出改变。我需要时间来为我证明，我所做的一切是值得的，是不二的选择。

谁知我忧

有人会问，既然我后来废除丞相，为什么当初还要设置丞相？其实我当初这么做也是有苦衷的，建立一套制度并不是那么容易的事，不光需要大量的时间，更需要实践的检验。既然不是一朝一夕的事，那就只有拿旧体制先应付着。

设立中书省，授大臣以重权，是我为新王朝量身定制的。我们都是从刀光剑影中一路拼杀过来，共患难，同富贵。作为建国皇帝，这种姿态是一定要有的。在帝国的创业阶段，那些文武大臣都曾经立下赫赫功勋。我所要做的，就是根据他们每个人的功勋、才具和特点，量体裁衣，授以高官显职以平衡权力集团之间的利益。

从胡惟庸位极人臣之日起，我张开的这张权力大网已经到了逐步收紧的时刻。在巩固政权时，我更多地表现出人性冷酷的一面，制造了大量的冤假错案，也杀了一些该杀和不该杀的人。有人私下议论，指责我对人的自尊、生命的蔑视。他们匍匐于我的脚下，却没有一个人真正地懂我。我得感谢命运，它给我带来灾难的同时，也给我注入了抗体。

我不认同这种观点。他们不是我，又怎知我内心深藏的忧惧不安。正是这种不安，让我在很多时候表现出一种喜怒无常的状态，变得怀疑一切。在我看来，体制内的“忠臣良民”太少。每个人的眼睛里都写着欲望二字。他们在寻找一切机会蚕食我所开创的基业。正因为如此，我才要从肉体上将他们消灭。

杀人对我来说是一件很随意的事，兴之所至，就要杀人。人在经历了太多的苦难后，精神感知会变得麻木迟钝，对他人所遭受的苦难会缺少常人应有的感觉，甚至不觉得这是一种痛苦。

谁是谁的假想敌

洪武九年（1377）八月，朝臣们发动了对胡惟庸的第一次攻击。这时候，胡惟庸已将那些在官场上的利益盟友提拔到了高级职位上，并且以各种理由和借口将他认为的反对者赶出了帝国的要害部门。

时间成全我，也会成全胡惟庸。而时间不属于任何一个人。一个人的历史不符合物质不灭定律，也不符合物质运动规律。我希望，几百年后，人们在分析我和我的王朝时，会关注更多人的命运和天性，包括我和胡惟庸。因为个人的运道会透露这个时代混乱而疯狂的本质。

胡惟庸大肆排除异己的做法不只是令官员们感到恐慌，更多的是愤怒。御史韩宜可就在朝堂之上当着我和满朝文武的面攻击胡惟庸及他的两个盟友。他告发胡惟庸等人悖逆于我，僭越皇权，要求我把这帮人全部收监或者斩首。

我心里记下了韩宜可的这句话，但是我并没有按照他所说的去做。在权力面前，我们有多少从不外露的贪心还残留于理性之内？又有多少微小的尊严还坚守于道德边缘？好像说到权力，一切都变得可以谅解，这是荒谬的。

我命人将韩宜可交付有司并将其下狱。这是我在动手之前安定胡惟庸集团的缓兵之策。我在没有十足把握的时候，并不愿意打草惊蛇。若是他敢于承受冒险之责，我会怀疑这绝非是他一个人的恶。人活着靠什么行走于世？是神秘的德行，还是生活的信念？

这次事件虽然没有撼动胡惟庸，却引起了我与诸臣的警醒。我已经觉察到胡惟庸在权力运行中的失控状态。尤其是当我听说他有夺权的野心和阴谋后，我的内心喷出了愤怒的火焰。这不是我对自己的刻意粉饰。

洪武十一年（1378），我当着六部官员的面训话后，原来中书省辖下的六部获得了越过中书省直接向我汇报工作的权力。这给朝政带来了不小的混乱。而这种混乱让我无比欣悦，像是一道闪电掠过沉寂已久的天空。

一个体制里，一对一的单线管理是最简单的，放到大明朝就成了皇帝——中书省——六部。按制度来说，六部还是属于中书省的管辖范围，六部的尚书们应该对胡惟庸负责。按照我的想法，六部可以直接向我呈报。这样在六部尚书的管理和使用上，就形成了一种双线模式。在君臣齐心、意见统一的时候还能够保持政务畅通。如果皇权与相权发生冲突，事情就会变得比较麻烦。

尚书任何事情都不能瞒着我，毕竟我这个皇帝才是真正的帝国一把手。但是他又不能不上报中书省，我批阅过的条子是绕不过中书省这一关的，最后还得交由中书省来发布。如此一来，帝国的权力运行就变成了多头管理，这可苦了那些整日奔波于皇帝和丞相之间的六部官员。如此繁复的权力程序让他们疲于奔命，往往会造成一些常识性错误。

我也看到了权力运行过程中存在的诸多弊端，早就有心在帝国官场掀起一场革命，但一直苦于找不到突破口。我无意替历史诉说一个帝王的功德，我只是在替自己看护一个庞大的庄园。帝王的命运太过虚妄，它就像是一个光荣的象征，尽可能地不与神性混为一谈。

使者流落街头

我的这场革命终于在洪武十二年（1379）正式启动。这一年的九月，位于我大明西南边陲的占城国来使进贡。按照帝国的外交程序，中书省应该在获悉占城国来使的第一时间上报于我。但实际情况却是，我这个皇帝并非按照正常程序从中书省或是礼部那里得到消息。

消息的来源是出宫办事的宦官带回来的。由于无人接待，占城国使者连宫门都没有摸到。由于语言不通，这些外邦使者只好流落街头。这件事让我勃然大怒。我堂堂大明居然如此对待番邦小国的外交使者，如果传将出去将有辱我大国名声。

我当即传唤胡惟庸和汪广洋，责问他们占城国来使事关国体，竟敢隐瞒不报。胡惟庸和汪广洋在这件事上的表现大相径庭，一个急于推卸，一个茫然无措。

早在洪武九年（1376），汪广洋就发动了对李善长的弹劾。这是他人生的第一次，也是唯一一次。由此可见他最初还是想要有所作为的，不然他不会公然挑衅李善长的权威，虽然以失败而告终，但勇气可嘉。

弹劾虽然没有取得预期的效果，但是他在面对李善长时所表现出来的那种大无畏精神，还是博得了我的赏识。可令人遗憾的是汪广洋并不是一个越挫越勇的人。弹劾李善长失败对他的打击是致命的。虽然事后我将其重新放入中书省，但他的心性已经发生了蜕变。

在这个世界上，多是逆境造就了人，困境磨炼了人。汪广洋已无意再去困境里磨炼，也无意再参与到权力斗争的游戏中。多年的宦海沉浮使得最初的政治理想已经离他渐行渐远。身处于官场厉风中的他，只剩下了一把骨头，但他的魂魄已摇晃得散了架。

或许他从进入中书省的那一刻起，就怀有一种强烈的预感，那就是我这个皇帝的影响力无处不在，包括对他的使用。我曾自作聪明地以为，他当初能够站出来挑战李善长，或许也会站出来挑战胡惟庸。我所看中的，是他身上所具备的“勇气”。

汪广洋的存在于我而言就是一枚棋子。我的目的就是希望能够通过他来盘活中书省这盘棋，借以削夺相权。这个发现让汪广洋感到莫名的惶恐与失落。他开始变得躁动不安，很多时候只能靠酒的麻醉才能够让自己安定下来。这就像一个人在黑夜里行走，以为自己的行走是属于身体的，却突然发现，一双隐藏在身体外的无形之手，提着自己在黑夜里奔走。这是多么可怕的发现，这个发现让汪广洋感受到了人生的荒凉和颓败。

汪广洋对于中书省的二把手这份工作彻底失去了耐心和勇气，任由胡惟庸为所欲为。对于占城国来使这样重大的外交事件，汪广洋根本就没有反应过来。在我问起时，他不知道如何作答，只是跪在那里支支吾吾，磕头如捣蒜。胡惟庸辩解说，这种事情一向都是由礼部负责，都是礼部惹的祸，与中书省没有任何关系。

面对胡惟庸的狡辩，我找来礼部官员和两位丞相当面对质。礼部官员面对帝国两大丞相毫无惧色，说这件事已经给中书省打过报告。没有上奏于我，完全是中书省的责任。

中书省与礼部当着我的面踢皮球，这让我非常恼火。手下这帮官员敢拿我这个皇帝不当回事，当面推诿扯皮，毫无担当。我下令将礼部负责接待外使的相关人员全部下狱，同时让检校暗中调查谁才是这件事的责任人。我坐在偌大的宫殿里，感觉如身处囚笼般的困顿。这么多年来，我习惯了眼前铺陈的是一片辽阔的战场，或是一片田野。一旦置身于宫殿楼阁，我就会觉得眼前的一切缩小如一片蛛网，我只能在其中疲于奔忙。

追究责任

这是一场一明一暗的牌局。在明面上，两位丞相和礼部官员只是被暴怒之下的我骂了一通，毫发未伤；而在历史的暗面上，我已经在酝酿一场帝国的暴风雨。

那段时间，在南京城中书省那昏暗的烛光下，胡惟庸和汪广洋怀揣着各自的心思坐立不安。这种不安是前所未有的。他们从我前日暴怒的表情里已经感觉到，或许这一次不同往日，他们从我不耐烦的表情里读出了杀气。

调查结果很快就出来了，汪广洋成了占城使者事件的第一责任人。也就是在这期间，中丞涂节向我上奏，刘基病后，胡惟庸曾安排医生为其诊治。刘基服药后，肚中长硬块，结果不治而亡。刘基显然是为胡惟庸整蛊致死，而汪广洋作为胡惟庸的同僚应该知情。

涂节这句话来得正是时候，我正准备将胡惟庸和汪广洋拿下马。于是，我宣汪广洋当面对质，汪广洋当然不会承认。他说，我虽然与胡惟庸是同僚，但是我根本不知道他要害谁，更不会做欺君瞒上之事。

其实我心里也是暗暗为他叫屈，可我这时候又不能有妇人之仁。在我的老家有个说法，在死者附近，生者不能轻易地表达自己对于死亡的感受，以免置自己于被勾魂摄魄的境地。胡惟庸投毒害死刘基本来就是一件“莫须有”的事。既然我要给汪广洋定下一条欺君之罪，那么只有在这方面打开缺口。这时，我又想起两件事来：一是汪广洋任江西参政时包庇作奸犯科的朱文正；二是与杨宪同任左、右丞相时，对杨宪的罪行知情不报。

三罪合一，我下令将汪广洋正式拘捕，罪名是“不能效忠为国，坐视兴废”。也就是说他不能为我这个皇帝分忧，不能为我大明效忠，凡事不作为，抱住葫芦不开瓢。本来我将其安排在中书省，也是作为掣肘胡惟庸的一颗棋子。结果汪广洋却当起了装聋作哑的甩手掌柜，将好端端的一步活棋走成了死棋。既然是死棋，作为棋子的他也将自己逼向了死路。

我再度将汪广洋贬往广南地区，并囚禁了其他附有连带责任的官员，包括胡惟庸在内。对于汪广洋，我最不能容忍的地方就在于他辜负了我对他的期望。当船行至安徽黄山地区太平县时，我又追加了一道圣旨。这道诏书追究了汪广洋在江西包庇朱文正、在中书省袒护杨宪等罪责，将其赐毒而死。

估计到生命的最后一刻，汪广洋都没有搞清楚，是什么原因让我对他痛下杀手。能够在太平县这个不太平的地方走完自己的生命旅程，这对于汪广洋来说，有着更为特殊的意义。或许冥冥中早已注定——要知道，太平这个地方也是汪广洋仕途的起点。

元至正十五年（1355），汪广洋还是元朝的一名进士，并没有被授予实职，只是客居太平县。他每日过着诗酒风月的恬淡生活，静静地等待着人生机遇的突然降临。而就在这一年，我的军队渡过长江防线，攻下采石矶，进驻太平。求贤若渴的我，闻汪广洋才名，便于帅帐之中召见了他。我和他相谈甚欢，从此汪广洋走上了权力的不归之路。终点又回到了起点，谨小慎微的汪广洋做梦也不会想到自己会成为我消除相权的祭旗人。

人固有一死，但死于何时何处何事是人所不自知的，尤其那些混迹于官场之人。

就在汪广洋被赐死之后，又横生枝节，起因是汪广洋的侍妾陈氏从死之事掀起的波澜。当时，政府官员死后，未生育子女的妻妾从死，是贞洁行为。皇帝应该为这样的贞洁女子追加封号。当陈氏从死的消息传至南京，我准备追封她时，却得知陈氏是受处分官员的女儿，其本来应该没入官籍。

这让我大为震怒。我当面质问礼部官员："没官的妇女只能赏给功臣，文官怎能享受这样的待遇？其中必有蹊跷。"我最不能容忍的就是，那些朝廷官员在背地里瞒着我做一些不法之事。我之所以设立特务机构，目的就是要让自己的眼睛和耳朵无处不在。那些官员胆敢有一件事瞒着自己，将来就有可能会出现十件百件，直到无法控制。

我要求司法部门和检校尽快将这件事一查到底，绝不能姑息养奸。那些明眼的官员这时候已经看出来，我是在借题发挥，要把这篇文章做大。至于大到什么程度，没人清楚，恐怕只有我心自知。见识过死亡，经历过死亡，为了消解对于死亡的恐惧，我常常请来和尚、道士或驱邪者，请来神鬼莫测的妖人。只有看着他们向空中化符喷水，在宫殿的阴暗处念念有词，我才会感到心安。

告发胡惟庸

我要让汪广洋身边的袖手旁观客受到惩戒。此时，我需要一个说服人心的理由。也就在这时，涂节跳了出来。

涂节是御史中丞，负有监察百官的责任。由他出面告发胡惟庸，再合适不过。另外还有很重要的一点，涂节还是胡惟庸的死党，而且在胡惟庸的权力集团中占据重要位置。胡惟庸一直视他为亲信。官场之上，没有永远的朋友，只有永远的利益。由这样一个人来攻击胡惟庸，是再好不过的事。

洪武十三年（1380）正月初二，整个帝国还沉浸于浓浓的新年气氛中，而南京城的上空却笼罩着一层阴霾。御史中丞涂节突然向我告发胡惟庸涉嫌毒杀刘基，并意图谋反。虽然毒杀刘基并无实据，真相还不确定，可对于我来说，眼下需要的不是反复求索的真相，而是一个杀人的理由。涂节是一个很会揣摩别人心思的聪明人，他从我一次又一次的无名邪火中读出了一些很实在的内容，那就是胡惟庸已经失宠。

我需要一个理由，而他需要一个机会，于是胡惟庸就成为这场交易的筹码。

我在接到涂节的报告后，批转司法部门连夜突审。审查结果很快出来了：胡惟庸谋反案坐实，不可不杀。与此同时，我又做出一个惊人的决定。御使中丞涂节和御史大夫陈宁作为胡党嫡系也难辞其咎。因为有官员向我禀告，涂节本来也参与了谋反，见事情没有办法成功，才回来检举胡惟庸。这种出卖主子的人不得不杀。权力的旷野上摆满了来不及整理的灵柩，空气里飘荡着迷茫的亡魂。没有人会选择忏悔，忏悔是命运的一道破绽，只会留下祸根。

这样的结局颇具戏剧效果，二人若在刑场相遇，不知会做何感慨。

连锁反应

新年伊始，帝国的权力中枢一下子就被剔除了三个文官大臣。一个丞相、一个御史大夫和一个御史中丞。尤其是胡惟庸的突然倒台，使得朝堂内外为之震动。在发布的文告里，我给胡惟庸定下的罪名是“擅权枉法”。

这是一个含糊不清的罪名，就好像一个大大的箩筐，任何逾越法律的行为都可以往里装。从打压同僚到私扣奏章，从收受贿赂到专权独断，就连沉湎于声色犬马之类的流氓罪名都包含在内。

胡惟庸被杀之后，帝国的皇权运行模式突然转换为一架令人恐怖的绞肉机。由胡惟庸案引发的连锁反应就像帝国的天空刮过了一场龙卷风。这一切又让我想起自己曾说过的那句话：“刘基在这里时，满朝都是党，只是他一个不从。”

这句话为胡惟庸案定下了一个基调。那就是胡惟庸不是一个人在战斗，而是以他为首的一个集团在兴风作浪。相比在朝廷中人脉广泛的胡惟庸，我反倒成了独坐于深宫禁院中的孤家寡人。像胡惟庸这样的权相，他的交往范围从朝廷文官蔓延至开国功勋和军队将领。当他被定性为“谋反罪”后，那些与他有来往的人就应该是同案犯。我的怀疑精神让我苦恼不已。当我心如盗贼，眼里看见的也全是盗贼。于是，我所做的任何决定，在分析家们看来，也充满了盗贼式的疑问。

“谋反”不是小事情，牵涉面之广，参与人员之多，付出成本之高，都是其他行业无法比较的。我将胡惟庸谋反案坐实，是为了将更多的官员牵扯进来。就连领到“免死金牌”的李善长也没有从这张大网中挣脱，直到搭上性命才算了结。我喜欢坐在朝堂上，以君临天下的姿态俯视那些自以为是的朝臣。我和他们的对峙，总是显得躲躲闪闪，不够真诚。他们怕我昨夜做了黑暗的梦，醒来又要点燃死亡的火焰。

我接连颁下了两道圣旨：一是废除中书省；二是废除大都督府。两道圣旨将帝国的权力运行做了一个重新布局，使得那些极度震骇的官员如梦方醒。原来他们的皇帝早就酝酿好了这一切，两道诏令绝非朝夕之间能够完成的。我总担心有人在我的诏令里做手脚，篡改了我的意思。我从不假手于人，我宁愿用粗粝不堪的乡间俚语来表明我的观点，做出我的决断，也不希望他们用圆融的文字在那里不知所云。

中书省作为帝国的最高行政机关从此退出历史舞台，新的权力机制应运而生。

自汉代以来丞相一直是官僚机构中的最高职位，是秉承君主旨意综理全国政务的人，一人之下万人之上。这时候我将整个中书省的官员编制几乎全部废除，只保留了纯粹记录官性质的中书舍人一个职位。原本属于中书省的权力也全部收归我一人所有。吏、户、礼、兵、刑、工六部尚书的地位上升，他们直接对我负责。王朝政务的决策者和实行者之间再无任何阻碍。

我借着清洗胡惟庸势力的机会，废除了中书省和丞相，将权力分摊给原来由丞相管领的六部和监察机关，大幅度地提升了监察机构在权力系统内的地位。在帝国的复式权力结构中，丞相作为官僚系统最顶端的那尊大神，一直与皇权进行着此消彼长的博弈。我索性将其连根拔除，为我的继任者们“拔刺”。自从当了皇帝后，我就得了一种怪病，经常彻夜不安。有时我会睁着混沌的双眼，躺在无边的黑暗中，看着蝙蝠像一道闪电飞过窗户。有时我会独自溜出宫殿，像贴着墙根逃命的小偷，心里揣着侥幸与苟且。

我睡不着，也不敢轻易睡着。如果一天即一生，我忙碌的生活还要被复制多久？我出台了一系列安民抚民的政策，力图不触动占人口绝大多数的底层民众的利益。官僚系统内部由此陷入巨大的恐慌。死者像是穿过黑暗的蝙蝠，生者像是在劫难逃的小偷，赴死与逃亡，都在我的掌控中。我觉得这一切都是值得的。手握军政大权的相权集团被我生生斩落马下。我并不是突然提速，也不是突然采用激烈的手段。我所做的，耗尽我的心智。不光文官机构做了大幅度调整，军事机构也同样做出调整。大都督府被分割成中、左、右、前、后五军都督府，这五军都督府掌管军旅之事，隶属于兵部，曾经和中书省分庭抗礼的大都督府编制也就此消失。

我废黜丞相和大都督这文武两个最高职务，把丞相权力一分为六，分别给了六部；把大都督权力一分为五，分别成立五军都督府，并且从制度上让各个部门相互牵制，谁也不能单独对皇权构成威胁。这才是我的真实目的。那些躲躲闪闪的文臣武将，他们并不甘愿领受惩罚。虽然这场体制大手术的主刀者是我，但我也无法做到济世慈悲。

我并不具备神医的才能，我只有并不盲目的乐观。长胳膊拉不住短命鬼，而我只能尽我所能使得我的大明绵延万代。我发出诏令：“今我朝罢丞相，设五府、六部、都察院、通政司、大理寺等衙门，分理天下庶务，彼此颉颃，不敢相压，事皆朝廷总之，所以稳当。以后子孙做皇帝时并不许立丞相，臣下敢有奏请设立者，文武群臣即时劾奏，将犯人凌迟，全家处死。”

我告诫那些官员：今后我朱明王朝的继任者，都不准提设立丞相之事，帝国的大小官员也不能请立丞相，不然就是死罪。我在这里提前打了一个预防针，为的就是要向世人展示自己改革的决心和魄力以及对个别妄言者的警告。经过整顿之后的政治舞台俨然成了我一个人的独角戏。皇权的高度集中，官僚集团的分权制衡，已呼之欲出。

相权被我弄得支离破碎，吏、户、礼、兵、刑、工六部和监察机关七大部门瓜分了帝国的权力蛋糕。各部门只需要对我这个皇帝负责，受我的直接领导和监督。它们之间既能独立行使职权，又能相互掣肘。他们无法自由地发力，力道自然会注入我这里。

监察机关将六部纳入它的监察范围，而六部的给事中（言官）也可以反过来对监察机关的官员进行弹劾。我希望在我的王朝里，权力可以呈现相生相克的状态，没有一权独大。但这可能吗？我想，一切皆有可能。

权力副作用

洪武十三年（1380）的春节，注定是大明建制以来最为特殊的日子。人心惶惶的正月过后，我才算真正开始了至高无上的皇权运作。现在的大明，没有了中书省丞相的掣手掣脚，我的皇权达到了百无禁忌的巅峰状态。这让我感觉到从未有过的愉悦，整个人都处于无比亢奋的状态。

权力带来的衍生物就是应尽的义务，就算是做了皇帝也不例外。除非这个皇帝“三观”尽毁，破罐子破摔。没过多久，这至高无上的权力所带来的副作用开始在我身上显现出来。一个有为的君主，其底线是保障帝国的基本运行。这百无禁忌的权力，带给我的不光是权力的高度集中，更是繁重的工作压力。

比如，洪武十七年（1384）九月十四日到二十一日。在这八天里，全国共有1160件各种文书报告送到我的案头，其中涉及各类事项3391件。平均计算，我每天要批阅的文件字数约20万字，处理事务423件。这样的工作量，即便我不眠不休，一个小时也要阅读8000字以上，同时要在20多件朝政事务上做出决断。一个成年人每天需要三到四个时辰的睡眠，才能保证身体健康和意识清醒。而我在洪武十三年（1380）以后，一天的睡眠时间估计还不足两个小时。我生于物质世界并沉迷于他的繁华和乐趣，也必将累死于此。

有人算过一笔账，在废除丞相制度后，每天呈到我面前的奏章将近有二百封，里面大大小小共计约有五百件事需要我亲自拍板才能施行。那些文官都是写文章的好手。一篇奏章能让他们写得洋洋洒洒，文四骈六。一篇万言长文，真正能够切入正题的只有几百字。刑部主事茹太素曾经上过一份长达一万七千字的奏章，我令人诵之。读到六千多字的时候，还没有进入正题。这让我极为愤怒，将茹太素在朝堂上杖责一顿。第二天，再令人诵之，当读到一万六千五百字时才进入主题。

我不由得喟然长叹："为君难，为臣不易，朕所以求直言，欲其切于情事。文词太多，便至荧听，太素所陈，五百余言可尽耳。"一道五百字就能够说清问题的奏章，结果却注水成了万言。当时像茹太素那样动辄上万言的奏章是很正常的。按照一封奏章五千字计算，二百封就是百万字。我不仅要看奏章，还得动脑子去考虑如何解决问题。

面对繁重的朝政压力，就算我有着超强的精力也耐不住无休止的耗损。这让我变得高度紧张。我本就不是一团和气之人，长期置于这种状态下，脾气也变得异常暴躁。我就像是一支脱弦而去的箭，不断地被空气磨去飞行的力道，只剩下一截锐器延续着自己的前进方向。

一切并不如我想象中的乐观，我和官员进入一种角力状态。我与我的父祖们并无区别，他们将一个家庭扛在肩上，我将一个王朝扛在肩上，我们沿着相同的道路向前奔跑。一个人的家庭和王朝并不会让意志坚定的人心生颓丧，只会让他在内心里拥有一笔神秘的财富。每天批阅百万字的奏章，今日看不完拖到明日再看，而明日又有新的奏章呈递上来，周而复始。官员们得不到我的回复就不敢擅自做主，帝国的运行效率也随之慢了下来。官员落下一个行政不作为的恶名，自然遭到我的严厉惩罚。

如此恶性循环，我和朝臣之间的关系也就因此变得越来越紧张。我就像是一个端坐于高处的复仇者，每天都被愤怒的火焰点燃。

胡惟庸虽然死了，但李善长依然活在这个世界上。帝国权力中枢的大部分官员还是李善长在任时的老部下。他们面对胡惟庸已死、我这个皇帝对他们日益不满的现实，只能回到李善长的羽翼之下，寻求庇护。

在我看来，这成了他们结党营私和图谋不轨的证据。我明白，要想实现皇帝权力的最大化，就要想办法分化官僚集团，各个击破，千万不能再让他们抱团形成势力。李善长的存在让那些文官功臣心有所属。这是让我最为不安的地方。

淮西集团虽然因胡惟庸之死受到了重创，但是只要李善长还活着，淮西集团就一天不会从大明的权力体系中消失。生死之间，是谁在不断地转换着生者与死者的运道。在新的秩序和律令面前，死亡是最有效的解读方式。

事实上也是如此，外廷的很多部门都由淮西集团的人把持。洪武十四年（1381），成立大理寺和都察院，它们和刑部一起并称三法司。刑部受天下刑名，都察院纠察，大理寺驳正，这是我大明司法程序的三个支点。但三法司多是文官集团的人，这让我实在放心不下。

不相信大臣，那么我该相信谁？其实我只相信一种人——检校。

检校从建制之初就为我一手掌控，为我夺权、弹压官员立下汗马功劳。他们是我的驱邪者，而且他们本身就是一种邪恶。他们在黑夜里奔走，与恶道相通，总是与阴谋、死亡联系在一起。检校只是职务名称，并非真正意义上的官僚机构。虽然检校有侦察权，却不能扣押人犯和判罪量刑。要想让检校发挥更大的作用，就必须赋予他们更多的权力。

我要找到清洗逆臣的理由也不难，"谋反"两个字足矣。而谋反从来就不是一个人的事，既然是谋反，就需要同党，他们都是胡惟庸的同党。胡惟庸已被处死，而死人是不会开口说话的。虽然朝堂上仍有不少淮西集团的官员，但面对栽赃于死人这件事，他们也是有口莫辩。

我要的是死无对证，让他们无法为自己洗脱罪名。这也就意味着，他们都可能是胡惟庸的同党，一个也不能少。胡惟庸被处死后，胡惟庸案远没有结束。关于胡惟庸的罪证一直都在搜集取证中，并不断有新的发现。

早已尘埃落定的胡惟庸案再生波澜，犯罪性质也从当初暧昧不清的"擅权枉法"变成十恶不赦的"图谋造反"。在短短的五年里，因胡惟庸案牵扯进去的功臣有一公、二十侯，其中连坐、死罪、黥面、流放的有数万人之多，朝中文臣几乎为之一空。我不能容忍一个有可能凌驾于皇权之上的政治制度存在，数万条人命不是胡惟庸的陪葬，而是为我定下的这项制度陪葬。

汤和借兵

洪武二十二年（1390）春天，注定是一个不平常的季节。虐杀的阴云在天空几度徘徊和犹疑，最终还是决然地降落到李善长的身上。

十年前，胡惟庸案发。李善长虽然和他是同乡，且李善长弟弟李存义的儿子娶的是胡惟庸的侄女，因此结下姻亲关系。胡惟庸仕途得意，得益于李善长的引荐，但在胡案初始阶段，李善长并没有陷入其中。

在这期间，御史台缺行政长官，我还一度将已经退休的李善长拉回来，暂时主持御史台事务。洪武十八年（1386），胡惟庸谋反案已经尘埃落定多年。突然有人跑出来，揭发李善长的弟弟李存义父子“实为胡党”。念及李善长的功劳，我并没有继续追究李存义父子的责任。如果这时候李善长的政治触角足够敏锐，他应该能够感受得到来自四方的危机。

李善长在我的权力体系中，一直占据着淮西集团的首领地位。李氏家族势力很大，其积怨也必然甚多。但是以李善长的特殊身份和他在朝野的深厚背景，除非我突然将风向扭转，若不然，放眼朝堂之上谁又能动得了他？

这一年元月，李善长在定远老家享受着他的晚年生活。他这时候不会想到死亡，他或许会在某个时刻长吁一口气，在冬日的阳光下抚摸着自己老迈的身躯，像一个劫后余生的人，幸福地眯起眼睛。

老家的老房子的一段墙体突然倒塌，让这位年近八旬的古稀老人受到了惊吓。他只想在此安度余生，并没打算惊扰乡里。而这突然的轰然一响，让他想到了昔日的战友汤和。于是，他给汤和写了一封信，希望他能够借给自己三百名士兵帮助修缮房屋。

李善长与汤和的致仕有很大区别。汤和是完全退出政坛。李善长则不同，他即使从朝堂上消失了，其影响力依然存在。汤和在考虑是否借兵给李善长的同时，也写了一封信向我告知此事。有人说，汤和有告密的嫌疑。这个人太过无情。可是对于权力斗争而言，无情之人往往会要了别人的命，而有情之人却有可能要了自己的命。

汤和目睹了身边战友被我一个个收拾掉，从不发牢骚，也不怨天尤人，在我面前永远是一副恭顺的样子。在众多的高级将领中，汤和是第一个自请解除军权的。登基初期，我对那些掌握军权的老臣并不完全放心，可我又不想像赵匡胤那样来个

“杯酒释兵权”。就在我犹豫不决时，汤和第一个站出来向我表明态度。他说：“臣犬马齿长，不堪复任驱策，愿得归故乡，为容棺之墟，以待骸骨。”一句话，他愿意交出兵权，回归故土。

汤和错误地估计了形势。他或许认为，我不会将自己豢养的所有猎犬一网打尽，最后肯定会留下一条，用来看家护院、装点门面。当李善长需要他的帮助时，他变得异常敏感。

汤和或许早就知道，我一刻也没有放松对他的监视。他的一举一动都在我的掌控之中。通过我安插的众多耳目，我了解了每一个在职或者致仕官员的基本生活状态。汤和的乡居生活很是恬淡，每日吃酒下棋，游山玩水，含饴弄孙，从不结交地方官和乡绅，不谈国家大事，给人一种只贪图享受的印象。

汤和借出的三百名士兵使我很容易就联想到了前段时间刺杀太子的那数百名刺客。按照我以往的脾性，根本不会在这件事上多做周旋，肯定会在得到消息的第一时间下旨捉拿李善长归案。不过，这一次我欺骗了所有人的直觉，我并没有揪着这件事不放。

刺杀太子的罪名虽然很重，但是并不符合我心中的布局。我决定再忍一忍，再等一等。我相信李善长还会祭出更加愚蠢的昏招。我已经容忍他十多年，也不在乎再多等几个月。我始终活得小心谨慎，顾虑重重。虽然我强悍的身心并不需要我这么做，但在每个醒来的黎明，我依然会陷入厄境之虞，让自己和每个活在体制内的人都得不到安宁。究竟我和他们，哪一方才是真正的痛苦者？

造反未遂

李善长就像走在布满陷阱的道路上的盲人，他压根就不知道自己已经从鬼门关转了一圈回来。他在毫无知觉的情况下绕过了第一个陷阱，第二个陷阱又在前面等着他。

这一年三月，李善长的一个转弯抹角的亲戚丁斌犯事被判流放。丁夫人在李善长面前痛哭一番，动之以情，讲述丁斌如何对李善长心存孝敬。或许是人老之后，耳朵根就会变软。丁夫人的痛哭让李善长拉不下这个面子，他第二天就给我上了一道求情的奏章，恳求我能够看他的面子，给丁斌一个改过从新的机会。

我固执地认为，这个世界有过分之恶，惩罚也就无所谓对与错。我从这封信中找到了一个绝佳的机会，既然李善长想为丁斌求情，那么就以此为突破口。

我密令左都御史詹徽追查丁斌这个案子，在交代任务时，我并没有将此事挑明。可是詹徽却在我的只言片语中捕捉到了极为准确的信息。他连夜拷问丁斌。李善长一心替丁斌脱罪，万万没有料到，丁斌会反过来咬他一口。在詹徽的诱导下，丁斌供出了李善长之弟李存义与胡惟庸共同谋反的细节。

詹徽是个很会办事的人。他选择李存义为突破口，是因为此人既是李善长的弟弟，也是胡惟庸的亲家，是李、胡二人的天然桥梁。在继续追查李存义后，他终于供出了足以置李善长于死地的供词：胡惟庸多次请求他找李善长共举大事，李善长不许。胡惟庸亲自来说，李善长终于长叹："我已老，汝等自为之。"

如果李存义的说法成立，那么李善长造反未遂也是重罪。詹徽随即开始大规模地罗织罪名。重赏之下，必有勇夫。李善长的家奴纷纷起来告状，绘声绘色地编织了一个又一个造反有理的故事。直到此时，文武百官才如梦初醒。或许怕李善长案牵连到自己，大小官员口诛笔伐，千夫所指，李善长求生无门。

东门黄犬

这一年四月，我批下此案。第二年开春，李善长因参与胡惟庸谋反案，赐死，夷其三族，赦其长子驸马李祺及临安公主所出嫡二子李芳、李茂死罪，贬为庶民。

有人背后骂我太过绝情，可是他们不是我，又怎知我内心的百般苦楚。我依然能够记得我与李善长第一次见面时的情景。元至正十四年（1354），正值青春奋发之年的我见到了刚过四十的李善长。我问他，天下英雄豪杰无数，为何独独选择追随我。

他的回答是，天下豪杰虽多，但得天下者非将军莫属。

我问他，有什么可以指教我。他说出了那番让我内心澎湃激荡的言辞。他说："昔汉高祖以亭长起家，兵不过百人，将不过三五，终披荆斩棘开创大汉四百年江山，何也？惟善用人耳。今将军比高祖强盛多矣，我观天下大势，元失其鹿、汉人归心，正是驱逐胡虏、恢复中华之良机，望将军胸怀万里而豁达大度、纳天下英才而知人善任、宽恕仁和而不嗜杀人，救天下民众于水火。"

我当时许诺他，等到将来霸业有成，必回报当日之言！

不知道李善长受死之际，是否会想到我的当年之言。也许他会后悔当日的选择。

不管怎么说，命运之神在这里开了一个残酷的玩笑。如果说我走的是当年刘邦之路，那么被我称作“朕之萧何”的李善长却没有萧何的好命。我从来不否认李善长是我大明开国的第一功臣。他娴于辞令，明习故事，处理政务裁决如流；他调兵转饷而无乏，他恢复制钱，榷淮盐、立茶法、开铁冶、定鱼税……

正因为这些赫赫功绩，我才会封他为国公之首，封他为大明第一任相国，赐他铁券，免其二死。有官员对我处死七十六岁的李善长很不理解。他已经走到人生的尽头，为何还要诛灭全家。在我的权力运行世界里，臣属不能走得太近，需要和我保持一个空白区域。唯有如此，才能让我有安全感。

我的发迹史，李善长是最清楚不过的。在我搭建的权力结构中，他位居一人之下，万人之上。作为淮西集团首领的李善长，故旧戚党遍布朝堂的各个角落，势力可谓盘根错节。他是一个权力标杆，他的存在就是对我的最大威胁。

但是他的手伸得太长了。他离我这个皇帝太近了。他的鼾声太响，让我难以安睡无忧。

就在李善长死后的第二年，郎中王国用冒死向我呈上翰林学士解缙起草的《论韩国公冤事状》。其大意是：李善长和我这个皇帝是一条心，勋臣第一。生是国公，死后会封王，儿子娶了公主，亲戚做了大官，位极人臣。在成败尚未可知的情况下，李善长没有冒险造反的必要。有人说他想辅佐胡惟庸造反，更是大错。试想，一个人爱自己的儿子肯定甚于爱自己的侄子。李善长与胡惟庸是侄子结亲，与陛下则是亲子亲女结亲。即使他能帮助胡惟庸谋反成功，所得到的也只能是和今天的地位差不多。难道胡惟庸会给他一个二皇帝当不成？以李善长七十多岁的高龄，他绝不可能这么做。

我看完王国用的这封上书，无话可说。我并没有借此去找解缙的麻烦。其实我的内心又何尝不是这么认为的。李善长遭到灭族，固然有我的原因，但和他参不透我的帝王心也有很大的关系。王国用所说“出万死以取天下，勋臣第一”，这是李善长生前的荣耀，也是置他于死地的刀锋。

想当年李斯与儿子一起被绑缚刑场，李斯发出了“牵犬东门岂可得乎”的人生感叹。不知道李善长会不会有着同样的临终慨叹。很多搅进体制内的知识分子，至死也不会有所醒悟。生命就算重新再来一次，权力依然是他们的心头所好。

2.B 面：制造恐怖——我就像一个牧羊人

李善长和胡惟庸的死并没有让我停下夺权的脚步。我派出检校，四处收集所谓谋反证据，把胡惟庸的案子一审再审，将新账旧账拿出来反复清算。在这种滚雪球似的清算方式下，死了的胡惟庸在受折腾，活着的人也无法安然入梦。我就像一个牧羊人，在我的羊圈外放了一个死狼标本，羊群因此不安，而由不安所营造出的“集体恐怖”是我所想要达到的效果。

是改革，还是绞肉机

我以此为由头，对官吏队伍进行了大张旗鼓的清洗。除了我自己，谁也没有料到这样的一场清洗会以如此暴烈的手段来推进。我在杀伐决断上永远是一名快刀手，只要感到不快或者不安时，我就会毫不犹豫地出手。如果这是病，我已病入膏肓。

这盘棋从一开始就完全落入了我个人的掌控之中，不出手则已，出手则会要人的命。

我为了向天下人证明自己激烈行为的正确性，想出各种办法。权力是一个充满多元对立、怪力乱神的疆域。它是战争，不是宴席。胡惟庸案后，我拟了一份《昭示奸党录》布告天下。蓝玉案后，我又搞了一份《逆臣录》。在我开列的那份《逆臣录》中，共有十六名开国功臣有幸被录入其中，其中有一公、十三侯、二伯。

我要给这些案件做一个实实在在的了结。我由此也向帝国的官僚集团和民间社会传递一个信息：这些大案要案都是我朱元璋亲自定夺的，将来谁也不许翻案。

到了我的执政后期，活跃于大明政坛的勋贵家族，只剩下徐达、李文忠、汤和、耿炳文、吴良、沐英、郭英等寥寥几家。其中，沐英是我的养子，郭英是我宠爱的郭妃之兄。

经过我的一番折腾，开国功臣已所剩无几。虽然还有幸存于世的，一个个也都远离了权力的核心地带，拢起袖子晒太阳去了。那些被我清洗的功臣，若是能够不贪恋富贵权力，功成身退，结局或许会有所不同。谁又甘愿将自己的一副皮囊烂死于穷乡僻壤，每个人都希望被时间记忆和怀念。

徐达、常遇春、李文忠、汤和、邓愈、沐英六人没有因罪获刑，死后都被封王。不是因为他们活得长久，而是活得刚刚好。因为他们全部死于胡蓝大案之前。而沐英则是镇守云南，天高皇帝远。严格说来，只有汤和躲过了一场接一场的血腥清洗，实在是不容易。要知道汤和同颍国公傅友德是儿女亲家，傅友德遭到我的清洗，而他却没有受到牵连。

生活的荣耀与灾难，并不具备普度众生的秘密。它只是阴差阳错的欢欣与狂暴。一个人既是不用翅膀飞行的天使，又是地狱行走的鬼卒。胡惟庸的罪名每升级一次，我的打击面就可以扩张一次。由最初的“擅权枉法”发展到私通日本、蒙古，再到串通李善长等人谋反。牵连的人员也由与胡惟庸血缘相近的亲族、同乡，延伸至故旧、僚属以及其他人。凡是能够牵扯上一星半点关系的，皆被连坐诛族，前前后后因为这个案子，我杀掉的人有三万之多。

我的分权制衡制度在血腥屠戮中逐渐建立起来。那些有潜在威胁的功臣就这样被我一个个剔除。丞相和中书省被我废除，使得政权的辅政系统损毁严重，形同虚设。

政治机构变成了花瓶式的摆设，看上去很美。官员事无巨细都要跑到我这个皇帝面前来请示汇报，我比钟离西乡的推磨老驴还要忙碌。我不拍板的事，谁也不敢定夺。这就好像在一个几十口人的封建大家庭里，大事让一家之长拿主意。如果一个人饿了喝碗牛肉汤，渴了泡壶龙井也要请示汇报，一次两次算是尊重长辈，天天如此，谁也受不了。一个家庭尚且有轻重缓急，运转一个偌大繁杂的帝国系统又岂是一个人能够忙得过来的。

我是肉身凡胎，不是神灵精怪。每日面对庞大的官僚机器，面对棘手的繁杂政务，这些让我陷入身心俱疲的境地。我是个没有天分的君主。我是个勤奋过头的农民。我在自己的王国里劳作耕耘，沉浸于一个无解的梦境。大人物造梦，只有小人物才期待有人来解梦。

强化皇权

我在体制上实施的这项整顿运动可以说是一千多年王朝政治制度的重大变革。这项以强化皇权为目的变革在此之前是从未有过的。与皇权较劲了一千五百多年的相权就这样在我手里化为无形，也由此开启了大明王朝的权力新格局。单从这一点来说，我是伟大的，是继往开来的。如果说，我的王朝需要一个庇佑其永生的恶灵，那么我就是那个恶灵。

废除丞相制度让我的工作量翻了几倍。虽然我有些力不从心，但从没想过恢复丞相制度。一些感觉不妙的结果容易让人陷入忧虑的遐想，让人反省自己的荒谬。二十年前，我以为当皇帝是天下最简单的活计，是带有游戏成分的活动。虽然我无师自通，勤能补拙，但在权力的世界里，除了自己，还能相信谁？

前朝的经验教训摆在那里，我不能不有所警醒。笃信命运，管得了一世的安稳，管不了百代的忧患。皇权与相权博弈。当皇权取得主动，皇帝为了分流相权，往往会让自己的权力系统生出新的枝节，也就是新的辅政机构，这样往往会形成一种恶性循环。

气势森严，往事峥嵘。在每一次循环过程中，因为出现新的权力危机，才会引发类似于宦官干政、皇亲国戚篡权这样的恶事。我做过统计，前朝出现的那些宦官专权事件大多是因为开国君主为了加强皇权引发了祸端。自己美滋滋得了现实利益，报应却落在后辈中的无能者身上。不是宦官专权，就是引发朝纲混乱，权力易主。

虽然我对废相后所面临的困境认识不足，但是我不愿意在历史的铁律面前乖乖就范。我要走出一条新路，一条足以成就个人品牌效应的道路。既然要推倒一切重新来过，那就索性就闹他一个天翻地覆。

在废除丞相制度之后，我先是设立了四辅官，称为春、夏、秋、冬四辅官。后来又设置了华盖殿、文华殿、武英殿、文渊阁和东阁等大学士，但这些人的工作能力与先前被杀的那几位丞相，不可同日而语。或许因为我一手打造出来的专政体系，弥漫着官场和鬼蜮的混合气息，以致让那些置身其间的官员无心恋位，怕的是一觉醒来就赴了黄泉。

帝国的权力系统中接连制造的大案、要案并不是常态，是不得已而为之的权宜之计。我宁愿由自己来当这个罪人，为子孙拔掉权力躯干上的一根根刺。我希望帝国的车轮能够纳入正常的法治轨道，哐啷哐啷地走到最后。可最后会停在哪里？自然是千秋万代，越久远越好。

我推行的权力整顿，的确带来了吏治清明的面貌。但是如何设置皇帝辅政机构的问题，始终没有得到有效解决。作为开国之君，我只有无奈地把这个难题留给自己的后世子孙。而在这一期间，帝国的政治结构经历了一个非常漫长的嬗变过程。我不是通晓天机变易的高人。我抓得紧，是因为未来有太多的不确定。我突然感到一种面对历史的虚无与脱力，唯有在辗转、杀戮、躲避的诡道之上不断地突出重围。如同二十年前，活下去，成为我唯一的信仰。从一个没有任何私产的小民，到今日化国为家的君主，活下去，是这个世界教会我的功课，我不敢有一日荒废。

蓝玉案的连锁反应

胡惟庸死后第十二个年头，我掀起了“蓝玉案”。鱼，在渔网的束缚下，端上了一出“鱼鳞剐”的好戏。

我记得刘基曾经和我谈论兵法。他说，在战场上，失败，也要失败得慢一点，失败得从容不迫。但是现实的荒诞，让置身其中的人根本停不下来。

在我的龙榻下藏着一柄剑。我经常会在夜晚，把剑拿出来反复擦拭。这把剑是郭子兴在濠州城里送给我的，陪伴了我无数个日与夜。闻着剑身上残留着的血腥气息，我发现，自己实在是有些胆怯。不得不承认，杀戮并不能给我壮胆。

随着徐达、常遇春等人的黯然逝去，追随我的将领已经所剩无几。洪武十八年（1385），克靖沙漠的是冯胜、傅友德、蓝玉三人。蓝玉，是我晚年最为依仗的将领。

蓝玉的姐姐嫁给了常遇春，常遇春之女被册立为皇太子妃。作为太子的妻舅，蓝玉与东宫关系密切。另外，蓝玉还是蜀王朱椿的岳父，其女被册封为蜀王妃。由于屡立战功，蓝玉被封为永昌侯，他本人既是勋臣，又是皇亲，得到的荣耀和恩宠无人可比。

洪武二十年（1387），征虏大将军冯胜率左副将军傅友德、右副将军蓝玉，统领二十万大军围剿元朝残余势力，获得完胜。也就在此时，有人向我告密，冯胜向元朝丞相纳哈出的妻子勒索金银珠宝，还强娶纳哈出的女儿。我随之剥夺冯胜的大将军职务，任命蓝玉为大将军。

当一个人身处顺境时，逆境便会在黑暗中盯着光亮处的他；当一个人身处逆境之时，顺境便会在其身后，随时准备助他脱困。可惜深谙兵法之道的蓝玉，并不懂得这些人生哲理，他宁愿多扫荡一个战场，也不愿检视自己的缺失。

蓝玉是一个赳赳武夫，显然对附于其身的恩宠估计不足，经常会无端地暴露出一个功臣的骄纵姿态。更为要命的是，他身为太子朱标的亲戚，太过关心东宫的权力之争。据说，他曾经提醒朱标要提防燕王朱棣。他甚至私下找人望燕地之气，对外宣称，发现燕地有天子气象。

朱标并没有将蓝玉的话放在心上。他认为，燕王在他面前还是很恭敬的，并没有出格行为。蓝玉专门叮嘱太子朱标不要将自己说的话传扬出去，可朱标还是将蓝玉的话原原本本地说给朱棣听。等到太子朱标死后，燕王朱棣在入朝奏事的时候就在我面前暗示蓝玉有不臣之心："在朝诸公，有人纵恣不法，如不处置，将来恐成尾大不掉之势。"

蓝玉没有丝毫收敛，还是率性而为。一个人若是在人生得意的某个时刻，能够亲手触摸死亡的面目，甚至是魂魄的面目，那么他就会对自己的人生选择有一个清醒的认识。他会心怀敬畏，懂得取舍。我曾经在颁发给蓝玉的铁券中，将蓝玉的不法之事写了进去，警告他要保持清醒，安守人臣本分。可是蓝玉不以为意，依然我行我素。

等到太子朱标病死，皇长孙朱允炆仁弱，我对功臣的存在越发紧张不安。这些手握重权的功臣是我朱明王朝的最大威胁，尤其像蓝玉这种性格张狂之人。我还活着，他就不知收敛。倘若有一天我死了，还有谁能控制他？

捕兽罗网

蓝玉是难得的将帅之才，但是离开战场，他就变了一个人，其表现只能用一介莽夫来形容。对于这种人，想要抓他的把柄是件容易的事。他在讨元战争结束时，用暴力手段霸占元主的老婆，导致这位妃子羞愧自杀。考虑到他的身份和功劳，我并没有深究此事。

或许是我的暧昧态度助长了他的嚣张气焰，让他变得越发放肆。不仅放任自己的行为，甚至干涉军职人员的任免。蓝玉在没有经过我允许的情况下，大肆起用亲信官员，安插自己的耳目。

也许，真正懂得敬畏的人，才会善待自己一天天少去的生命。由此可见，敬畏命运才是聪明人的选择。可惜的是，蓝玉不是那样的聪明人。他像一个刚刚喝了酒登上戏台的疯子，表演越来越荒诞。有一次，他率军返回喜峰关口。当时天色已晚，守城军士限于制度没有及时打开城门。蓝玉居然下令士兵攻击关卡，破城而入。事后他不但没有悔过之意，而且还四处张扬，颇为自得。

从别人的描述里，我想象着蓝玉，他的身体不停地晃动，脸上戴着叛逆者的面具。面具后面藏着的那双眼睛，有着刀锋般的凌厉。他第一次来到我的面前时，躲在常遇春的身后，他的杀孽不重。而当他再次来到我面前时，他已是战场上的杀神。那些追随而来的魂魄，在他的周围，形成一圈浓郁的晦气。

蓝玉是个不知满足的人。不满足的人不愿意在沉默中沉默下去。他不光在军中任性，即使回到京城，依然不知收敛。他纵容家奴侵占民田。当御史对其家奴的不法行为进行质问时，他竟然骂骂咧咧地驱逐御史。他让我很是不满，本来打算封他为梁国公，为了警告他，我特意将“梁”字换作“凉”。言下之意，你蓝玉这么做，让我朱元璋的心凉透了。

他征西归来，以为回朝后会得到我的丰厚封赏，结果我根本没有搭理他。他不是自认有大功吗？我偏偏不让他得到相应的奖赏，我故意让他产生失宠的错觉。以我对他的了解，这种不好的感觉，一定会让他快快不乐，暗怀不满，久之必将做出不理性的行为。这是我为蓝玉铺下的一条谋反之路。在这条路的前方，我已为他布设了一张巨大的捕兽罗网，只待他自投其间。

大兴屠戮

有些地方，一旦有火运行，就算暂时熄灭，火种还在，运势尚存。只要有风起，火便会烧起来。我册立皇太孙朱允炆时，蓝玉以为可以捞到一个太子太师的要职，没想到我给他的是太子太傅一职。与此同时，我让冯胜、傅有德二人做了太子太师。如果换作其他人，或许不会有过激言行，毕竟太子太傅也是一品官职。但是对于蓝玉来说，这是让他感觉耻辱的一件事。他经常在一些场合发出怨愤之声——难道我蓝玉做不得太子太师吗？

这些话在我听来，是极为刺耳的。综合他平日里的表现，我的厌恶之情越发强烈。

自此以后，蓝玉上朝所奏之事，没有一件在我这里能够通过。不知道他是装糊涂，还是真拿我不当回事，依然我行我素。据检校报告，有一次，蓝玉见我乘龙辇远远地经过宫门，他用手指着我所在的方向告诉身边人——那个乘舆的人已经开始怀疑我了！

如此狂悖无道之言传入我的耳中，又怎能不引火烧身？性格决定命运，蓝玉的所说所做，像是在故意考验我的耐心和容忍。既然他如此急不可待，那我只好再次亮出刀锋。

洪武二十五年（1392）五月，太子朱标英年早逝。太子朱标之死，是促成我下决心对蓝玉下手、再次大兴屠戮的关键因素。因为新立的皇太孙朱允炆资历尚欠，我怕他将来继位后无法驾驭蓝玉这样的权臣。还有一个原因，太子朱标与蓝玉有亲戚关系，朱标一死，我便无所顾忌。

洪武二十六年（1393）二月八日，锦衣卫指挥蒋某突然控告蓝玉“谋反”，说他勾结景川侯曹震等公侯，企图趁我到郊外举行“藉田”仪式时，发动兵变。很多事情看起来十分复杂，做起来却很简单。我顺势将蓝玉拿下，亲自审问，再交由刑部锻炼成狱。

蓝玉对他的叛逆罪供认不讳。他招供时，又将许多侯爵以及吏部尚书詹徽都牵扯了进来。有道是“十年磨得剑犹腥”，身处于权力规则制约之下，官员与官员之间有着千丝万缕的利益关系，早就形成了重重叠叠的关系网。牵一发而动全身，一个人倒下去，将有很多人为他殉葬。准确地说，为权力殉葬。詹徽曾经主持审理李善长的案子，现在又奉旨受理蓝玉一案。让人意想不到的是，蓝玉的供词将詹徽也拉了进来。

如此，詹徽莫名其妙地成为“蓝党”。这让人想起涂节当年告发胡惟庸谋反，涂节也牵连受死。在权力斗争中，施暴者与被害人的身份是可以转换的，这个世道的劫难太大了。据蓝党供述，蓝玉对我是既不满，又不安。这些年来，为了“胡党”的事，公侯一家家被废，使蓝玉产生了强烈的危机感，而随着他的亲家靖宁侯叶升的垮台，因此犯下疑心病。他于人前放言：“只怕早晚容我不过，不如趁早下手做一场。”

蓝玉准备豁出去，打算趁我出都城耕藉田之日行谋反之事。这个不屑于纸上招数的勇武之人，显得急不可耐。

傅友德自刎

洪武二十六年（1393）三月，蓝玉被公开肢解。没有过多的周旋，只有血肉淋漓的奉献。这个习惯了刀刃与鲜血的战将，体验到了穿透灵魂的痛。他彻底交出了自己的身体，任由疼痛漫延至全身每一寸骨头与肌肉。

作为统帅的蓝玉，其部属众多，受株连的人也不在少数。共有一万五千多人被定为“蓝党”，成了他的陪葬之人。处理完蓝玉谋逆之事后，我亲手拟诏布告天下。我在诏书中说：“蓝贼为乱，谋泄，族诛者万五千人。自今胡党、蓝党概赦不问。”就这样，发生于前的胡惟庸谋反案，随着蓝玉案的了结而了结。

我见识过太多生命个体的消失，让我的感觉越来越迟钝和麻木。眼看着一个个鲜活的生命就这样风卷残云般消失，没有惊喜，也没有感动。

我掀起的这场权力“连环三击”前前后后持续了十多年，被裹挟进去，遭到诛杀的文武功臣各色人等有五万人之多。我巧妙地借助了朝臣之间的矛盾，将诬陷栽赃运用到极致。其中有些人的确属于罪大恶极，自取灭亡，但更多的人受死的理由实在是过于牵强。每天入睡之前，我都要在心里默念佛经，既能安抚狂躁的内心，又能超度逝去的灵魂。

在历史的进程中，命运之神从芸芸众生中将我朱元璋挑选出来，是何等的荣耀。人生于我而言，更像一场残酷的比赛。洪武二十六年（1393），在山西、河南地区练兵的傅友德、王弼和冯胜三人被我同时召回。他们的功劳和声望不在蓝玉之下。

我在此时将三人召回京城，让他们产生了不祥的预感。一拨拨的人倒下去，犹如荒草倒伏于疾风暴雨之中。每个人都心怀绝望地离去，不再渴望能够有奇迹发生。听人说，在临行前，定远侯王弼悲观地说：“圣上年事已高，喜怒无常，我们恐怕很难再活下去了，该为自己考虑了。”

洪武二十七年（1394），我大宴文武百官。在这次宴会上，我当着百官的面声色俱厉地指责傅友德教子无方。两个儿子都是殿前亲军，平日里喜欢滋事生非。人的罪与罚，均是自我与当下局限的结果。所谓不可原谅，并非真的因为恶行恶念，而是现实的狭隘与逼仄。我在借题发挥，向傅友德发出一种警示。

傅友德没有说话，转身离席而去。没过多长时间，他手里提着两个儿子的人头回来了。这种血淋淋的场面让我大为震骇。我质问他，你真没有人性，这样的残忍之事你都能做得出来！

傅友德一副完全豁出去的架势。他将两颗人头直接扔到我的面前，然后仰天大笑，声震殿宇。他言道：“你不就是想要我们父子的人头吗？”还没等我做出反应，他突然拔剑自刎，鲜血染红了大殿。在大西南纵横驰骋、所向无敌的一代名将，在我面前以这样一种惨烈的方式结束了自己的生命，让我颜面尽失。

我下令将傅家男女老少全部发配到辽东、云南，只将他的大儿子傅忠与已故寿春公主之子（我的外孙）留在京城。傅友德是一员猛将。他在我的武将排名中位居前列，这个人曾经三易其主（刘福通、明玉珍、陈友谅），最后才被迫降于我。他跟随征西将军汤和出征四川，中流矢轻伤不下战场，率将士血战到最后。

他曾率领蓝玉、沐英平定云南，进封颍国公，岁禄三千石，赐予免死铁券。他的儿子娶了公主，女儿做了我的孙媳妇，可以说是贵极人臣。我曾经在《平西蜀文》中盛称“友德功为诸将第一”。功勋是他的荣耀，也是他的局限，就像那只掠过天空的苍鹰，没有翅膀，无法飞天；没有利爪，难以据地。而什么都具备了，又防不住茂林深处那支吹着哨音的羽箭。

汤和的智慧

“蓝玉党案”预示着在我的世界里，君权与将权的矛盾到了不可调和的地步。蓝玉死后，那些侥幸存活下来的功臣宿将，自认为长夜已尽，黎明在望。狐狸一样精明的汤和，敏锐地察觉到了这一点。他主动向我要求致仕。

我不得不承认，在开国功臣中，最会做人的当数汤和。虽然说那些人的命运大多时候掌握在我的手中，但又何尝不是掌握在他们自己的手中。汤和的做法让我很是满意，于是赏赐了他一大笔钱，并在凤阳为他营造了一座气派非凡的府第。主动放弃兵权的汤和，得以寿终正寝。

或许有人说，汤和的幸运是偶然，多数人的不幸是必然。那些穿透黑夜的长吁与短叹，那些裹挟着雾气的梦境与渴念，都来自他们失衡的心态。他们在把酒问盏，他们在同室操戈，他们被禁于现实的囚笼，他们已无力与我这个所谓暴君共舞。

很多人没有汤和的智慧，对我“不欲诸将久典兵”的心思揣摩不透。比如冯胜和他的兄长冯国用，他们曾跟随我起兵，位列八大勋臣，地位仅次于徐达、常遇春这些人。有人控告冯胜私藏兵器，我将他召入京城，赐以酒食。或许是他早有预感，临行前大摆宴席将家中女眷全部毒杀。

我的一句话，便会有匪夷所思的奇观发生。他们成了惊弓之鸟，不待我张弓搭箭就一头从高空栽落下来。他们常常在某个清晨或夜晚惊醒，想象着周围会不会有我的意念在游荡。我成了恶灵的化身。

我是僧人出身。说到人身上的业力，我自己也有啊！佛法所说的三途八难，我们都在所难免，当然也各有其累。我在颁发“免死铁券”时曾经明确宣告：“除谋逆不宥，尔免二死，子免一死。”只要冯胜不是谋反，可以豁免两次死罪。也就是说，我只能用不露痕迹的方式将冯胜杀死。他来之前已经知道结局早已注定，在将府上的女眷全部毒杀后，他轻轻地掩上房门。这是一场不得不赴的鸿门宴，决定权在我，不在他。我和他在酒宴上回忆过往，畅叙友情，在谈笑之间结束一切。待到他返回家中，和他的妻妾女佣一样，沉睡般死去。

我在开国初年分封的六位公爵，徐达、常茂（常遇春的儿子）、邓愈、冯胜、李文忠、李善长等人。除了邓愈早死之外，其他人都没逃过我的清洗。而在这其中，徐达的死亡给这个无解的现实世界，又添加了一道谜。

徐达是武将之首，对于他的最后安置使我一直处于忧心焦虑的状态。我非常尊重徐达，就是在我称帝之后，私下仍称其为兄长。他在我心目中的位置是其他人比不了的。

我对徐达一直抱有极高的信任，给他的赏赐在诸位功臣中也是最为优厚的。他的三个女儿，长女嫁给燕王朱棣，次女嫁给代王朱桂、四女嫁给安王朱楹为妃。长子徐辉祖封魏国公、袭爵，幼子徐增寿死后被追封定国公。一门二公，也就徐达一门。

徐达死于洪武十八年（1385）。有人猜测，徐达之死与我有关。我在他患病不能吃蒸物的情况下，故意赐蒸鹅于他，导致疽发身死。做此推测之人都是不了解我的人。我确实杀了不少有功之臣，但从来都是公开治罪，昭告天下。食鹅致死毫无医学根据，纯属无稽之谈。而胡惟庸、李善长、蓝玉这些人，都是被我抄了满门，株连九族。徐达则不同，除次子徐添福早卒之外，其余三子都被我封了官职，特别是他的第三个儿子徐膺绪还是手握军权的指挥使。

我在《逆臣录序》中分析功臣建功立业时说过，将军立功是因为上有“君命”，下有“战将与士卒之力”。功臣之所以成为功臣，与个人的奋斗没有直接的关系。因为上有我这样懂得识人用人的领导者，下有将士们的出生入死，更重要的是天命护佑。那些所谓文臣武将宁愿逆我龙鳞，也不愿顺我心意。他们只知贪功，常做“违君命，逆天心”的事，领受死亡的奖赏是他们应得的，不值得世人去同情。

自控与精明

——人人有饭吃、有衣穿的理想国

在我的少年时代，无论悲哀还是快乐，表现得都比别人耐得住。在我看来，那些放肆的歌哭，都像是戏台上的表演。古人说，世道剧颓波，我心如砥柱。世道摇晃，人心不可以跟着摇晃。有人说我朱元璋精明，不如说我识得忧患。我的精明是从一顿饱饭里算计来的，我的忧患也源于此。我做了皇帝，你们会将我写进史书，反复提起。你们人人都拿着镜子，放大，再放大，我总是处于被观察的境地。你们或许会高估一个人的力量，也或许会低估一个人的力量。你们会说，看哪，他是皇帝，他让那么多人吃上了饱饭，他又让那么多人失去了吃饱饭的机会。承平时代的你们，只是拿了一面镜子，就下了那么多定义。

五、我只想了解真相——阴影下的耳目

我站在秦淮河的码头，绵延的江水匍匐着接住了低垂的白云，如同鹏鸟之羽翼在开合中鼓风荡气。它们又像是巨大的棉花团吸纳了这个时代太多的毒素。于是，白色就变成了污浊的黑暗。很多时候，我实在搞不清楚是因为检校和锦衣卫真的拿到了谋逆者的证据，我才会大开杀戒；还是因为我想要杀人，检校和锦衣卫才会通过各种手段和途径找来那些谋反证据。

我无法想象，几百年后，人们会怎样评价我，评价这个时代。他们或许会说，看吧，那个只会杀人的家伙，他的王朝是建立在累累白骨之上。他不是靠仁德，而是靠绵绵不断的江湖智慧才拥有今日之地位。他的王国布满了无处不在的耳朵和眼睛。他的疑心病源于一个“怕”字，既怕官僚手中握有过分膨胀的权力，有一天会威胁到他的皇权；也怕那些强悍跋扈的武将，私底下积蓄叛变的力量；更怕底层民众的不满，就像他当年一样起兵造反。

是啊，他们说的都没有错，好像也没有对。我遥望我，像在更远处遥望历史，而历史何至于此。民事如歌，江水汤汤，时间会让往事倒流。我在其中，像是一个盲人，在黑暗中点亮一盏圣灯。

我说，明，这个世界是明亮起来？还是暗了下去？

1. 检校——我养的恶犬

我骨子里天生就有敏感、偏执的成分，对人始终抱有一份警惕之心，凡事持怀疑态度。我的这种恐惧感和不安心理，只要受到外界的小小刺激，就会引发巨大的振荡。如果有人留心锦衣卫成立之前的那段历史，会发现有这样一批人潜伏于我大明的内廷与外朝。他们没有留下自己的姓和名，他们只有一个称呼——“检校”。

检校的品位极低，除伺察、告发他人的阴私勾当外，没有其他任何权力。就因为他们如魅似鬼的存在，让我混沌的双眼成了一双千里眼，让我幻听的耳朵成了一对顺风耳。无论品级多高的官员见了他们也都会惧怕三分。

情报工作是没有硝烟的战场，你中有我，我中有你。阴谋、血腥是斗争的常态化。早在大明建国以前，我就已经有意识地在身边豢养了这样一批由我调控、专门负责情报工作的检校。当时天下群雄四起，对我来说，想要从中脱颖而出，战时的情报工作是必不可少的。

等到时局稳定下来，我并没有忘记这些藏于暗处的耳朵与眼睛。我没有解散这些检校，而是赋予了他们新的工作内容：由前期的战时情报，转为监察帝国上下的一举一动，尤其是用来察听京城大小衙门的官吏——官员们所做的不公不法的事情，还有风闻之事，就连不着边际的道听途说也要随时监听，及时向我报告。

监听范围不断地扩展和延伸，从上到下，如一张无所不在的蜘蛛网覆盖了帝国的每一寸土地。不光是那些在职官员和退休官员，甚至连官员家属、普通老百姓，也在检校的监控范围之内。应天府那个崭新的门楼消隐在一株巨大的古树之后，像是湛然无绺的青天伸出的一双手，拨弄着人间的庸常与极端。

检校从事的脑力劳动，通常是由那些文官担任。儒家文化的肃然与庄重，伴随戳心剖腹的残酷浮现于他们的脸上。我早期的亲信幕僚大多是检校出身，如高见贤、夏煜、杨宪、凌说等人。这些人一天到晚干的就是告发人隐私的勾当，我视他们为我所豢养的恶犬，人见人怕的恶犬。检校，无品无级，甚至连办公机构和人员编制都没有，他们不过是我安插于不同部门、不同职业中的隐形人。

熟悉的陌生人

检校的来源非常复杂，多是社会闲散人员，也有文武官员，甚至还有和尚与道士。他们之间并不清楚对方是谁。他们是熟悉的陌生人。他们在阳光下行走的时候用的是各自的公开身份。他们只接受一个人的调遣，那就是我这个皇帝。谁也不知道身边到底谁是检校。每个人都面临着随时被监控、被揭发的风险，人人自危。

这些人无孔不入，捕风捉影。我也知道很多冤假错案都是他们一手造成的。也正是在他们的推波助澜之下，我在胡惟庸、蓝玉等案件的办理上才会得心应手，收放自如。他们是沉默的武器，是血肉横飞的代名词，比疼痛更让人难以忍受，比死亡更让人瑟瑟发抖。

那些朝廷官员，尤其是一直以来与我走得较近的功臣，包括徐达和李善长，他们都知道我身边养着这么一批专门从事监察工作的人。在他们看来，那些执行特殊任务的检校，是我在黑暗中放飞的一只只鸩鸟，在欲望的旷野上与血肉相遇，而君王的贤明只是如旗帜飘扬在现实的天空。

这个神秘组织由我亲自掌控，从不假手于人。我在宫殿的阴影里掌握着他们的秘密，他们在权力的黑暗处掌握着除我之外，每个人的秘密。

那些日光下的蠢蠢欲动、黑暗中的窃窃私语，因受制于制度的漏洞和官家的体面而无法施展。于是，我布下的窃听系统刚好弥补了这些遗憾，它几乎是无孔不入。我曾征集了一大批的元末儒士来南京编纂经典。其中有个老儒士钱宰被我征调，参与编纂《孟子节文》。一日，他在回家的路上，想到自己朝出暮归的诸般艰辛，不禁悲从中来。他本是个诗人，郁闷愁苦助长了他的诗兴，于是张嘴就来：“四鼓咚咚起着衣，午门朝见尚嫌迟。何时得遂田园乐，睡到人间饭熟时。”

不料这番牢骚之语被那些暗中跟踪的检校听到，这首诗文很快便躺在了我的御案上。

第二天上朝时，我将钱宰找来谈话：“听说爱卿昨日作了一首好诗，不过诗的意境值得商榷。寡人可从来没有‘嫌’你上朝迟呀，你看那个地方用‘忧’字是不是更贴切一些呢？”读书人就是胆子小，我这句话让钱宰冷汗直冒，他忙不迭地磕头谢罪。

这个向我打报告的检校成员，或许是和钱宰擦身而过的某个年轻书生，或许是在他身后丈余外正在和小贩讨价还价的路人甲，也或许是对着钱宰宣过一声佛号、讨过几枚随缘钱的游方和尚。我可以认定，他是那段时间出现在钱宰身边的任何一个人。

我对检校们所做的工作还是非常满意的，因为他们的办事效率实在是惊人。他们听到钱宰的诗，当天晚上就抄录一份送达我的手上。皇宫里有专人负责接收检校们的报告，而我也会每天都认真地审阅这些报告。在看的时候，我也是冷汗直冒。换位思考，如果有人十二个时辰这么盯着我，我会发疯。正是因为这种全方位、无死角的监控，才能让我在第二天早朝的时候，对钱宰来个突然袭击。

检校队伍里有很多好表功之人。看到我喜欢怀疑人，他们就会将丁点大的事儿，放在显微镜下审视。我通过锦衣卫与巡检司两个机构，在全国布下了一个庞大的监控网络，从中央到地方，从城市到乡村，无论官僚还是百姓，均处于严密的监视与控制之下。

不安分的心

检校不分白天黑夜，像幽灵一样四下活动，一有风吹草动，便会向我报告。于是，臣僚们退朝后的一举一动，尽在我的掌控之中。我曾经吓唬过大学士宋濂。有一次，他在家里请客。第二天，我就找他谈话："你昨天喝酒了吗？座上的客人是谁？吃了些什么菜？"宋濂满脸写着惊诧之色。他从我的口气里听出有盘问的意思，于是便一五一十地回答了我的问话。

我拿出一张图来，这张图上竟然准确地画着赴宴者的座次顺序。宋濂看了脸色大变，汗如雨下。看着他的狼狈之相，我却感到无比畅快。这个世界在我面前是脱光衣服的，是藏不住秘密的。这让我感到很满意。

国子监祭酒宋讷因事在家中独自生闷气，暗中监视他的检校便将他生气的表情画了下来，报告于我。待到上朝时，我便问宋讷，为何无端地于家中生闷气，是不是生我这个皇帝的气。

宋讷叩头如捣蒜，承认自己在家中生闷气，是因为夫妻关系不睦。他问我如何得知，我便将锦衣卫为宋讷画的像递给他。当他看到自己面带怒容的画像时，脸色变得异常难看。

吏部尚书吴琳已告老回湖北黄冈，但我对他还是不太放心。我怕他利用自己的威望在下面做出一些不利于朝廷的事。于是，我便派检校前往侦察。这个检校到了吴琳的家乡，并不直奔吴宅，而是东溜西逛，打算收集一些关于吴琳图谋不轨的传闻。

这名检校经过一片稻田，见一个农夫模样的老人正坐在田边休息，便上前问他："可知此地有个吴尚书？" 不料老人却回答："敝人便是。" 检校看他那苍老的样子和与农夫没有多大区别，便回京向我如实报告，我这才放下心来。

类似的事例举不胜举，我编织的这张网络体系让整个帝国处于监控之下。在这里，我借用一个禅门公案来形容监控与被监控——老和尚与小和尚下山。当看到一个酒家的酒旗被风吹动时，老和尚便问小和尚是"风在动"，还是"旗在动"？小和尚说"旗在动"。老和尚摇头。于是，小和尚改口道"风在动"。老和尚还是摇头。小和尚很是奇怪，既不是旗在动，也不是风在动，那么到底是什么在动？

老和尚给出的答案是，你的心在动。这个问答的机锋在我和官员的心里，也有着类似的观照。我们都是那面旗帜，在彼此的眼里，必然是猎猎飞舞。即使我们是静默无语的，在对方看来，也依然是那面不安分的旗帜。

因为我们都有一颗不安分的心，所以怀疑与防范才会成为选择。

向所有人开战

历史充满了怀疑，没有怀疑就没有历史。在我看来，当怀疑带有必然、隐秘、预言的色彩时，怀疑对象就会成为客观事实的存在，从而使怀疑成为肯定。面对那些捕来的风、捉来的影以及针对人心的罪名，我采取的依然是制造血肉惨案的方式，再旁及精神层面。

我虽然亲自领导检校组织，但无法做到事必躬亲。因此需要有人来替我管理检校。杨宪是最好的选择。他是检校成员，而且是核心人物。元末，我消灭张士诚后，在他的地盘上设立浙东行省。我专门派外甥朱文忠担任行省右丞，总管军务，同时让杨宪作为属官随行辅佐。

临行前，我特地叮嘱他："朱文忠是我外甥，年轻且未经过历练。地方事由你做主张，如有差失，罪只归你。" 我这么做，是让杨宪帮我时刻盯着朱文忠。杨宪心领神会，很好地完成了自己的使命。到任不久，他就向我打了个报告，说朱文忠图谋不轨，任用儒士干预公事。

这是我最为忌惮之处。为了防止朱文忠这样的实权派武将自立门户，我规定不许他们任用文人。在收到杨宪的上书后，我严厉责备了朱文忠，并将他重用的五人押解进京，杀了其中的两人，其他三人罚做抄写手。

随后不久，杨宪又将同僚张昶陷害致死。张昶是元朝旧臣。察罕横扫中原之时，我担心自己的军队被元廷吃掉，有意通好察罕。我曾经两次派使者携带重礼和亲笔信前往察罕处求和。而元廷也派户部尚书张昶带着“江西行省平章政事宣命诏书”来南京招安我。后来察罕被刺身亡，风云突变，我也改变态度，不仅拒绝接受元廷的招安，反而将张昶扣留下来。

我挖了元廷的墙脚，还对刘基说：“元朝送了个贤人给我，你们没事可以和他多谈谈。”

张昶在元廷任职多年，精通朝章法典。我手下的文臣谋士大多是元朝的中下级官。他们从来没有接触过元朝高官，因此对张昶极为敬重。为了让张昶死心塌地效忠我和大明，我用一个死囚替代张昶，将其押往刑场处死。

杨宪与张昶在中书省相识相交。出于职业习惯，杨宪将自己恶犬似的眼睛和耳朵长在了张昶的身上，时常窥测他。我告诉那些投降过来的前朝旧将，当一个人无力改变现实时，他所要做的是识趣，是向命运低头。在无法摆脱外界诱引时，一些忧伤的结果会让人无所适从，让人沉迷其中。

当时元朝气数尚未散尽，在中国的北方地区仍拥有较强的势力。张昶出使被困，元廷高官要员却成为我的普通官员，或许这种身份上的落差让他无法接受。有一天，或许是憋得实在难受，他向所谓好友杨宪倾诉：“我如果能够回到元朝，仍会不失富贵。我是元朝旧臣，将我勉强困在这里，实在是思念故居。我的妻子儿女都在北方，不知她们现在过得怎样？”

当时元臣守节不辱被我放回的事例有很多，况且杨宪又是他的同僚兼好友，所以张昶对此人并未设防。待到朱文忠收复杭州时，我又将那些俘虏来的元朝高官放还大都。张昶得知此事后，非常羡慕，暗中让那些遣返人员带表章给元顺帝，带家书给自己的儿子。结果底稿落到了杨宪的手里，杨宪又呈递给了我。我立即逮捕了张昶。在审问过程中，张昶在简牍背面写道：“身在江南，心思塞北。”这让我大为震怒，只好将其处死。

杨宪的斗争欲望太强，居然连张昶都不放过，结果导致了这样一出闹剧。虽然杨宪取得了暂时的胜利，但他这种四面树敌的做法也给自己带来了杀身之祸。

现实与宿命，隔着一条叫作往事的河流。不管是让现在预言过去，还是让过去告诉未来。那些最先辨识政治风向的读书人，却很容易陷入简单的是非选择中。杨宪的举动为文人集团所齿冷。在他们看来，杨宪是一个阴险狡诈、出卖朋友的小人。虽然他为同僚所不容，但是得到了我的信任。有着丰富情报工作经验的杨宪，正好可以作为我安插进中书省的一枚有用的钉子。然而杨宪很快就让我失望了，他一进入中书省，就像是换了个人似的。

李善长、胡惟庸向我告发杨宪唆使侍御史刘炳陷害汪广洋，同时，刘基也向我告发杨宪的种种阴私之事，使我不得不处死杨宪。刀尖碰着鼻尖，有时，恐惧比疼痛更让人难以忍受。面对血肉的决绝，没有人能真正做到，身不摇晃，心不动。杨宪唆使侍御史陷害朝廷大臣，虽然是大罪，但罪不至死。问题在于，无论是李善长、胡惟庸还是刘基，他们都不希望杨宪活在这个世界上。

杨宪是检校出身。他们不允许我把大明朝变成一个用特务手段控制的国家，因此在处死杨宪的问题上，他们才能够抛弃以往的成见，联手出击，欲置杨宪于死地。

杨宪是洪武年间复杂的派系斗争中第一个流血的高官。他死于我为其设定的恶犬职业。他自以为有我这个皇帝宠着，就可以不管不顾地向所有人开战，逮谁咬谁。可现实情况却并非如此。随着他得罪的人越来越多，反而将自己逼入一个孤立无援的状态。其他检校人员也都没有落得好下场。高见贤、夏煜、丁光眼等人告讦他人，结果被人反告讦，导致被杀。

检校人员不断被杀，证明了一个道理：咬人的狗都不会有好下场。庙堂与江湖之间地域漫漶，仅有一条并不明显的模糊界限。庙堂不是人性的跑马场，江湖也不是白刀子进红刀子出的投名状。一个有了出路却走上绝路的人，一个明知归宿是与刀锋对撞的人，还是没有躲过命运的劫难。

杨宪之死只是一个开端，我并没有因为一个检校的死而放弃整个检校组织，反而使他们变得更加警惕。我急需掌握朝臣的思想动态和真实的生活状态。我治理的天下那么大，而每天送到我御案上的奏章却是那么的有限。尽管我不眠不休，也知之甚少。

想一想，天下有多少真相是我所不知道的。检校必须存在，那是我伸展出去的权力触角，无所不在的触角才能使我真正掌控这个国家。

2. 锦衣卫——我驱赶的虎狼

神灵在先于人类认识欲望和疯狂之前，就埋下了恶念的种子。

我曾听说，这个世上有一种人，是狼或鹰的后代。他们血腥的恶习让人胆战心惊。有人将他们称为食人者。胆小的人类在梦境与现实的边缘能够看见他们撕裂、咀嚼肉食的血腥，甚至能够听见神灵操控他们的咒语。

检校从一诞生就为我一手掌控，为我立下了汗马功劳。它只是一个职务名称，并非正式机构，有侦察权，却不能扣押人犯和判罪量刑。如果想让检校发挥更大的作用，就必须赋予他们更多的权力。如果将检校放到外廷文官系统三法司的话，只会让他们更加拘泥于国家法律和程序正义，而无法让他们无所不在，任性而为。

我是驱赶虎狼之人。我的判断力就是驱动一切的理由，不需要给谁一个解释。

在我撒开的这张权力大网中，仅有检校是远远不够的。虽然恶犬无处不在，但是大规模的屠戮，还需要一批虎狼来执行。我将目光收回内廷，放在身边的侍卫亲军身上。侍卫亲军是我的私人卫队。我将检校放入其中，并赋予他们侦察之外的权力也是能够说得过去的。锦衣卫也由此产生。

我怀疑一切。哪怕是一次援手相助，我都认为他是气节和美德的明码标价。我相信自己，哪怕是用纸包住火，我也认为他是生活的想象。锦衣卫，他们接受了指令而去向不明。他们是我的无形之手，掌握着生者和死者的秘密。

洪武二年（1369）四月，锦衣卫成立。检校与锦衣卫分工很明确。检校负责把收集到的情报向我报告。而锦衣卫则是一个集特务、法庭、监狱三位于一体的特务组织，其功能更加完善。锦衣卫掌侍卫、缉捕、刑狱之事。

一个帝国的命运，与人的命运并无差别，都有着不可动摇的法则与设计：蝙蝠要在黑夜觅食，狗则为人类看守家园，有人在梦里回到故乡，有人却在现实投入牢笼。如同那些锦衣夜行者，他们让生者伏法，让死者说话。他们可以伸手抓住空气里飘荡着的亡魂，可以替我消弭内心的孽障与恩仇。

我的帝国里需要这样一个组织，也是为了给那些功臣子弟一个吃皇粮、拿俸禄的机会。因为锦衣卫最初大多为恩荫寄禄、没有固定职务的人员构成。他们不是底层的小人物，没有品尝过被命运驱赶到山穷水尽的滋味。

每逢朝会之时，大臣们必须午夜起床，要穿越半个京城赶往午门。就在那天光微亮，雾霭氤氲中，那些身着飞鱼服、腰配绣春刀的殿廷卫士也会天神鬼魅似的紧随而入，他们手执銮舆、擎盖、扇手、旌节、幡幢、班剑、斧钺、戈戟……在冗长的朝会开始之前，这些强壮有力的年轻人，不仅彰显了我皇家气势，更让我体内的热血瞬间燃烧起来。

这些殿廷卫士，又称为“大汉将军”，隶属于锦衣卫。飞鱼服与绣春刀是他们身份的象征。飞翔的鱼，看上去有些龙的风姿，而绣春刀则像是拉长的一弯新月，阴柔轻巧，并无横暴刚霸之气。我曾听人讲述婆罗门教的事，在他们皇帝的宝座四周，围绕着人数众多的天使，组成天使军团，在皇帝面前说好话，唱赞歌。天使们每天心情愉悦地享受着天堂里的生活，而心中却隐藏着自甘堕落之恶。

如果我是那个皇帝，那些围绕在我身边唱赞歌的人，他们是天使，也是魔鬼。

我需要他们的守护，也需要他们用“邪恶”让我拥有警惕和知戒的本能。那些于内廷行走的人是我精挑细选的，属于锦衣卫中最为风光的人。

内廷拱卫司是我身边最亲近的一支队伍，属于我的专职贴身卫队。拱卫司的每一个成员都必须经过我的筛选和审核，包括他的出身，祖上三代是做什么的，所有的亲属关系等。这些人对我必须死忠，同时，他的个人能力和心理素质必须达到顶级水平。

锦衣卫挂牌

有人说，一切都是善的，一切都是恶的，在万恶之中，以人为最恶。他们生于原罪，死于自相残杀，最后终将消失于内心的魔鬼和炼狱之火。而在我看来，人的世界虽万恶丛生，但人还是要艰难苟活。我是皇帝，你是臣子，既然处于不同的角色中，那就各自辗转腾挪，无所谓对错。

登基之初，我用锦衣卫来对付自己的政治假想敌。虽是假想敌，但有人是真正的敌人，有人是潜在的敌人。我从不后悔揪住他们的罪恶，割下他们的脑袋。一把刀的命运开始于怀疑，而它的荣耀也必将终止于厄运。我要说出锦衣卫的秘密，就绕不开内廷拱卫司。

内廷拱卫司属于我的亲军，官职不高，其首领也不过七品官职。我将它独立出来，变成亲军都卫司以后，又将指挥使品秩从正七品提升到正三品，提高规格，增加人数——下辖左、右、中、前、后五军，统称为“侍卫亲军”，专门负责皇城的守卫工作。其后开始大肆扩充亲军都卫司。

在亲军都卫司里，仪鸾司和我的关系最为亲密。锦衣卫的发端就是从仪鸾司开始。作为一个君主，我在我的国度里，既承认黑夜与恶魔的存在，也期待我的人民在光明的祈愿中御风飞行。在胡惟庸案启动以后，亲军都卫司中的仪鸾司就开始慢慢地转换自身职能，向着锦衣卫蜕变。这时候，我的统治基础已经趋于稳定，政权建设已摆上议事日程。当年跟随我打天下的老少爷们儿都已放下战刀，脱去戎装，换上锦袍玉带，等待我的论功行赏。他们准备投入荣华富贵的下半生，光宗耀祖，庇荫后人。

于我而言，考验才刚刚开始。我不敢有丝毫的大意，更何况我早已习惯了那种无时无刻不存在的危机感。此后我所要做的，就是把仪鸾司中让我无法放心的人员逐个清理出去，然后再将心腹人员秘密训练成为超强的特殊人才。

那些身穿飞鱼服、腰挎绣春刀的锦衣卫并不只是履行守卫职责。我在最开始设立锦衣卫的时候，把朝臣们都给欺骗了。那些看起来像是散兵游勇的锦衣卫，个个都是千锤百炼的军队里的精英分子。虽然是军人出身，但他们在军队系统只是兼理而已。我建立锦衣卫的真正目的，要对付的正是外廷。

早在我当吴王时，就想改组国防配置。我将军队分为武德、龙骧、豹韬、飞熊、威武、广武、兴武、英武、鹰扬、骁骑、神武、雄武、凤翔、天策、振武、宣武、羽林等 17 个卫亲军指挥使司，废除了袭用元朝旧制的枢密、平章、元帅等称号，同时废除的还有亲军都尉府和仪鸾司。

锦衣卫公开挂牌后，我的工作也逐渐从历史的幕后走到了台前。锦衣卫已经不再像当初挖掘胡惟庸谋逆案时那般生硬如刀，他们已经成为一支成熟的秘密警察组织。就在锦衣卫们手握“诏令”耀武扬威的同时，更多的锦衣卫在不为人知的暗夜里蠢蠢欲动。

如果说大明政权是我朱元璋亲手栽种的一棵参天大树，那么我就必须要把影响这棵大树生长的多余枝叶全部剪掉，哪怕用最冷酷、最残忍的手法也在所不惜。正因为如此，配以锦衣卫们维持皇权威仪的刑法也比其他刑狱要严酷得多。锦衣卫的“诏狱”总共有十八套常用刑具，几乎每一种都是让人魂飞魄散的酷刑。

指挥使毛骧

对我来说，已经无法再回到普通人的生活，无法像一只老鼠四处逃生。我更像是一个精神病患者，怕光，怕风，怕黑。准确地说，我怕身边那些既熟悉又陌生的人。锦衣卫建立起来以后，交给什么人负责？我选定的锦衣卫第一任指挥使是毛骧。

毛骧原先负责仪鸾司。仪鸾司本是一个不太重要的部门，其职责不过是负责宫廷礼仪的传播和发展，负责皇家祭祀、巡幸、布宴的筹划和安排。就是这样一个偏软偏文的部门，在毛骧的一手打造下，居然呈现出另外一番狰狞的面目。

毛骧借着仪鸾司的层层掩护，从事一些机密活动，监视文武百官的动向。在他的用心经营下，仪鸾司被改造成为一个直接有效的特务机构，成为我在内廷安插的一柄利剑。毛骧在这些人中有一定的影响力，由他训练出来的队员，都以誓死的决心捍卫我皇家的安全。

在废除亲军都尉府和仪鸾司后，我又重建了一支既贴身又贴心的护卫队伍——上十二卫，将仪鸾司的人员重新调配。上十二卫中的一支重要队伍，就是锦衣卫。锦衣卫的带头大哥就是毛骧。我想用的人，他不能有善恶观念和思想产生，更不能拥有人的情感。他是一块冰冷而绝望的石头，不能为山鬼所驱使，只能为我所驱使。

毛骧也是凤阳府定远县人。早在我进攻定远时，他的父亲毛骐就带着当地县令归降于我。当时我的身旁只有李善长和毛骐两位机要秘书。毛骐死后，我厚待其子毛骧，将其留在身边做了亲兵卫队的指挥使。

在我的王国还没有正式建立之前，毛骧就已经是检校中的一员，有着丰富的稽查捕拿经验，更重要的是他赢得了我的信任。当然这份信任并不是白白送给他的，用此类人物，我除了要通过行动来发现他人性的阴暗面与狠辣程度，更重要的是观察他在处理棘手问题时的方式方法。在将锦衣卫的指挥权交给毛骧之前，我交给他一项重要的任务，那就是利用锦衣卫为我的皇权清除异己，替我找到清洗那些固执难制大臣的突破口。我知道，这种事对毛骧来说易如反掌，两个字就可以解决所有问题——谋反。和谁谋反呢？和胡惟庸。

夜色再深沉，也不会将死亡的秘密淹没。就算是一头狮子滚落山坡，他在遇见比他弱小的野兽和迷路的精灵时，也会下意识地遮掩自己暴露的身体，然后说，黑夜是忧伤者的黑夜，与道德无关。我就是那只狮子，捏着道德的命门，看上去无比忧伤。

胡惟庸案被我编织成了一只大筐，什么人都可以往里装。大部分人都是令我不放心的人，或者对我大明有潜在威胁的人。他们的存在令我日夜难安。胡惟庸虽然已经死了有些年头，但是朝中与他有牵连的官员依然活着，并且活得很好。栽赃栽到死人头上，便是一道无解的题，纵使千口万口也难辨真伪。

于是，几年之后，原本早已尘埃落定的胡惟庸案再起波澜，性质也从普通的“擅权枉法”变成了十恶不赦的“图谋造反”。从洪武十八年（1385）到洪武二十三年（1390），短短五年的时间，被胡惟庸案牵扯进去的功臣有一公、二十侯，连坐、死罪、黥面、流放的有数万人之多，朝中文臣几乎为之一空。

避死而不能，脱去皮囊之累而不得。一场场秋风扫落叶，一次次暗夜索冤魂，锦衣卫取得了我的充分信任。随着手中权力的不断扩大，他们的分工更趋于明确和完善。锦衣卫这头龇牙咧嘴的猛兽逐渐成形。

时间，在锋利的刀刃面前散发出料峭的冷意。黑夜被撕开，露出了龙袍下的血红。我要的就是雷霆之撼，要的就是噩梦不断。那些伴我打天下的功臣已经无法得到我的信任，我身边一批新的亡命之徒正在应运而生。最初出现在历史舞台上的锦衣卫是蒙着面纱的，人们无法看清他们的真实面目。让朝臣们感到惊骇的，是我对胡惟庸、蓝玉等人的清洗会如此彻底和周密。

他们不会想到，正是在锦衣卫的协助下，我得以有条不紊地开始我对功臣的肃清工作，行动稳健、准确，如同一架高效精密的仪器。

历时十多年的屠杀和不断地发掘，使朝臣们已经习惯了。我的计划和手段从来都是缜密无误的。也许正是这时候，人们才想起不知从何时起，刑部天牢外，出现了一座由锦衣卫管理的“诏狱”。不管是骨头比刀锋还硬的武将，还是意志力超强的文官，只要是个人，他们进入这里后，也会完全崩溃。锦衣卫的十八酷刑光听名字就让人魂飞魄散，什么刷洗、油煎、灌毒药、剥皮、铲头会、钩肠等超出人类想象极限的刑讯手段在这里得到了创新升级。

走在黄泉路上而不知何时抵达黄泉的尽头，这既有恐惧，也会让那些当事人魂魄难安。

这座“诏狱”关押的犯人，他们的身价丝毫不逊色于刑部天牢里的人物。锦衣卫手里绣春刀的杀气弥漫过应天城高耸入云的城墙。

万马齐喑

外廷官员的一举一动，几乎在一夜之间成为贴在我屏风上的一张张小纸条。即使知道这样可怕的事情已经确实存在，很多外廷官员还是不愿意相信自己身边早已密布鬼魅暗影。

我并不希望锦衣卫只在应天府这一亩三分地里扑腾。站在皇宫的大殿里，我眼睛里所看到的，并不仅仅只有那一面面贴满小纸条的屏风。千里之堤，溃于蚁穴。在渗透外廷的同时，我召见了仪鸾司的小头目。我告诉他们，未来锦衣卫的版图必须要扩张到大明江山的每一个角落，无孔不入，无处不在。我相信，历朝历代，没有一个皇帝打造特务机关所花的精力超过我。

其实真正查起案来，让朝中的锦衣卫出动到地方上去追查也不太可能。毕竟蟒衣鸾带过于招摇。因此大批的基层锦衣卫才是我掌握外廷边缘地带动向的秘密武器。但让下级锦衣卫直接向我报告也是不现实的。出于节约成本和提高工作效率，锦衣卫的情报输送工作应该是一级一级地传递到京城，而不是由专人护送。一系列的血腥清洗导致了外廷臣子们的大换血，无数的位置在瞬息之间就变换了官员。而在这新陈代谢的过程中，锦衣卫轻易地就将自己的耳目安插进去。这种刻意的清洗不但没让基层的锦衣卫们失业，相反使锦衣卫的网络建设更加趋于严密和完善。

我就像一个超级玩家，步步紧逼地完善着自己对于外廷的掌控。我通过“胡惟庸案”使仪鸾司完成了到锦衣卫的蜕变和进化，将仪鸾司与基层的特务们成功地连接在了一起，建立起了一支史无前例、最为强悍的秘密部队。

锦衣卫的存在让我省心了不少。凡是我有心清除的官员，我都会将自己的意图传达给锦衣卫，根本不需要走正常的司法程序。外廷的三法司对我来说这时候已形同虚设。

在朝的功臣们虽然每天活得战战兢兢，生怕锦衣卫指认自己是某党某派，但他们毕竟跟随我出生入死搏得天下，血性和胆气还没有被完全消磨殆尽。有的人就算自己赴死，也要拉上锦衣卫做垫背。

等到洪武年后期，我已经决定收手的时候，可是锦衣卫如同一头失去控制的野兽，仍然没有停止对功臣的屠戮。洪武十八年（1385），毛骧将胡惟庸的亲家、李善长的弟弟李存义扯进案子，想顺势将李善长诛杀。但我阻止了他的这一疯狂举动。

因为李善长在朝中势力盘根错节，牵一发而动全身，当时还不到动他的时候。

李善长也意识到我想利用锦衣卫将胡案扩大化。一旦掀起株连风暴，他们这些元老大臣将会首当其冲。在这种情况下，李善长联合朝中一些功臣不断地向我施加压力。这些年来，胡惟庸案已牵连进来几万人。毛骧真是一个人才，天生就是吃这碗饭的。他先是找到了胡惟庸“通倭”，与海外番邦勾结的证据；后又找到胡惟庸和北元余孽相联系，阴谋颠覆我大明的证据。此时，锦衣卫的诏狱里早已人满为患。

凡事不能做得太绝。物极必反的道理，我还是懂的。为了安抚天下臣民，尤其是那些整日活在噩梦中的官员，洪武二十年（1387）正月，我召集朝中大臣，将自己的决定告诉他们——锦衣卫设立以来，经常非法凌虐犯人。现在将这些凌虐犯人的刑具都毁了，将诏狱里的犯人交由刑部审讯。

我这么做只是想缓和一下外廷的紧张形势。我也知道毛骧和他的锦衣卫已经让那些朝臣恨得牙根痒痒。焚毁了的刑具可以再造，已经收押的犯人转交刑部。

洪武二十三年（1390），攀附于李善长这棵权力大树上的枝枝叶叶被一一清除。我知道该到了最后收网的时刻，毛骧此时也敏锐地捕捉到了我内心释放的信号。他又将五年前的旧事重提，李善长的弟弟李存义与胡惟庸有勾结，当年准备共同举事。这一次，我没有再多加犹豫，李存义被杀，李善长遭到株连。就在李善长倒下的那一刻，他居然在口供中将审讯他的毛骧也拉进了“胡党”。以其人之道还治其人之身，这真是一个意外的惊喜，毛骧就这样做了陪葬。

锦衣卫是我的私兵。没有我授予他们的威权，他们根本就没有资格和条件与那些朝臣对抗，尤其是那些开国功臣。毛骧的死让所有的锦衣卫成员都明白了一个道理，在我大明王朝的体制内没有谁是不破金身。既然成为锦衣卫的一员，你身上背负的使命就是我这个皇帝的耳目，就是我的一柄利剑。一旦被我这个皇帝放弃，你的生命也就走到了尽头。

我对皇太孙朱允炆说：“我在乱世，用刑不得不重。等你当了皇帝就是太平之世，到时用刑一定要轻。”随后不久，我又召集群臣，发布诏书宣布：“今后内外刑事不用再经过锦衣卫，不论大小直接送交三法司。”也就此撤销了锦衣卫缉捕、刑讯、论罪的权力。时隔不久，忠心耿耿的锦衣卫指挥使蒋瓛得到了我所赏赐的一杯毒酒。

我杀胡惟庸也好，杀蓝玉也罢，都是为了大明江山的稳固，但由此造成朝廷上下万马齐喑的现状是我始料所未及的。我深知恐怖政治不可能长此以往，而这时候大明王朝上上下下弥漫着对皇权的恐惧情绪。如果不能尽快消除这种情绪，给民众以安全感，我的王朝势必会在动荡中倾垮下去。

在我的眼里，锦衣卫只是我豢养的一群恶狗，是我拿来对付功臣集团的一件工具而已。即使再亲近，恶狗也不可能得到相应的尊重。等到一切尘埃落定，他们也就失去了存在的价值。

六、温饱事关天下太平——农民安则天下安

我住进应天府，像一个真正的皇帝那样拥有自己的宫殿。我躺在松软的御榻上，像是被一个温暖的春天包围着。我已经活了好久，正在一天天地感受着自己的衰老。人处于生命的尾声，记忆会出现回光返照。我的梦里反复地出现童年、死亡、战争、触手可及的黑色，我这个当事人已经适应了那种梦的特殊气息。

在我执政的三十多年里，最为关注的事莫过于农民。这里固然有我出身的因素，更重要的是国运使然。我当过游民，也知晓游民是造成这个社会不安定的主要因素。所谓游民十之八九是那些离开土地、漂泊无依的农民。

对于一个农业人口占绝大多数的庞大帝国而言，农业事关农民的温饱，农民的温饱则事关天下太平。我并不需要多么强大的想象力，就可以对此做出准确的判断。小农出身的我，对于农民在一个社会当中的脆弱性有着更为深切的体会。他们很难经得起任何社会波动的冲击。

1. 淮右布衣——终生未敢忘本

我一生都难以忘记淮河流域那个不起眼的小乡村。如果不是因为我朱元璋，它在中华大地上只是一个不知名的角落，在地图上估计都找不到它的位置。

封建社会的小农经济，决定了个体农民的生存状态。对于他们来说，人生无非四件事，春耕、夏播、秋收、冬藏；无非四个头，休养于炕头，劳作于地头，最远来到村头，最终走向坟头，终其一生，仅此而已。在一个农民的心目中，土地是维系他们生存的根本；而对于我这样一个当了皇帝的农民来讲，整个天下，都是我的田间地头。

至正二十六年（1366），当元军攻占濠州的消息传至应天时，我每日忧心不已。这时候天下已有大半被我收入囊中。尽管如此，濠州陷落，还是让我的精神受到重创。我不由得感慨："濠，吾家也。济如此，我有国无家可乎！"

一个月后，在我的催逼之下，明军又重新收复濠州。虽然军务紧急，但思乡之情让我难以自持，我回到了阔别十三年的故乡。我站在淮河岸边远眺。空中有鸟雀在悠然自得的飞翔。大片抛荒的土地长满了荒草，在时间里静默自在地生长。我曾经是这块土地上的小人物，如今却要在上面书写功德。这块土地上走出的人有千千万万。他们中的绝大部分将会被这块土地忘却和抛弃。因为故乡和国度只为英雄服务，并不记载泛滥如草芥的无名者是谁。这就是现实，也是历史。

见到昔日的乡亲，我百感交集。就连面对当年的仇人刘德，我也有如见到亲人的感觉。要知道，在我父母去世后，我和哥哥曾经登门求他施舍一块地埋葬。看着他跪在我面前磕头如捣蒜，我感到了从未有过的满足。尽管如此，我还是将其拉起，宽容了他。我说，你不必如此，我不会计较。当年你所做的一切，也是人之常情。你又怎能知道我今天会做皇帝。如果你知道今日，也不会那么做的。

在离开家乡前，我宴请父老乡亲。我动情地说："吾与诸父老不相见久矣！今还故乡，念父老乡人遭罹兵难以来，未遂生息，吾甚悯焉。"

濠州这块土地贫瘠得长不出庄稼，加上淮河泛滥，可谓十年九荒。我在此留下的记忆，只有无尽的痛苦。但是回到这里，我的内心还是感觉到温暖。或许这就是中国人一生都难以割舍的乡情。一个人在外面的世界感受到人性的冷酷，而故乡给你带来的却永远是恬静与舒适。正因为如此，开国之后，我才会提出一个令天下臣民感到震惊的计划，那就是在凤阳建立中都。

经过百万民工六年时间的辛苦打造，中都已初见规模。由于有匠人心怀不满，在宫殿的一些重要部位，实施了"厌胜法"，最后只好废弃了这座耗费全国财力建造的新都。我杀了那些心怀恶念的匠人。让我的故乡成为他们的葬身之所，是他们的荣幸。建造与鬼神之术都是无中生有。它们构成的物质来源不明，且目的可疑，有着难以揣测的不解之谜。在我的国度里，不能助长这种风气蔓延。

洪武三年（1370）初夏，天气大旱。我领着子女以及后妃，脚上穿着麻衣草鞋从皇城步行十几里前往山川坛。我共有四十六个后妃，二十六个儿子和十六个公主。在古往今来的帝王中，我可以算得上是一个生育能力旺盛之人。对于我们来说，繁衍生息是头等大事。不过我怎么也不会想到，我的家族会在百年之后繁衍到八千多人。作为皇室家族，这些人都是由帝国的财政养活。有人算过一笔账，养活我皇族所耗费的资金，相当于全国三分之一的军费。

我此行的目的只有一个，为天下苍生祈雨，以解严酷的旱灾。历朝历代发生类似的灾情，那些有道君王都会选择在旱灾发生时举行祈雨活动。作为农民出身的我，对天灾人祸有着更为深切的体验。我的做法并不仅仅是做给天下臣民看的一场真人秀。

我登上祭坛后，敞开上身，像一个罗汉似的盘坐于青石板上，将自己的身体曝晒于炎炎烈日之下。儿子们也都模仿我的做法虔诚地陪侍左右。马皇后带着后宫嫔妃，在祈祷现场临时搭砌的灶台上烧制农家饭。麦饭菽豆煮熟后，皇太子先捧过一碗给我品尝，然后一家人坐于烈日下吞咽粗糙的饭食。这种状态一直要持续三天，白天袒背曝晒，夜里原地和衣而卧。老天爷或许真的被我的诚心感动，居然下起了大雨，几个月的旱情得以缓解。

节俭治天下

我来自贫民阶层，亲历田间农事，深知物力维艰，更了解民间疾苦。在我二十五岁以前，我对这个世界的认知可以用四个字概括：饥寒交迫。我经历了从游民到帝王的身份转换以后，考虑问题的方式也发生了变化。这正应了那句话，存在决定意识。

有人说，人性的欲望就是由空荡荡的胃传导给这个世界。像我这样一个处于社会底层家庭里的孩子，生来是以世界上最粗粝的粮食来填充胃肠。即使这最粗粝的粮食，也是吃了上顿没下顿。灶上支起的那口破锅，一年到头也难得见一回荤腥。这当然并不是我一家一户的状况，而是多数农民乱世里谋生存最为常见的状况。河南嵩县一个姓刘的典史入京朝觐。我见他身上的衣服破旧，很是高兴，说道："官员们往往为了锦衣美食去侵害百姓。像这个嵩县典史如此贫寒，居官能不清廉吗？"我命赐予布帛，以资鼓励。

我见不得官员身着华服。一身华服包裹着的必然是欲望满满的躯体。我讨厌这世间流光溢彩的趣闻和性情。贪欢纵欲、挥霍性情，是人类难以宽恕的恶疾。一天，我在奉天门外看到一个散骑舍人穿一身华美服装，就问他置这件衣裳用了多少钱。他回答说，用了五百贯。我斥道："尔不闻农桑勤苦，置一衣乃至五百贯，此农民数口之家一年的过活。骄奢如此，岂不是暴殄天物！"

我经常对大臣们说："节俭二字，不但为治天下者所当守，治家者亦宜守之。尔等岁禄有限，若日用无穷，费用过度，何从办集？侵牟公帑，剥削百姓，皆源于此。"若是他们连做人都有问题，又怎能做好我的官。虽然他们中的大多数人都接受过最基本的儒家教育，但是我必须重新设置秩序、道德、纲常、婚姻、伦理等框框予以约束和界定。

少年时的生活经历深深地影响了我当国后的治国理念。我生来是一个赤贫者，是最接近社会底层的人，遭受过人间最惨烈的困苦。我不止一次地在大臣们的面前念叨，自己在乡下时，经常会看到官吏饮酒作乐、不务正业、欺压百姓。闹灾时，下乡放赈的官员会公然把赈米贱价卖给大户。对佃户的租子，他们千方百计地搜刮盘剥。这些人、这些事让人可恨。每当想到那一幕幕的过往岁月，心里就会升腾起愤怒之火，恨不得拔刀杀了那些人。

老百姓的生活没有更好的选择，一年辛苦到头，种庄稼、纺织布匹，忙到最后的微薄收入也只能用来抵债。田里种的庄稼还没收割，机杼上织的布匹还没取下，就已经不属于自己的了。他们一年到头穿的是破衣，吃的是粗粮，做的是最为艰苦的劳动。我把自己亲身经历的这些场景，眼里看到的这些东西，都深深地刻在了自己的心里，融进了我的治国理念。

当了皇帝的我，始终没有忘记当初作为农民的悲苦岁月。或许正因为如此，我尤其痛恨那些寄生虫似的贪官污吏，可以说是一种刻骨的偏见与仇恨。我是在乡村生活中长大，在我的执政理想中，最幸福的农民生活应该是男耕女织，丰衣足食，而不是一遇到天灾人祸，就家破人亡。

一统天下之初，我经常下令免征一些地区的粮税。我曾在享受帝王尊荣的时刻，突然想起父母当年吃糠咽菜的苦难岁月。我无法自控，放声大哭。由此我得感谢我的父母，他们给我遗传了对抗生活的智慧与品德。他们生前是这个世上的好人，想过上一个农民最普通的生活都不得。

皇家有一个传统，皇帝生日这一天是万寿节。文武百官都要在正殿举行朝贺。

赶上皇帝心情好的话，百官还可以齐聚一堂，享受帝王宴，拿到一个大大的红包。如此群臣欢宴的场面让我极为反感。我无法接受这种奢靡之风。连续十几年我都拒绝行此典礼。

修建皇宫时，我下令将所有雕琢奇丽奢华的装饰取消，多用一些庄重简朴的图画。妃嫔住处的墙壁与屏风全画上稼穑图，太子东宫的整面墙上要画上我的生平事迹图。我的起居办公殿堂内，全是用朱笔写的治世格言，一字一句，令人警醒。宫廷内部的空地上，不建亭台楼阁，只建园圃，栽种应时蔬菜。在政事闲暇的时候，我自己时常来到这里看太监、宫女汲水灌园，捉虫除草。车、舆、用具该用金银装饰的，全都改用铜。

精神印记

在我看来，忘记自己的布衣身份，就意味着背祖叛宗，是一种天大的罪过，是会遭到天谴的。如果今日的我还是农民，那么我应该是一个克勤克俭之人。因为我生来就活命于一个勤劳本分的农家。年轻时候的痛苦，父母一生的凄惨，给我留下的印象过于深刻，挥之不去。

洪武元年（1368），全国很多地方都遭受了旱灾。第二年春末，旱情依然没有得到缓解，这使我想起至正四年（1344）前后，家乡连年大旱、瘟疫不断的可怕情景。

我祭告父母亡灵，请求他们在天能够护佑我。想到父母在时，自己没有机会尽一天的孝道，心里会隐隐作痛。而今父母已不在人间，自己就是贵有天下，富有四海，也难以弥补子欲养而亲不待的遗憾。如今我也只能通过这种外在形式，使自己的内心得到一时的宽慰。

除了按照传统礼制在宫城外建立太庙，每逢初一摆上新鲜的食品供奉祖先，我还在宫城内建了一座奉先殿，专门用来供奉我朱家的列祖列宗。每天早晚，我都会率领诸子亲王前往此处拜祭。皇后则带领各宫嫔妃按时进膳，如同侍奉生者。

我亲自撰写祭文，每日早晚各两次面向苍天诵读。祭文的大致内容是：虽然儿子有过错，但当年二老吃草根、粗米的艰难始终不敢忘记。今日，儿臣愿意率领妻妾在半月内吃草根、野菜、粗饭，与百姓共甘苦，以反省上天的谴责，并为天下百姓祈福。

我经常会梦见父母，为想念而流泪，为他们穷困潦倒的命运而惆怅无比。青少年是一个人精神世界发展至关重要的时期。而在那个时期，我所能够接触到的外界资源实在是少得可怜。不是小人物喜欢绝望的人生，而是绝望的人生缠绕着小人物。如果不是元末纷乱的时局将我颠簸出原来的生活轨迹，我这一生将会被牢牢锁定在那块贫瘠的土地上。

我从乡村社会出走，可我的一生都像是原地打转转。离开的是我的身体，而我的魂魄早就埋在了那里。那里不仅有浓厚的人情，有田园风光，也有愚昧、野蛮与懦弱，有对权力的盲目崇拜和顺从。就在社会最底层的摸爬滚打中，底层文化精神全方位地渗透进我的身心。而随着命运神奇的改变，赤贫出身的我登上皇位，因此不可避免地将自己性格中的贫困文化因子传播得更深入、更广泛。

我的一举一动都受到农民思维方式的牢牢制约。在我的治国大政方针里，可以清晰地分辨出淮河南岸那个小村庄的贫困文化的精神印记。在这块土地上生活过的我，是一个卑微的人。虽然如此，但我从不憎恨这块曾经给我带来深深的伤害的土地。

贫穷与卑微不是这块土地带给我的，而是那个时代。由于出身贫苦，幼时受过许多苦难，我在登上皇位后便把自己当作贫困农民的代表。就连下诏书的时候，我自己也免不了要表白一番：

“朕本农夫，深知民间疾苦。”

“朕本农夫，深知稼穑艰难。”

这种特殊的生活经历和思想境界，决定了我和农民的关系。如果说我朱元璋与其他帝王最大的不同之处在哪里，我想，应该在于我一生对农业特别关注，对农村特别了解，对农民特别同情。我的一切与农民有关的感叹都由衷地发自肺腑，如同一个老农站在自家的田间地头，感叹这一年的收成。

“四海苍生，皆吾赤子，爱念之意，旦暮不忘。”

“食惟民之天，民乃邦之本，一视同仁，皆吾赤子。”

我总是不厌其烦地在皇子和大臣们面前唠叨：“四民之中，农民是最累最苦的。春天鸡一叫就要起床，赶牛下田耕种，插下秧子，得除草，得施肥，大太阳里晒得汗直流，劳碌得不成人样。好容易等到收割，完租纳税之外，剩不下一丁点儿。万一碰上水旱虫蝗灾荒，全家着急，毫无办法。可是国家的赋税全是农民出的，当差做工也是农民的事……”

我曾经带着太子朱标来到南京郊外农民的茅草屋里，与农民同吃同住，体会农民生活的艰苦。回宫之后，我问他此行有怎样的感受。我告诉他：“我们老朱家当年的艰困程度十倍、百倍于这样的家庭。农民四季劳苦，粗衣恶食。国家钱粮全靠他们供给。你要记住君主的责任，不可忘记他们的饥寒。否则，与心何忍？”

我父母当年连最基本的生产资料都没有，因此，我能够感受到农民生活得不易。我不允许在自己的王朝里，既得利益者随便浪费物力财力。他们所挥霍的是民脂民膏，都是老百姓一点一滴的劳动所得。

爱物惜物

当了皇帝以后，我在吃穿方面都不太讲究。我并不具有一颗极端仇视物质的清高之心。我反对繁华和乐趣，源于我与生俱来的命运和天性，与道德无关。

南京这个地方夏天非常热。我到各个衙门去视察的时候，通常汗流浃背。这时候，旁边随从就会给我拿着衣裳，这件湿了然后换一件。或许旁边官员看我换下来的衣裳没有一件是新的，他们就在私下里议论。

这样的话传到我的耳朵里。我不以为耻，反而认为自己为官员们做出了榜样。虽然有人从一只苍蝇的飞行来推断人类哲学的虚伪，但是我并不需要用虚伪来为自己树立功德。我偶然来到这个世界，并且偶然成为一个皇帝，建立一个王朝，我并不需要和别人共用同一份荣誉和名声。

我告诉他们，虽然今天的我已经富有四海，但是我必须管束自己的心。我经历过最底层的生活，所以能够体会百姓的疾苦。你们给我记住，在我的王国里，奢侈与腐化是当权者最大的犯罪，我决不纵容。

我还说，我虽然是这个王国里的皇帝，但是在铺张浪费这件事上，我也没有任何特权。皇帝的嗜好至关重要，往往会引领社会风气。楚王好细腰，会饿死天下多少好姑娘。崇尚节俭，能够滋养一个人的品性。如果崇尚奢侈糜烂的生活，整个社会肯定会走向道德败坏，君臣也会跟着腐化堕落。

登基之初，有湖广官员千里迢迢向我进献竹席。我怕开了进奉之风，下令退回。

后来金华又进贡香米，我虽然觉得香米的确很好吃，但是接受进奉会给地方百姓增加负担，也禁止了。我在后宫的园林中辟了几十亩地用来种庄稼。每当耕耘收获季节，我都会带后妃和皇子们亲往观看。

我不太喜欢饮酒，虽然能喝一点点葡萄酒，但是没有酒瘾，更没有酒量。太原进贡了一种葡萄酒，后来我下令不要再进贡了。山西潞州进贡人参，也被我取缔了。我认为采人参要冒很大的风险，这么做实在劳民。而国家的职责在于养民，不能因为皇家的挥霍享用而劳民。西番酋长进贡葡萄酒，我赏赐给酋长一些绸缎衣物，但是把酒退了回去，让他们从今以后不要再进贡。我这个天子好像一天也没有管过天上的事，全是对普通生活的执迷。

我对中书省官员说："饮食衣服平常够用就行了，额外的追求只会带来无穷的祸害。元廷时期，西域进贡葡萄酒，使者络绎不绝，沿途百姓饱受痛苦。朕岂能再以此殃民。"回族商人进贡一种香料叫阿刺吉（汉语叫蔷薇露），说是能够治疗心病，还可以调制香粉。我也予以拒绝，说："中国治心病的药物很多，这种东西不过是修饰容颜的。用它只能助长奢侈之心。"

有一次，我在宫里看见几个宫女往地上扔了一缕丝线，就将她们喊到面前，问她们，这是谁扔的？并警告她们，这是老百姓的血汗，下次如果再扔，重罚不饶。

还有一次，我看见两个宦官穿着新鞋，下着雨踩着泥水，毫不爱惜。我警告他们，这样不爱护老百姓提供的衣服、鞋子，是一种犯罪。老百姓的血汗不能让你们随便糟蹋，下次再犯，重责不饶。

我的节俭，固然与我的出身有着很大关系。但不可否认的是，也和我身上所具有的倔强执拗的性格以及超乎常人的自制力有着很大关系。我的治国理念，除了对待官员的铁血一面，还有对待老百姓温情的一面。我真的不愿意浪费民力和钱财。

农民的理想国

作为农民出身的皇帝，我比谁都明白：一个王朝政权的稳定，往往取决于农业社会的祥和安静。毕竟在我们这个古老的国度里，农民的比例要占百分之九十以上。任何与农民过不去的举动，都可以视为与整个大明王朝为敌。

我和智囊团的高参们对于未来社会不可能提出新的理想方案与新的设计。我们所向往的还是恢复被元朝统治者和战乱所破坏的小农经济。

小农经济是一种自给自足的自然经济，没有激烈地兼并，没有巨大的社会动荡所带来的破坏。尤其是在统治者不对小农经济做过多干扰的情况下，小农经济基本上能够保持一种稳定性。如果上层建筑能够与其发展相匹配，他们也不会自发地与政权对抗。更何况小农经济的分散性及其生产规模的狭小和个人拥有的财富过少也无法形成与皇权对抗的力量。

我在分配帝国利益蛋糕时，会首先将农民利益放在第一位。与对待官员的严刑峻法不同，对于农民，我始终给予特殊的关照。我自己本身就是一个农民。农民所向往的“理想国”，就是我这个农民皇帝的奋斗所在。就个人而言，我登上皇位，已经达到了个体生命的巅峰。但是，作为一个君王，我的心中还有一个可以触摸的目标与理想——那就是建立一个平等俭朴、富足安乐的农业社会。

早年的卑微出身，使得我深深体会到一个小民要想在这块土地上扎下根所要付出的痛苦与艰辛。当皇帝之后，我不止一次地在官员面前说：“朕为天下主，凡吾民有不得其所者，皆朕之责。”我是天下之主，凡是老百姓吃不上饭，住不上房，都是我这个做皇帝的责任。

由于长期生活于社会最底层的缘故，形成了我执政时期的两大特色：对农民疾苦的无比同情，以及对豪民和暴吏的刻骨仇恨。我将“安民为本”作为施政的中心要务。每遇灾荒之年，我就像是一个靠天收的农民那样变得焦躁难安。因为少年时的灾荒记忆牢牢地刻在了我的脑海里。相比较而言，我可以说是历史上对灾荒认识最为深刻的一位君主。

我将民心视为天命所在，将民心视为我朱元璋能不能够维持长久统治的根本。历史上那些短命王朝为什么会那么快就走到灭亡的境地，究其原因，还是因为失去民心。正因为如此，所以我才会说：“天命去留，人心向背，皆决于此，甚可畏也。”

洪武五年（1372）腊月的一天，我在南京三山门看见几个农夫。他们赤足在护城河里一边走一边用手在冰水里摸着什么。当时，南京的天气已经冰冷刺骨。我问身边的官员，这么冷的天这些农夫在水里摸什么，是在捞东西吗？

身边的人回答，这些农夫在这里是给官府做工。可是督工的官吏把他们的锄头扔到水里了。一定是农民得罪了那些督工的官员，官员才会如此惩罚他们。可是工具对于这些农民来说，好比战士的武器，很宝贵，于是这些农夫才会冒着严寒在冰水里捞工具。

我听了，不禁打了个冷战。然后我派人去把那些整治农民的督工官吏叫来，痛打了他们一顿。我告诉他们，自己为什么要责罚他们。这些农民离开自己的土地，来到这里服役，他们在如此恶劣的环境下劳作，手脚都皴裂了。你们不但不同情他们，还把他们的工具扔到冰冷的水中。你们怎么会如此狠心？要是这些农民是你们的父兄，你们也会如此对待他们吗？

我命这些人赶快去为他们打捞，并且又赏给这些农夫一些锄头和工具。

我对当时的随行官员汪广洋说："像这样的数九寒天，我们穿着裘皮还觉得冷，可是农民还在做工。他们吃不饱，穿不暖，非常可怜。"我下令，南京所有服役的农夫一律停役，放假回家。

我经常会想起自己寒微之时，那一段遭遇兵荒饥馑、靠野菜度日的苦难岁月。我做出规定："凡是地方发生水旱灾害，地方官员不及时上报的，如有老百姓来申诉，我将对官员处以极刑。"

因为瞒报灾情及赈灾不力，我杀了不少官员。我平时对下属极不放心，要求事事都要向我请示而后行。只有在救济灾民这件事上，他们可以先采取行动，后向我汇报。

我认真地算过一笔账：整个洪武年间，赈灾所赐布、钞数百万，米百余万，所蠲租税无数。除了这些应急措施，朝廷还建立起制度化的福利救济设施。这些福利从一定程度上解决了前朝依靠个人力量无法解决的生老病死等困难。

惠民政策

我是古往今来第一个"农民皇帝"。虽然当初的我视刘邦为人生的榜样，但是我与刘邦有着很大的区别。刘邦不能算是一个纯粹的农民。他只能算是一个民间社会的流氓式人物，更何况他还有一个泗水亭长的职位。

我一生都没有改变自己身上的农民本色和农民作风。在许多的日常细节里，我会为提升农民的社会地位，改变他们贫困的生活而殚精竭虑。在内心世界，我总有一种感觉，帮助他们就能够在冥冥之中改变当年我父母兄弟的生存状态。

我告诉那些大臣："昔日，在民间看到那些饥寒交迫的鳏寡孤独、老弱病残，心里常常会产生一种厌世情绪，恨不得能够马上替他们去死。战乱年代，见到这种情形时，也是同样心生恻然。如今，我代天治民，若天下还有流离失所的人，那就不但有悖于自己拯救百姓的愿望，也没有尽到代天的责任。你们务必要体会我的心情，要好好安置那些贫苦无告的人，不可使天下还有这样的人。”

在《大诰续编》里，我反复向各级官吏们灌输一个理念——官不扰民。在我的意识里，官民之间如果发生矛盾，责任一方在官而不在民。正因为如此，一旦发生官民冲突，我的惩治手段只会用来对付体制内的官员，而不是平民。各司府州县，如果遇到公务需要差遣平民，官吏只允许拿差牌到平民家中去传唤。如果传唤三次不到，才准许派皂隶去捉拿。捉来之后，必须询问他为什么没来。我担心这些农民可能只有夫妻二人，为了生计而出门劳作，或有急事不在家中。如果是这样，就不是农民的罪过。如果对他们加罪，就是在虐待我的农民。

每次回想起三十年前，我的父母生病无钱救治的悲惨情景，我都会心如刀绞。

在社会平民阶层中，我尤其厚爱那些挣扎于贫困生活中的孤寡老人。作为社会上的弱势群体，老人更需要来自朝廷的优抚和安置。我先后设立了“养济院”“漏泽园”和“惠民药局”等慈善机构，用于解决民生问题。

我做过流浪者，对于那些无家可归者的疾苦深有体会。“养济院”用来收留城市中的孤寡老人和赤贫者，每月给米三斗，薪二十斤，冬夏布一匹。小孩子给予以上数量的三分之二。以致许多生活并不贫困的骗子也假装穷人混进来，且赖在里面不走。“漏泽园”用来埋葬那些死后无钱无地安葬的老人。“惠民药局”用来收留那些有病而无钱医治者，免费给予医药治疗。

大才子解缙曾经给我描绘了一幅完美的太平图景——《献太平十策》。他是根据《周礼》记载描绘的。“过失相规，出入相友，守望相助，疾病相扶持。”这幅图景虽然与我的理想国相一致，但是我知道，过于理想化的世界是不存在的。我也只能结合实际生活，加以修正完善。

2. 于民宽仁——不患寡而患不均

洪武元年（1368），我与刘基有过一段对话。我问刘基：“如今，天下已平定，我应该怎样治理这个国家？怎样对待天下百姓？”

刘基道：“两个字可以解决陛下的心头所忧，那就是‘宽仁’，对待老百姓要宽仁。国家要实行宽仁的政策。”

刘基的话固然有一定的道理，可是我却对此持保留意见。因为一味地实施“宽仁”与我的治国理念还是有些出入的。

我的理由是，如果不施恩惠，只是在那里空谈宽仁，是没有任何用的。在我看来，宽仁应该建立在有利于民生、体恤民力的基础上。如果不能做到勤俭治国，老百姓就会贫穷；如果不能够体恤民力，老百姓就会怨声载道；国家不实行教化，老百姓就会不知道礼义；如果不禁贪暴，就会失信于民。舍此而言宽仁，是徒有其名，老百姓并没有真正得到实惠。

在与刘基谈话之后，我与时任中书省长官的胡惟庸也有过一次这样的对话。我说：“天下一家，民犹一体，有不得其居所者，朕常思如何安养之。昔吾在民间，目击小民之苦，鳏寡孤独饥寒困顿之人，常自厌生，恨不即死。吾每见此状，心常凄恻。故吾躬提军旅，誓清四海，以安百姓。今朕代天理世已数年，若天下之民有流离失所者，非惟更改朕之初衷，于代天行道，亦不工耳。其令天下郡县，查访穷民无靠者，月给以衣食；贫困无依者，给以屋舍。”

那些有钱的大户没有一个是心怀慈悲的。在那饥荒年月，他们会眼睁睁地看着你饿死路旁而见死不救——尽管他们的餐桌上有吃不完的大鱼大肉。记得那年，我们家断粮已有半个月，我爹朱五四去地主刘德家借粮，结果被骂出门。哪怕当时他将家里喂牲畜的粮食施舍一些给我们，爹娘也不至于饿死。

我一心想要打造一个天下大同、人人均等的国家，以实现耕者有其田、居者有其屋的理想社会。天下百姓在听到我这句话时，岂能不欢欣鼓舞。自古以来，农民始终是这个社会的弱势群体，而农民中的鳏寡无助者，则是弱势群体中的弱者。我发愿，要让这些人一起享受到发展的成果。

打击豪强

我曾经对官员们说：“富民多豪强，故元时，此辈欺凌小民，武断乡曲，人受其害。”

那些富民往往利用制度上的漏洞，勾结官府欺压良善。对于富民，我始终怀有一种敌意。在这一点上，我无法欺骗自己。为富者多不仁，我总是把自己少年时的生活经验和自己的治国理念纠缠一处。

洪武二年（1369）二月，我把浙西富民召到身边，对他们训诫了一番。我诘问道，你们能够在乡里收受田租安享清福，知道是什么原因吗？古人说，人人都想享福，如果没有人管理，这天下就乱了。如果天下无人管理，就会造成恃强凌弱、以众欺寡的局面，你们这些富人不能安享清福，贫苦百姓连生活也无法保证。我今天为你们立法定制，只要你们安守本分，遵守法律，就能够保护你们的身家和财富。希望你们不要欺负弱小，不要兼并穷人的田地房产，不要虐待小孩，不要欺负老年人，要孝敬父兄，要和睦亲族，要周给贫乏，对那些贫困的人给予帮助，在乡里不要胡作非为，要和气，要谦逊，这样才是一个良民。如果还像以前那样胡作非为，就不是良民了。

除了将那些有钱人强行迁徙之外，我还借着几次兴起的大案，扩大打击面，将矛头指向民间社会的豪民巨室。江南地区富庶，那里的大地主也多，所以成为我重点打击的目标。凡被牵连者，多被抄家杀头。发展到最后，中等收入以上家庭，基本上也都破产了。

对于豪宗大族，特别是江南地区的富农，我所采取的手段是严酷无比的，进行反复打击。这在前朝也是从未有过的。我的打击对象主要集中于那些气焰嚣张的地方豪强，虽然手段偏激了些，但实际效果却是明显的。贫富差距逐步缩小，社会趋于稳定，遏止了土地兼并。

我的骨子里始终是一个小农，有着实施小农社会的平均主义理想。而对于地主豪强的打击，使得那些阻碍我实现政治理想的绊脚石被一一清除。倘若我的青少年时期不曾经历过那样的苦难，没有人会相信，像我这样一个杀人如麻的铁血帝王能有如此温暖的情怀。

我是农民的儿子。我由衷地希望自己治下的农民能够过上安静富足的生活。为此，我充满理想地精心设计帝国最基层的乡村生活模式。帝国的所有农民，都应该全心全意地致力于生产劳动，通过男耕女织的诚实劳动，交纳皇粮——完成向帝国财政贡献赋税，并获取生活的来源，成为大明王朝最忠实的良民。

在我的国度里，容不下那些游手好闲和无事生非者。他们必须要为自己的放纵无度付出惨痛的代价。为此，我在全国每个乡村都设立“旌善亭”与“申明亭”各一座。

旌善亭用来表彰良民及其令人称道的善行义举。他们的名字和好人好事将被写在亭中，以此张扬人心向善。

申明亭则是处理村中纠纷的场所，举凡婚姻、财产、争占、失火、盗窃、骂人、斗殴、钱债、赌博、擅食田园瓜果、六畜践食禾稼、亵渎神明等，都要在此由年高望重者予以仲裁。审理仲裁中，老人可以酌情使用竹篦荆条等抽打案犯，但不许设置牢狱监禁。白天审问，晚上必须放回去，第二天可以接着再审。而那些行为不检者的名字及其坏人坏事，也会被写于亭中，以此警醒那些后来者。

乡村自治

每年正月和十月，全国各地的乡村都要举行两次全体村民大会餐，名曰“乡饮”。在那个时间里，全体村民都会在进餐之前，聆听年高望重者发表训词、报告和宣读朝廷最新颁布的法令、文件，而所有行为不轨者也会在这里接受批评教育。其中屡教不改及态度恶劣的人，会被定为“顽民”，扭送官府接受强制教育。甚至他们的家属，也会被发配或者充军到边远地区。而那些被推举出来主持工作的年高望重者，如果没有很好地履行自己应尽的职责，他们也会受到惩罚，严重者同样会被发配或者充军边疆。

我同时规定，上述惩恶扬善暨乡村自治的过程，均不许政府官员干预。

不论惩恶，还是扬善，官员的职责就是如实向我报告。如果我得知地方官员干预乡村之事，涉事官员将受到我的严厉惩处。

我始终认为这种双轨报告机制，能让各级官员处于一种自控状态。我要求，全国每个村庄都要在中央位置摆放一面鼓。每到农忙时节，需指定专门人员于清晨五更时分擂鼓，令人们黎明即起，下田耕作。这个工作，一般都是由老人负责。那些懒惰不愿意下田的人，由老人督责。若老人没有尽职，导致懒汉生活困窘，从而铤而走险为非作歹被官府抓到了，则老人有罪，将会受到惩罚。

我还要求每个乡村选派一位老人做好宣传教育工作。每个月有六天时间，在天色向晚时分，这些老人会定时出现在乡村道路上，摇着铜铃，大声朗诵宣讲我亲自制定的六谕：要孝敬父母，要尊重尊长，要友爱邻里，要教育好子女，要安居乐业，不要为非作歹。

人人有饭吃、有衣穿

我虽然没有执政当国的经验，但是我早年所处的阶层，是人口占绝大多数的贫民阶层。一个皇帝要想天下太平，首先就要让这一阶层的民众过上有饭吃、有衣穿的生活。当年的我，如果能够混上一口饭吃，是绝对不会去干造反之事。为了使农民能够安居乐业，我对他们的生产与生活做了相当细致入微的考虑与安排。

我要打造一个人人有饭吃、有衣穿的平均化理想国。每一个成员有着接近的财富。人与人之间不会盘剥，不会相互倾轧，更不会大鱼吃小鱼似的融合。每个人安心于自己的一亩三分地。他们没有非分的要求，更不会自发组织起来。

我在诏令中规定：如今天下已经太平，老百姓除了按照自己的本分交公粮和当差之外，并没有其他的麻烦。因此，你们务必要用心打理自己的分内之事，做到丰衣足食。每户一定要按照国家号令，依法栽种桑树、枣树、柿子树和棉花。这样，每年养蚕生产的丝绵，可以丰衣；枣、柿子可以卖钱，遇到歉收年景可以当粮食。此事对你们老百姓有好处，乡村里甲、老人务必要经常监督检查。若胆敢违背，全家流放边疆。

当时，我还做出详细规定，要求每家农户必须按照一定数量与比例栽种桑、枣、柿和棉花。其中，枣、柿是用来解决农民的零花钱问题，并在灾年帮助他们渡过饥荒。而另外两项——桑与棉，则对我大明经济产生了极为深远的影响。

松江府（上海市松江县）治下，这里曾经是我的死敌张士诚的地盘。因为我痛恨当地老百姓对张士诚的支持，曾经产生过“屠其民”的念头。后来我虽然放弃了这个想法，但一直心存芥蒂。也正因为如此，大明开国后，我将苏州、松江地区作为高额赋税区。

在这里，我们可以做一下比较，宋朝绍兴年间，松江地区的税粮只有 18 万石。而到了我执政时期，这里的税粮增加到 98 万石，加上其他杂费，总计达到了 120 多万石。当时，全国年税粮总计 2900 多万石，苏州一个府需要交纳的是 290 万石左右，占全国的十分之一。松江虽然不到苏州的一半，但号称天下赋税最重之地。原因是苏州府管辖着七个县，而松江府只辖两个县，从农田面积上看，松江也只有苏州的四分之一。

如此沉重的负担，仅靠土地种粮已经无法支撑。于是，那些心灵手巧的苏州人就开始向丝绸发展，由此成为全国的丝绸制品中心。而聪明能干的松江人则向棉制品进军，以此，“上供赋税，下给俯仰”，并进而形成了松江棉制品“衣被天下”的局面。

至此，我在乡村建设所倾注的心血，已经算是尽心竭力。但是作为一个皇帝，我做得还远远不够。我还将继续沿着这条道路往前走，我要让天下人知道，什么才是帝王心思，什么才是我朱元璋的心思。

3. 陈纲立纪——牢笼天下，牢笼人心

晋王府的致仕官员长史桂彦亮曾经上书于我，提出了一个《太平治要》，共有十二条。其中第一条就说“法天道”，具体内容是：“天下以人心为本，人心所在即天命所在，故善治天下者必上承天命，下顺人心。民之所好好之，民之所恶恶之。”

大明建国后，我采取了极为严厉的措施整治那些贪官污吏，整治官僚队伍。我这么做，并不仅仅是为了表现我的爱民之意，也是为了保证我朱明王朝能够传之久远，更不能让天下百姓成为我朱家的对立面。试想，如果一个王朝的体制内养的都是贪官污吏，那么这天下又怎能实现长治久安？

有人说我写了《皇明祖训》，定下《大明律》，又作了《大诰》，把一个好端端的帝国打造成了一只风雨不透的铁桶。就连什么人什么职业穿什么衣服什么鞋，住多少尺的房子，都要逐条逐项地分列清楚。种种规定烦琐细密，已经到了让人无法分清辨明的地步。

为了摸清我大明的家底和控制老百姓的行踪，我创建了户籍制度和土地登记制度，进而实现稳定压倒一切的治国理想。我规定，老百姓要守着自己的田地，日出而作日落而息，不要闲来无事惹祸端，更不要四处走动。一个人离开乡土超过百里，就要到地方县衙申请备案，让官府开具“路引”即“介绍信”，说清楚自己去往何处，几时回乡。私自出门者要打八十棍，偷越国境者要处以绞刑。

有人说，人是活的，制度是死的。但凡制度，总有它的漏洞。可我不相信这一点，我用心编制了里甲这张大网对整个帝国进行管理。也就是将全国人民，每十户编为一甲，每一百一十户编为一里（一里包括十甲，另十户轮流为里长）。如此一来，生活在我大明土地上的每一个人，各有各的位置，不可逾越。只有将他们牢牢

地钉死在土地、职业与有限的活动半径内，才是帝国安详、宁静、和谐的前提与保障，也是我大明王朝万世一统的前提与保障。

在我的理想国里，每个人都好似生活于天罗地网般的牢笼之中。可我这么做，也是为了保证生活在这个理想国里的人都能安于现状，我朱元璋要做全天下劳苦大众的救世主。

或许会有人说，皇上吃的、穿的，都是百姓供养的。应该说是百姓养活了皇帝，而不是你这个皇帝来给我们当什么救世主。说这些话的人，你们真的不知道吗？我这个皇帝养活你们，是因为我教育你们，给你们制定纪律。要不然你们小的不听老的，富的欺负穷的，这熙熙攘攘的天下谁也不得安生。

当时，我在全国推行了一套极有创意的引凭制度。这套制度将通行证、许可证、各种证明身份的执照熔于一炉又分别打造，对于各种职业、各种身份的活动方式及其范围做了严格甚至非常严厉的规定，其管理可谓细致入微。

商人有商引，无引以奸盗论处。

贩盐有盐引，卖茶有茶引，无引以走私论，处死刑。

百姓外出有路引。凡百里之外，无官府发放之路引者概可擒拿送官，告发、擒拿者有奖，纵容者问罪。

凡行医卖卜之人，只能在本乡活动，不得远游，否则治罪。

作为平民老百姓出入家门，下地忙农活，在家闭门睡懒觉，必须让你的乡邻知道，你这个人到底在忙些什么。你日常的活动范围仅仅限于一里地范围内，早晨出门，傍晚一定要回归。包括你何时睡觉，何时起床，必须互相知道。而那些行踪诡秘、不务正业、游手好闲之人，都要统统流放到边远地区。对于这样的人，允许四邻、里甲、亲戚诸人将其拘拿到京重处。如果坐视不问，一旦这些人犯了大罪，与之相邻相识之人全部连坐。

百姓邻里必须互相知根知底，也就是所谓“知丁知业”。凡成年男子，从事何种职业、何处高就、何地发财、何种营生，必须彼此知晓，否则，人们可以社会破坏分子论处报官。

像我这样的社会游民，之所以能够夺得天下，是因为参加了农民军。如今我做了皇帝，我就必须想尽一切办法杜绝历史的重演。在我看来，民众的自由流动和接触是导致社会动乱根源之一，我就是这样的一个典型。我所做的一切，都是为了防止在我的帝国里，出现另一个当年的我。

或许这些法令让我看上去有些乖戾，也让整个帝国充满了令人不安的气息。但是，这正是我想要达到的目的。我要让整个国家变成一个牢笼，民众不仅没有空间流动的自由，也没有身份改变的自由，只是尽其本业，为我朱明王朝提供赋税、徭役。

早在北伐元廷时期，我就在讨元檄文中向天下人承诺，我朱元璋起兵为的是“陈纲立纪”。何谓“陈纲立纪”，也就是建立制度，规范秩序。这闹哄哄的天下，若是人心失了规范，礼仪失了尊卑，道德失去标准，那么，这天下还是太平之乡吗？大明建国之初，我就提出，先正纲纪，纲纪先礼。

我的制度建设，不仅局限于官僚队伍，更主要指向民间乡里。对于民间而言，恢复纲常秩序，就是推行礼仪教化。在我看来，礼仪教化事关国家政权的安危。元朝为什么会走向败亡，就是因为他没有抓好礼仪建设。我说：“元氏昏乱，纪纲不立，主荒臣专，威福下移，由是法度不行，人心涣散，遂致天下骚乱。”

洪武初年，我将大部分精力都用在礼仪建设中，先后制定了《大明集礼》《洪武礼制》《皇明礼制》《大明礼制》《礼制节文》等各项制度。

我的这些礼仪制度，有力地推动了教育的发展。在我看来，驯化人的精神要比控制一个人的身体更难，也更有效。想想也是好笑，我朱元璋是个大字不识几个的文盲，但在我的国度里，教育却得到了飞速的发展。全国上下“无地而不设之学，无人而不纳之教”。我还把“首重农桑、学校”写进了治国纲领。我对诸子的教育特别看重，在宫中专门建大本堂，贮藏古今典籍，同时征聘天下名士大儒来教育太子和诸王。我知道，对于一个统治者而言，教育意味着什么。在中央设立了国学，或称国子学（国子监）、太学，府、州、县，各级地方都有学校，一直到边远的地方，没有例外。在校学生不仅要学习我亲自把关编订的四书五经，还要学习《大明律》。洪武十八年（1385），我整理发布了《大诰》，在全国范围内进行一次普遍的法制教育，用血淋淋的案例警戒天下臣民。

同时，我还编著了《大诰续编》《大诰三编》《大诰武臣》等姊妹篇，用以教育官员和百姓。这些书都是我亲自编写。为了让天下臣民能够原汁原味地接受我的思想，书中都是用口语表述。一时之间，全国上下，每家每户都有一本，人人都要学习书中内容。同时规定，官府对违反法纪的人进行处罚，凡是家里藏有《大诰》的，可以罪减一等，没有《大诰》的就罪加一等。教书先生要将这些书作为教材使用。

有一年，我诏令天下讲读大诰的师生进京接受我的奖励，将近二十万名师生在这一年蜂拥进入南京城。

我告诉他们，我编写这些案例不是吓唬你们，更不是为了限制你们的自由，而是出于对你们爱护，使你们了解趋吉避凶之道。你们知道什么是法律不允许的，就可以不犯法，就可以保护自己。

天下哪有绝对的自由，连我这个皇帝都是不自由的，何况是那些处于社会底层的农民。也有人说，我编写的这些书毫无意义，只是吓唬人的玩意儿。

现实情况却并非如此，由于《大诰》的推广和学习，社会的犯罪率大幅度地减少。那些在《大诰》里记载的各项严刑峻法都未曾轻易使用。如果一个罪犯家里藏有《大诰》，那么他就可以罪减一等。发展到后来，官府衙门对当事人进行处罚的时候，也就不再询问当事人是否藏有《大诰》，而是一律按家里藏有《大诰》减刑去罪。

为了把教化推行到乡里，我写了一篇《教民榜文》，也就是教育百姓的榜文，通过大面积地张贴、宣传，让老百姓普遍知道《教民榜文》的内容。榜文并不复杂，只有短短的六句话：孝顺父母，尊敬长上，和睦乡里，教训子孙，各安生理，毋作非为。

这篇《教民榜文》不仅要张贴在村子最显眼之处，还要进行呼号。呼号之人手持木铎，嘴里呼喊着《教民榜文》。这种仪式每月不下于六次。天地如牢笼，何处得自由？我要使整个社会的底部成为一个碗底式的牢笼，让活泼的社会变成一潭死水，让整个社会成为高度刚性的板状结构。

所谓帝国底部，也就是那些占人口绝大多数的农民、工匠（手工业者）和小商贩。我自己就是最好的例子。每当社会动荡之际，这一部分人便自然地成为动荡的载体。让社会底层的人保持稳定，这肯定是皇家最高利益之所在，也肯定是我的最高理想、出发点与目的地。

我的帝王心理人格，正是在这个基础上得到全面的释放与展开。

我留给世人的身份标签，如今只剩下一种，那就是皇帝。放牛娃、农民、游方和尚、流浪汉、造反者等，已经成为一种背景，一种在暗中或者潜意识里发挥作用的因素。

为了扭转元朝末年混乱不堪的官场风气，我亲手编订了《诸司职掌》《责任条例》《到任须知》等规章条例，明确规定各级官员的职责和禁令。我在底层生活过。

我知道，一个官员的好与坏，老百姓的心中都有一杆秤。正因为如此，我才决定与老百姓联手监督官员。

我相信老百姓，老百姓也信任我这个皇帝。我希望能够发动那些底层民众站起来，帮助我这个皇帝鉴别地方官员的善恶廉贪。作为平民出身的皇帝，我对百姓冷暖的关心几乎无处不在。而我对那些地方官员的衡量标准只有一个，那就是爱民。

七、有文化真可怕——与文人的爱恨纠葛

洪武四年（1371）初春，这一日与往日并无不同，不同的只是人的心情。天刚微微泛出一丝亮色，我就穿戴整齐坐在了奉先殿那张御案前批阅奏章。这些朝臣的奏章越来越敷衍了事，像是有意无意地和我这个皇帝玩文字游戏。

听人说，李善长又去找人为自己解梦。只有小人物才期待有人解梦，因为解梦之人寻求的是一种安慰。小人物按着安慰行事，所以他们想得而不得，想舍而不舍。于是，才让我们这些大人物爬上宝座或塔顶，俯视如蚁的人生，扮演云端的神灵。两个月前，左丞相、韩国公李善长致仕，回家颐养天年。而现在宏文馆学士、诚意伯刘基也要致仕。这些文人离开体制真的就能够放下半生功名？我不相信。从他们离开体制所写的那些“悲穷叹老”的诗文中间，我读不到平淡如水的心境。

我懂他们，就像他们懂得我一样。他们离开朝堂的核心地带，怕的是引来杀身之祸。他们选择隐居山中，与外界隔绝，每日以饮酒下棋为乐的生活，是为了避祸，却难以免祸。这是我的悲剧，也是他们的悲剧。打天下时亲密无间的战友关系越来越模糊，坐天下时泾渭分明的君臣等级越来越清晰。短短的十几年时间，我和这些读书人的关系已经发生了质的变化。

1. 互相成就——你侬我侬的蜜月期

当年我所经历的那段浮萍般的漂泊生涯，让我懂得了读书对一个人的重要性。尤其是进入皇觉寺后，我开始发奋读书。在此后的戎马生涯里，读书成为我生活中不可分割的一部分。

从来没有进过学堂的人往往比那些读书人更懂得读书的好处，我也是如此。创业之始，我非常尊敬那些地方大儒。他们往往有辩才，替人出谋划策，很是高明。谁能够给他们足够的尊重，让他们体验到存在的价值，给予他们良好的物质条件，他们就为谁奔走出力。那些开国君王在打天下的时候，身边都会笼络一批谋臣，正所谓"养士"。他们备受主子的恩宠。于是，驴脸变成圣人，圣人拉下驴脸。但是他们对自己茫然无知。在更久远的过去，傲慢是人的恶行，令人无比生厌。

"养士"对于个人来说，是一件好事。你不养，别人也会养。别人养了就可能会成为你的对手，成为你的祸患。造反之初，养士是我苦心经营之事，我要尽可能养天下可养之士。

正因为如此，我禁止那些武将和文臣结交，更不允许他们私下养士。每占领一地，我就做出规定，将领在占领区域，不能同当地的文化名流接触。我会在第一时间派人将各地文人接到我的面前。如果条件允许，我会亲自登门接待。我这么做有两个目的：

一是隔断手握兵权的将领与文人结合。一个武将如果没有文人在身边出谋划策，就会成为一部只知道征战杀伐的军事机器。

二是为自己捞取政治资本。那些儒士基本上都是地方名人，在老百姓中有一定的号召力。他们往往会左右地方百姓的政治取向。将他们养在身边，老百姓也会跟着过来，这样等于间接巩固了地方的政权。

思贤若渴

我明白文人要什么。他们和我一样，都是为了活着。既然活在这个世上，总要图些什么。一个人完全可以在政统外建设道统。他们在对政统无能为力的时候，成全道统以校正时世。

蒙古人将他们进入体制的路全给堵死了。他们本来活得就像书虫，全是血泪，即使死了也不闭眼。我要给他们机会，让他们把十分之九的精力都用在我的事业上。那样的话，他们也就有了自己的事业，有了光宗耀祖的资本，死了也会闭眼。

随着地盘的不断扩大，我更是加紧对天下儒生名士的网罗。我毫不掩饰自己求贤若渴的心态，我需要人才。我每日反复念叨："予思英贤，有如饥渴。"生怕属下不了解我的心思。

元至正十四年（1354），我打下定远后，冯国用、冯国胜（后改名为冯胜）两兄弟前来投奔。他们的出现，让我第一次领略到读书人的厉害。他们家境富裕，读过很多兵书战策，对天下大势有着自己的看法。我依然记得冯国用从他怀中掏出的那幅地图。那是我第一次看见地图。他用手指着集庆那个地方，在我面前侃侃而谈。他说："集庆，古称建康，自古以来就是兵家必争之地。你要想得天下，就要先拿下此地。"冯氏兄弟向我献上的一句话是："有德昌，有势强。"也就是说，有势力固然可以强大，但是如果一个创业者能够拥有道德操守，那么他的事业就可以蒸蒸日上。

当时群雄逐鹿，究竟鹿死谁手还不明朗。就是在这种情况下，冯氏兄弟竟然能够如此明晰地在我面前勾画天下大势，如此远见卓识让我眼前为之一亮。这一幕不禁让我想起刘备当年与诸葛亮的隆中对。求贤若渴的我闻言大喜，当即任命他们为军中参谋。

第二年，我攻下太平，当涂县儒士、明道书院山长陶安率地方百姓出城相迎。这些投奔我的儒士，他们有一个共同特点：都无一例外地规劝我多行仁义，勿动杀念，勿掠财物，以成就他们理想中的仁义之君形象。

我本是小民出身，他们所倡导的仁义天下理念与我不谋而合。这也成为我与那些只为财物而烧杀抢掠的造反者的不同之处。至正十四年（1354），定远人李善长来到军营求见。我将其留在幕府掌书记，言听计从。攻占应天后，我向天下书生发出号召——愿意追随我立功业者，我都会以礼相待。

至正二十年（1360）三月，我又将闻名一方的"浙东四学士"征召到自己麾下。他们分别是青田（今在浙江文成）的刘基、龙泉的章溢、丽水的叶琛和浦江的宋濂。我热情地接待了他们，然后充满诚意地对他们说："吾以天下累四先生矣。"我还专门在自己住宅的西边盖了一座礼贤馆，将他们安置在那里。后来在我身边逐渐形成了一个以刘基、宋濂等出自浙东的儒家学者为核心的幕僚集团。

儒家特色牌

龙凤七年（1361）三月，我命中书省招揽文武人才："自今有能上书陈言、敷宣治道、武略出众者，参军及都督府具以名闻。"后又强调："得贤者赏，滥举及蔽贤者罚。"尤其是那些曾经身在元朝体制内的儒家士子，他们中的很多人参与过镇压红巾军，对我的招降既疑且惧。为了打消他们的顾虑，我特地宣布：只要诚心归附，一概既往不咎。在我的感召下，不少曾经仕元的儒士和多年隐居不仕的耆儒名贤，纷纷前来投奔。

这些贤人儒士的加入，让我对儒家奉行的那套纲常之理和治国安邦之术有了更多的了解。我在这种政治权术的指引下，逐渐开始了身份的转变，从一个暴力求生存的草莽英雄成为争夺天下的霸主，一个进退有据的权术高手。

在那样的时代背景下，无论你是属于哪一个阶层，只要你参与到争夺官家权力的斗争中，并希望能够从中获利，就要懂得运用儒家思想这个屡试不爽的政治法宝。否则，你就很难取得预期的效果。当然，帝王们在使用儒家思想的方法上也各有千秋，或公开以之为号召，或暗地里使用。

我之所以会在群雄之争笑到最后，与自己从那帮书生那里所接受的儒家思想密不可分。我是个没有文化底子的草根。在造反之前，我的社会身份只有两个，一个是乳名叫朱重八的长工，一个是法号叫如净的游方和尚。

我一介草根却成就了一段儒家特色的创业之路，这不能不说是一段传奇。我在自己的创业和守业阶段，大打儒家特色牌。我不仅尊重知识分子，自己也经常用实际行动向他们靠拢。比如，我经常在战争间隙作诗为文。我写下的人生第一首诗为《不惹庵示僧》：

杀尽江南百万兵，腰间宝剑血犹腥。
山僧不识英雄汉，只顾哓哓问姓名。

毫不夸张地说，如果要找帝王自学成才的典范，我朱元璋当列其中。

知识改变实力

在婺州，我曾经招揽了十三名儒士专门为我讲解那些晦涩难懂的经史。与这些读书人相处日久，我的文字功力得到了很大提升，已经能够亲笔写一些命令告示之类的语体文。甚至可以写诗作赋，注解经书。在我亲自起草的《御制皇陵碑》中，已经能够通篇用韵。在《御制文集》中，我更是将自己创作的一百多首诗歌结集，其中不乏得意之作。比如那首我最为满意的《咏菊花》，就寄托了我的精神信仰：

百花发时我不发，我若发时都吓杀。
要与西风战一场，遍身穿就黄金甲。

再比如另一首云游诗：

天为帐幕地为毯，日月星辰伴我眠。
夜间不敢长伸腿，恐把山河一脚穿。

我个人受儒家理学影响非常深刻。如果说宋朝是理学的理论形成与成熟期，那么到了我这里，理学则完全进入实践阶段，开始渗入社会生活的方方面面。

我深刻地认识到——知识可以改变实力。之所以这么说，是因为我在这条路上尝到了甜头。在打拼创业阶段，与对手刺刀见红，我也不曾忘记拉拢知识分子。我曾经抽调人员专门负责人才工作，让这些人携带大量的金银珠宝，四处寻访地方大儒。其实请读书人出山需要的成本并不高，只要你客客气气，给足他们面子，再给一个虚职，他们就会在心里暗下决心，士为知己者死。投入不多，收入极大，是一桩只赚不赔的买卖。

听说朱升很有学问，我就学着刘备三顾茅庐，亲自登门拜访。

攻下应天后，我又礼聘夏煜、孙炎、杨宪等十余人。在和这些文人儒士打交道的过程中，我一直居于主导地位。从我领军以来，很多知识分子都是主动来投。每占领一地，我首先要做的就是派人寻访、推荐地方名儒。不惜重金礼遇，访求隐士遗贤。

当我听说洛阳有个儒士秦从龙（字元之），非常有学问，曾经做过元朝和林行省左丞、江南行台侍御史，后来隐居镇江。当徐达出征镇江之时，我特地交代于他："闻有秦元之者，才器老成，汝当询访，致吾欲见意。"

徐达攻克镇江后找到秦从龙，我赶紧派侄子朱文正和外甥朱文忠带着钱财、宝物前去礼聘。秦从龙来到南京，我亲自到龙江（在今南京中山门外）迎接，与他同榻而眠，朝夕相对，向他请教时政策略。后来建立江南等处行中书省，我搬进元朝御史台府第居住和办公，也将秦从龙安置于西华门外，事无大小，都要和他商量。为了表示尊重，我言必称先生，从来没有直呼过他的名字。

每年逢秦从龙生日，我和太子都会送上一份大礼，或者亲自到他的家中，与其对饮。秦从龙被我的诚意所打动，又将另一位高学之士陈遇推荐给我。有人说，武人最讲义气，你对他好，他可以将一腔热血献给你。可我要说，文人最重气节，你对他好，他同样可以将身家性命托付于你。

网络人才

我自立吴王后，在建置百官的同时，又派遣编写起居注的吴林、魏观等专门负责为我搜罗那些散落民间的贤才大儒。这样的人才越多越好，我恨不得能够将天下儒者文士都聚集在我的周围。就算我将他们养在身边派不上用场，也好过他们被敌人收买，成为我的对手。

对于刚刚起兵的我来说，文人能够主动来投，当然是求之不得的事。我自己是个没文化的泥腿子。饱学之士愿意跟着我干事创业，让我觉得很有面子。他们随随便便地出几个点子，就让我茅塞顿开，见识大长。比如定远人冯国用初次见我，就建议我取建康以为根本。李善长一见面，就把我和刘邦有一比，劝我道："法其所为，不嗜杀人，天下不足定也。"这些建议让在黑暗中摸索的我如遇明灯，通往皇位的道路一下子变得明晰起来。

其实我也知道，这些知识分子打心里瞧不起像我这样出身寒微的草寇，但我并没有把潜藏于内心的不悦表现出来。他们越是清高得难以接近，我就越要表现得低眉顺眼。

或许是我的低姿态，以及我所采取的知识分子优待政策让他们找到了存在感，他们才会放下心中疑虑追随我。又或许是我表现出来的谦虚、热情、耐心、豪爽、推心置腹让他们看到了自己的锦绣前程。总而言之，我的诚意深深地打动了他们中的大多数人。他们一定暗自庆幸："吾辈今有主矣。"他们认为，自己在百转千回的人生境遇中碰上了明君圣主，只有死心塌地为我卖命，才能不辜负我对他们的赏识。

我的投入获得了百倍回报，也最终为自己赢得了天下。知识分子政策是我最终从群雄中脱颖而出的根本。大明王朝建立之初，不仅治理地方需要大量人才，南京中央政权更需要一批文人学士为朝廷服务。我对于罗致天下贤才包括那些元朝遗民，表现出了相当的耐心与真诚。

礼遇有加

对于那些早期投奔我的读书人，如朱升、宋濂、刘基、陶安等人，我一度非常信任，给以特殊优待。在这些人中，对于朱升，我始终抱有一种特殊的情怀。洪武元年（1368）正月初四，我在应天登基称帝。朱升随后被召至御前任议礼官，负责订立一整套新朝礼仪规制，并为我撰写了功臣封赏诰书。忙完这些事，眼看就可以坐享荣华富贵了，他老先生却在第二年上疏"请老归山"——要求告老还乡。

我对朱升的请归感到非常意外，当下表示"欲赐以爵土"，但朱升坚决不肯接受。就在朱升请辞不久前，我曾下过一道《免朝谒手诏》，并且褒奖了朱升这十多年来的辅佐之功。我对每个追随者都有一个综合评价。有时候我会装一装糊涂，有时候又会表现得异常清醒。

朱升虽然有功，但并没从我这里谋得一个与之相匹配的官职。在我的记忆里，他一直保持着亦宦亦士亦"山人"的身份。正因为如此，当他提出请归，我虽然感到意外却可以接受。新朝建立，不光是那些奉诏不出的遗老耆宿，就连那些在朝的士大夫也萌生退意。他们这种做法让我很不满意。如今之天下是我朱元璋的天下。你们这些读书人，饱食终日，风花雪月，不愿意为我朱元璋鞍前马后，就是大逆不道。儒士许元就是个例子。他在我身边干了十来年，从考核古代礼仪到起草文书，直至推荐或罢免官员，他都会参与其中。在我跻登大位之际，他突然来向我请求"告归"，被我以"忤旨"之罪"逮死狱中"。

在我这个皇帝看来，乡居的自由，绝不是人人可以得而享之的，朱升是一个特例。我同意一个功臣从体制内全身而退，无异于法外施恩，给了他天大的面子。当然这一切是建立在他的功绩基础上的。

在朱升告归之际，我要赐他领地，他也推辞道："臣的后人福薄，不敢叨天恩也！”这话在我听来，也是有几分刺耳的。我问：“爱卿有几个儿子？你即使不受封爵，难道也不想让你的儿子辅佐朕吗？”

没想到我的一句话，让朱升老泪纵横，哽咽以对。他说：“臣有一子名同，事君的忠心有余，保身的智慧不足。臣所以不让他出仕，怕他日后不得老死于家中啊！”

这句话也只有朱升敢当着我的面说，放在其他人身上，我朱元璋是绝对不会轻饶的。尽管如此，我还是强压心头怒火，我叱问：“你这是什么话？朕与爱卿名分上是君臣，实则情同父子，是什么让你心存如此忧虑？”

朱升的回答充满了悲观的色彩，像是自己的临终遗言。他说，不是我朱升想得太多，而这一切是在劫难逃的天数。但愿陛下将来能够哀念老臣，若他日我的儿子不能免罪，也希望您能赐他一个全尸，我也就心满意足了。

这样的话像是一道命运的符咒，在我听来也为之恻然。这样的人让我从心底里感到可怕。如果对方没有看透我这个人，他是不会说出这样一番话的。尽管我给了朱升一张免死券，可他的儿子朱同最后还是难逃悲剧的命运。朱升，一个为我大明立国指明方向的儒士，虽然看透了权力的底牌，也看透了自己的命运，可他却始终无法摆脱命运缠身。

与朱升的超然物外相比，李善长、刘基、宋濂、冯国用等人走得更远，远得迷失在了我的视野尽头。他们这些人虽然都是以个体的方式存在于历史深处，可他们的结局命运却成了洪武年的群体像。

洪武初年，在制定处州府税粮时，我还专门为刘基的故乡青田县减免赋税，让故乡人世世代代念刘基的好。四先生之一的宋濂，更是一个标准的儒生。他曾经做过皇长子朱标的老师，并为我讲解经史和治国平天下之道。他可以说是开国文臣之首，是我的文学、儒学首席顾问。在很长的一段时间，我与宋濂的君臣关系非常融洽。很早就追随我的陶安，也受到同样的礼遇。我还亲自撰写“国朝谋略无双士，翰苑文章第一家”的楹联悬于陶安的府邸门楣之上，以示尊荣。

这些乱世儒生虽然身受元末乱世之苦，目睹群豪蜂起之乱，但是一直没有放弃自身的努力。他们与我相逢于乱世，不仅与我同患难，共命运，更是奉献了出自己的聪明才智，为我朱元璋的帝业竭尽心力。

冯国用、李善长等建议占金陵以为根本，然后再出兵征讨四方，为我绘出了第一张天下蓝图。朱升根据当时的客观形势提出“高筑墙，广积粮，缓称王”的斗争策略，为我最终成就霸业指明了方向。

陶安为人相对谦和，不好名利，礼让贤者，为我招纳了不少贤才俊杰。刘基、宋濂、章溢、叶琛应聘至金陵，我问他们四人能力如何？已深受我器重的陶安对曰："臣谋略不如基，学问不如濂，治民之才不如溢、琛。"可见陶安是一个谦逊能让之人。

撕去面纱

随着形势的发展，我的知识分子政策也发生了变化。即使最初的礼遇背后也暗藏着紧张，最后连表面上的温情面纱也一并撕去，文士们越发如履薄冰。那些追随我打天下的武将对我重用文士早就心存不满，他们经常在我耳边提醒——小心文人。

我问他们，这些人于我大明有功，我为什么要对他们怀有戒心？更何况他们也不像你们这些武人手中有兵权，身怀武功。

有武将在我面前大谈特谈读书人的诸般不是，说到激愤处，不由得破口大骂。读书人用心歹毒，特擅讥讪，如不警觉，即受愚弄。当初张九四厚礼文士，可是后来那帮文士却在背后捣鬼。他让那些才学之士给自己取一个文雅的名字，结果文士们给他取名"士诚"。《孟子》里有"士诚小人也"之句。你厚待人家，人家却将你骂作小人，自己还美滋滋地以为得到了一个好名字。

在听说这件事后，我也替张士诚感到不值。试想，如果我身边这些知识分子联起手来算计我，凭我的那点儿文化底子又怎能不被蒙在鼓里？就算他们今日不会算计我，将来也有可能会做出不利于我朱家子孙的事。一个人如果有了文化，那将是一件多么可怕的事。文化上的自卑使我对这些文士产生了疑忌。就连平日批阅奏章，我也会处处留心，生怕他们在字里行间埋下伏笔，算计我。

如今，我虽然贵有天下，可我知道，终其一生，我也无法撕去曾经贴在自己身上的身份标签，盗贼或者和尚。这两种经历是我最不愿示人的伤疤，常常使我陷入无端的焦虑之中。

2. 进亦忧，退亦忧——我忧你愁的分裂期

我原本是一个大字不识一箩筐的泥腿子。在创业的过程中，那些儒家士子头上戴着光环来到我的身边。也正是在他们的影响之下，我开始向文化靠拢，博览经史，学着写诗填词。很多时候，我们站在门外看门里，以为里面是自己难以触及的神秘世界。可是等到自己跨进那道门，你会发现，其实里面的世界也不过如此。

随着自己知识量的增长，文化人的那道神秘光环也慢慢淡去。我对这帮读书人也不再言听计从。很多时候，他们表现出的唯唯诺诺和恪守的条条框框让我很是不满，甚至让我对民间那句“百无一用是书生”的经验之谈有了同感。

与创业阶段不同的是，大明建国后，我不再满世界地去寻找读书人。这时候，那些天生喜好功名的读书人会主动向我投怀送抱。而我广泛建立起来的教育系统，也开始发挥作用，为我大明量身打造的专业化人才不断涌现。物以稀为贵，当读书人越来越多时，他们在我心中的地位和存在的价值也越来越低。

我相信他们的才华，却不相信他们能为朝廷尽其才。他们的才华是我最为看重的，也是我最不放心的。在夺取天下的过程中，我广纳儒家学者，严禁各级将官私自任用儒士，绝不允许儒生士子在那些武将面前议古论今，以免他们走文武结合的路子。

我担心的是，这些文臣武将会在条件成熟后站出来与我分庭抗礼。我对那些不受征聘，拒绝与我合作的儒生们不惜采用激烈手段，动用严刑峻法予以制裁。

孟子风波

洪武五年（1372），我有一天在翻阅《孟子》时，不经意读到“民贵君轻”一章，其中有“君之视臣如手足，则臣视君如腹心；君之视臣如犬马，则臣视君如国人；君之视臣如土芥，则臣视君如寇仇”的话。

这句话像是一支箭击中了我，让我如坐针毡，心烦气躁。我一边读，一边骂。如此荒谬之言，哪里像一个臣子说的话？如果孟子活在当下，岂可免我一刀。我当天就命令将孟子逐出文庙的殿外，说出如此大逆之言的人不得配享文庙。我警告那些意欲劝阻的文官，如果谁敢谏言，我就让卫士用箭射死他。

这道圣旨，让满朝文武惊恐不知所措。当然也有不怕死的，刑部尚书钱唐就是其中一个。他挺身而出，抗疏直言，为孟子鸣冤。他这么做分明是在向我发出挑衅，让我愤怒无比。内侍将我动怒的情景描述给钱唐，他却不以为然地说："臣为孟轲而死，死有余荣。"

当这句话传到我的耳朵里时，我自然不能将其放过。我正要派人捉拿钱唐，他居然让人抬着一口棺材，袒着胸，抱着必死的决心，来与我理论。这时候还敢与我直接叫板，我命卫士张弓搭箭等着他。

钱唐的倔强表情让我更加愤怒，我让卫士连着射了他好几箭。他的左臂、右肩、胸部都中箭，最后倒在朝堂之上。他挣扎着向我爬过来。看着他痛苦执拗的样子，我不由得做出了让步。此事之后，我不但没有治钱唐的罪，而且让太医为他治疗箭伤。我欣赏钱唐这样的刚直之臣。或许这就是我在文官中苦苦寻觅而不得的文人风骨。

第二年，冷静下来的我又下了一道谕旨"孟子辨异端，辟邪说，发明孔子之道，配享如故"，就这样将孟子的牌位重新请了回去。

激烈手段

天下纷乱未定，那些隐于市、藏于野的读书人不愿意出山也可以理解。作为君王的我并没有干出放火烧山将其逼出来的愚蠢之举，毕竟人各有志。如果逼急了，他们有可能会跑到我的对手那里去。对于他们的态度，我通常会摆出一副宽怀大度的姿态。此一时彼一时，如今天下归一，我做了新王朝的主人，读书人不能再有其他的选择。对于那些不给我面子的读书人，我也不必再强作笑脸。如果这时候谁再拂逆于我，我会动用威权来惩治他们。

在渡江之前，有一个名叫田兴的谋士，曾经深得我的信任。不过此人是一个淡泊名利的大雅之士，眼见我一步一步夺得天下，却不愿意留下来与我共享荣华，最后选择了离开我，从此泛舟江湖做了一个浪荡客。

在我当上皇帝的第三年，我想到了这位朋友，就写了一封情真意切的信给他。

"元璋见弃于兄长，不下十年。地角天涯，未知云游何处，何尝暂时忘也。近闻打虎留江北，为之喜不可抑。两次招请，更不得以勉强相屈……虽然，人之相知莫如兄弟，我二人者，不同父母，甚于手足，昔之忧患与今之安乐，所处各当其事，而平生交谊，不为时势变也。皇帝自是皇帝，元璋自是元璋，元璋不过偶然做皇帝，并非做皇帝便改头换面，不是朱元璋也。本来我有兄长，并非做皇帝便视兄长如臣民也。愿念兄弟之情，莫问君臣之礼。至于明朝事业，兄长能助则助之，否则，听其自便。只叙兄弟之情，断不谈国家之事。美不美，江中水，清者自清，浊者自浊，再不过江，不是角色。”

这封信我没找御用文人代笔，而是自己亲笔所写。文臣好弄笔墨，所拟词意，通常不能表达出我内心的真实情感。在这里我既没有虚伪客套，更没有用“礼贤下士”那些陈词滥调。

我并不是靠道德激励回报那些文人士子。在我的功臣序列里，文官地位还是很高的。尽管如此，我与他们的蜜月期并没有维持多久。户部尚书茹太素是个刚烈之人，爱说老实话，几次因为冲撞我，被廷杖、贬官，甚至脚上戴着镣铐办公。坐在台子后面审案的官吏，脚上戴着镣铐，甚至已经被判了死刑。在别人看来，如此荒唐的画面，在我看来却是最正常不过的。一天，我于偏殿赐宴，当场送他一首警告诗：“金杯同汝饮，白刃不相饶。”茹太素接道：“丹诚图报国，不避圣心焦！”

我以死相胁，他却向我表明了自己的忠心。尽管如此，最后他还是难逃一死。

江西贵溪的夏伯启叔侄不愿在我的体制内为官。为了逃避朝廷征用，他们不惜将自己左手的大拇指砍掉，以示决心。我闻讯大怒，将夏伯启叔侄抓到南京，枭首示众，全家籍没。

苏州人姚润、王谟，也因为同样原因，被我诛杀。我尤其痛恨那些动不动就托身寺庙的前朝官员。对于隐而不出的读书人，我不惜采取激烈手段。我甚至让人将他们埋入地中，只露出一颗脑袋，然后用刀斧削去，称为“铲头会”。

在我看来，不能让这些读书人享有绝对的自由和独立的人格。在我的一压再压之下，这时候的读书人已经无法再像传统文士那样动不动就归隐山林。我心里也清楚，那些拒绝与我合作的文人在骨子里是轻贱我的。他们看不起我这个曾经做过乞丐，也做过和尚的无业游民。

而在我看来，这天下如今是我朱元璋的天下，所有的读书人都应该怀着一颗感恩之心。

在我所颁布的《大诰》里有一项“寰中士夫不为君用”罪，犯此罪的人可以抄斩。有学问才识却不能为君王所用就是目无君上。这样的人留着也没用，就该杀头抄家。碰上像我这样的君主，文士们是进亦忧，退亦忧，手足无措。在这种情况下，我与他们的关系微妙且紧张。

文字狱

文化上的自卑使我对读书人采取更为严苛的手段，甚至不惜通过文字狱来迫使他们承认我至高无上的地位。洪武年间，读书人的尊严被我一再剥夺，而我这个帝王也需要在生杀予夺中享受极权所带来的威严与快意。在我的这张杀戮名单中，除了那些多年追随于我的名士大儒，更多的是不知名的小文人。

在我无处不在的清洗中，天下读书人纵然有隐身术也不敢使用。他们躲得了一时，躲不了一世，最后还是要乖乖地站出来为我大明王朝服务。正是因为有了他们，新政权的官僚体系才会迅速建立，国家机器才会按计划有效地运转起来。

这时候，我对这些读书人的态度也发生了一百八十度的转变。尽管他们无所不知，可很多时候，他们做起事来畏首畏尾，条条框框太多，缺乏胆气魄力。他们表面上一心做君子，私底下也常做一些小人勾当。他们难以独立成就大事，只能追随像我这样敢于豁出命来赌一把的野蛮人。这些手无缚鸡之力的文人，满脑子的孔孟之道，只能做体制内的寄生虫，不值得自己去崇拜。我在给宋濂的一封诰命中不经意间表明了自己的态度："宋濂虽然博古通今，可是办事能力实在不行，遇到事情常常难以决断。如果让你检阅则有余，可是执行能力实在不足。"

这样的话，我在登基前是绝对不会说的。我的这番评价，也让其他文臣从中读到了不安与惶惑。刘基曾经对我说过："今天下文章，宋濂第一，其次即臣基，又次即孟兼。"可这天下文章的三甲之士在我的手里都没有落得好下场：宋濂被安置茂州，卒于夔；刘基被羁管于京城，留下了死亡之谜；张孟兼弃市。

当这些读书人认识到我威权的残酷后，开始变得战战兢兢，哀叹生之悲凉。为了远离权力带来的伤害，不少文臣不惜诈死佯狂。在我的意识里，和平年代的文士与娼优并没有本质上的区别，只能用来点缀升平，难以拯救苍生。

在我执政时期，那些耐不住寂寞，或者迫于时势的读书人，选择出来做官，本来就是一件高风险的生存方式，搞不好就会血染仕途。我听检校报知，那些京官每日清早去上朝的时候，都得与家人洒泪诀别。等到傍晚平安回来，举家欢庆又多活了一天。

无节制的惩罚

事业的顺利，使我不可避免地膨胀起来。随着皇权越来越稳固，我不再像以前那样满世界地去寻访、邀请知识分子。多如牛毛的读书人主动投怀送抱。我大肆兴建的教育系统已开始培养车载斗量的文化人。一时间知识分子极大丰富，似乎取之不尽，用之不竭。

随着人数的增多，他们在我眼里的价值也越来越低，而我对他们的态度也越来越轻慢。

洪武七年（1374），我的一位贵妃去世。按照古礼，庶母死，子孙不需服丧。可我十分喜欢这位妃子，要求儿孙给她服丧。我的这一决定，引来那些好事文臣的纷纷上书，反对我更改古礼。当皇帝真是不自由，我因此写了篇《孝慈录》，大骂这些知识分子是死读书、读死书的“迂儒”，不知道审时度势，灵活地处理现实问题。

我说，这些读书人其实不过是思想的巨人，行动的矮子，再说的不好听一些，就是一群无用之物。不但成不了大事，还会乱政祸国。我警告自己将来的接班人，不要听信这些读书人。为了敲醒这些自以为是的文人，我不惜用最难听的话讽刺他们。我曾经写过一篇《辟阿奉文》。在这篇文章中，我说他们的所作所为还不如唐代的女人有风骨。唐代的宫女在皇帝面前都敢说真话，可是你们一个个却活得唯唯诺诺，毫无骨气。我不由得发出感慨：“唐妇人，犹过今之儒者。”

虽然我越来越看不起那些知识分子，但我对知识分子的防范戒备心理却丝毫没有放松。

在任何场合，我都称自己是“淮右布衣”“江左布衣”“起自田亩”“出身寒微”，显得十分豪爽坦率。但这些话只能由我自己来说，别人说不得。我也知道，这些表面上恭顺有加的读书人最看不起我的地方，就是我曾经做过讨饭吃的乞丐，做过混饭吃的游方和尚。这也是我内心深处最大的一块历史伤疤。

做了皇帝，我的个人避忌进一步发展为广义上的避忌。洪武三年（1370）禁止小民取名用天、国、君、臣、圣、神等字。洪武二十六年（1393）榜文禁止百姓取名，太祖、圣孙、龙孙、黄孙、王孙、太叔、太兄、太弟、太史等字样。但凡“光”“秃”“僧”等与和尚沾边的字眼儿，都会犯禁忌。我是农民军起兵，不能听见别人在我面前提“贼”和“寇”二字。在血的教训之下，大臣们也慢慢知道了我的忌讳。尽管如此，我还是不放心，总怀疑有些人在背地里拐弯抹角地骂我，于是将防区无限扩大。比如“生”字，因为音近乎“僧”，在我看来就不怀好意；“则”字也很危险，因为“则”在淮西方言中发音与“贼”同。

因为这些秘密的敏感词，无数的人头落地。

翰林编修高启作诗：“小犬隔墙空吠影，夜深宫禁有谁来？”被腰斩。

御史张尚礼作诗：“梦中正得君王宠，却被黄鹂叫一声！”下狱死。

佥事陈养浩作诗：“城南有安妇，夜夜哭征夫。”被投入水中溺死。

兖州知府卢熊把“兖”错写成“衮”，被我视为不敬，斩。

浙江府学教授林元亮作《谢增俸表》中有“作则垂宪”，“则”与“贼”同，被视为骂我起兵当过贼，斩。

北平府学训导赵伯宁作《长寿表》中有“垂子孙而作则”，斩。

福州府学训导林伯璟作《贺冬表》中有“仪则天下”，斩。

桂林府学训导蒋质作《正旦贺表》中有“建中作则”，斩。

常州府学训导蒋镇作《正旦贺表》中有“睿性生智”，“生”与“僧”同，被视为骂我当过和尚，斩。

……

我掀起的这场文字狱从洪武十七年（1384），一直延续到洪武三十年（1397），前后经过十三年时间。

随着年龄的增长，我的性格发生了很大改变。尤其是人到晚年，身体越来越虚弱。再加上登基以来超强度的脑力劳动，很多时候我感觉力不从心，精神恍惚。我越来越听不得别人的意见，见不得那些不听话的大臣在我面前露出的嘴脸。我的情绪变得越来越难以控制。

经过十多年的经营，朱明王朝的统治已经坚如磐石，知识分子已入彀中，无所逃遁。我不需要在乎他们的任何想法，更不需要看他们的眼色行事。我可以通过自己收放自如的掌控方式来发泄自己的情绪。

无节制的惩罚越来越多，无来由的屠戮也越来越密集。洪武年后期，那些稍有名气的文化人几乎都难逃一死。虽然死的人难以计数，可他们的死法却很整齐划一，不是陷入文字狱，就是被牵连进各种大狱。这其中最具代表性的人物应该是高启。他是“吴中四杰”之首，在当时文坛很有影响力。洪武三年（1370），我想任用他为户部侍郎，高启却推托。我当时不但没有强迫他，反而赐予大量金帛放其归田里，一时传为佳话。

其实我这么做还是那个理由，大明初建，我这个新皇帝要向天下人摆出一副豁达大度的英主姿态，以便吸引更多的人才前来相投。虽然我当时没有为难高启，但是在我心中早已心生不满。我一面依靠这些儒家大臣，一面加强皇权专制。我既要借儒道以自重，更害怕那些儒家弟子持“道”压“势”，与皇权形成对抗之势。

洪武七年（1374），天下大势已趋于稳定。也就在这一年，“吴中四杰”之一的高启因为一篇《上梁文》而被我腰斩。起因是苏州知府魏观建造苏州治所的办公大楼。古代平常人家盖房子上大梁时，需要一篇像样的上梁文。时任苏州知府的魏观，便把高启这位隐居此地的资深文人请出来挥墨献宝。

也正是因为这样一件看似平常的小事，却让我抓住了把柄。其一，魏观修建的知府治所选在了张士诚的宫殿遗址，而张士诚正是我当年的死对头。其二，高启写得那篇《上梁文》上，有“龙盘虎踞”字眼，犯了我的大忌。“龙盘虎踞”之地应该是像我这样的帝王才有资格待的地方。你高启把张士诚住过的地方也称为“龙盘虎踞”，岂非大逆不道？

有人向我报告，说魏观这个人有反意。于是我命人将其诛杀，高启也受株连腰斩。有人说，高启行刑时，我亲自到场监斩。其实这种传言并不准确，我当时并没有到达现场，而是派人将现场的情况第一时间报于我知晓。我只想知道这位不合作、不给我面子，多次用诗文来讽刺我的文人是怎样面对自己生命消逝的最后一刻。

高启被腰斩后，并没有立即死去，而是伏在地上用半截身子的力量，手蘸着自己的鲜血，一连写了三个鲜红而又刺眼的“惨”字。当有人在我面前说起这一切时，我的内心也感到有一丝丝的寒意在往外冒。

除了高启，“吴中四杰”中另外三位，杨基、张羽、徐贲也都没有一个得到好下场。

其中杨基进入大明王朝的体制后，曾任山西按察使，后被谗削职，罚作劳役，死于工所。张羽曾经官至太常丞，后获罪贬谪岭南，没到半道，又被召回，“自知不免，投龙江以死”。徐贲曾任给事中，后又任河南左布政使。出征边疆的明军路过河南，他因为没有及时提供给养，被我下狱处死。

这时候我已经不需要再用文化名人来装点自己的门面。我对他们的态度也由最初的信任和笼络，转变为屠戮与清洗。“淹贯经史百家言”的文人王行，因为给蓝玉当过家庭教师，蓝玉案发后父子二人也连坐而死。画家王蒙，曾到胡惟庸家里看过画。胡惟庸案发后，王蒙因此被捕，最后死于监狱。宫廷画家赵原奉我的诏令画历史上的圣贤像，由于没有按照要求作画，受到严重惩罚。画家盛著奉命画天界寺影壁，出了一些差错。他竟然在龙背上画了一只水母，惹得我大为恼火，将其抛尸街头。

防患未然

洪武十九年（1386），方孝孺在给好友信中写道："近时海内知名之士，非贫困即死，不死即病。"也就是说，当时才能之士幸存者百无一二。不仅这些低级别的文官没有几个落得好下场，就连那些一直追随在我左右、功成名就的大知识分子，也很少能逃过劫难。

我起兵后，第一批追随我的知识分子中最有名的当数李善长、陶凯、陶安三人。除陶安因过早去世落得善终外，李善长被满门抄斩。陶凯致仕后起了个号叫"耐久道人"。我听说后极为讨厌，找了个借口将其杀掉。

第二批功劳最大的文士是刘基、宋濂。刘基罢官回乡。宋濂则因其孙宋慎的事，被牵连进胡惟庸案中流放外地，途中自缢于夔州。洪武一朝能够数得着的几大文臣，落得善终者寥寥无几。我与知识分子之间的关系，始于热情延请，终于摧残屠戮。但这并不是我朱元璋的独创，君王与读书人之间的博弈游戏，在历史上不止一次地上演过。

要天下臣民绝对服从皇帝是很容易做到的。但是如果让他们心口一致地承认皇帝的金口玉言都是绝对真理，这就有很大的难度。更何况像我这样出身低微又没有文化的农民皇帝。即使他们表面上认同我，给予我足够的尊重，也让我难以平复内心的疑惑。

在我还没有称帝之前，我考虑最多的还是生存与发展。在用人之际，我对文人士大夫保持了应有的礼貌，以显示自己礼贤下士的风度。等到大明开国以后，这些体制内的名士大儒摇身一变，成为我难以轻松面对的权力大佬。在表面上，我还是给予他们应有的尊重，言必称"先生"。比如在《慰刘基书》《谕刘基书》中，我称呼刘基为"老先生"，甚至用"元璋顿首奉书伯温老先生阁下"这样的客套话。但是我和他们都明白，那种和谐的场面再也不会出现了。

我对文人士大夫的态度之所以发生了改变，是因为这时候读书人的利用价值已经远远地小于他们所带来的风险值。我担心他们会暗中集结，凭借他们高人一等的谋略和手段做出伤害我大明以及朱家子孙的事。

八、肃贪风暴——“清明世界”的混沌万象

我的面前点着两根蜡烛，不是因为只剩下两根，而是我只需要两根。我不喜欢灯火通明，那样会让我感觉心慌。有一次，一根蜡烛被风吹灭，我的面前只剩下最后一根蜡烛。我觉得这点光亮也足够我照明。又来了一阵风，另一根蜡烛也熄灭了。于是，我在黑暗中坐下来，回想起一些往事。而我内心的“清明世界”真的亮了起来……

那些流浪的岁月，经历过的苦难，让我对原有的社会体制充满了深深的敌意。父母兄弟在短短一个月之内全部死亡殆尽。这世间难以描述的惨痛，非常人所能理解。即使已过去了许多年，每当想起父母的惨死，我仍忍不住想要寻出那个凶手。

这个凶手，我在许多次与臣僚们的谈话里都提到过。我曾不止一次将元朝灭亡的原因归结为两个字：贪腐。

1. 我只是不想被蒙蔽——郭桓案的伤害值

我习惯于用刀作尺子，以此丈量我内心的决绝。我颁布了最为严苛的法令，将反腐的利刃托举到无法再高的程度。杀人并不是一件让我快乐的事。看着他们像荒草一样倒伏在泥坑，我内心的悲愤激荡不已。

我很清楚，自己在世人眼中是活脱脱的一副暴君模样。他们背地里对我咬牙切齿，发出的诅咒声像一柄利剑刺穿黑夜。我无法安抚他们的恐惧，就像他们无法了解我内心的苦闷。如同我在《大诰》中所言："呜呼！艰哉！刑此等之徒，人以为君暴，宽此等之徒，法坏而网弛，人以为君昏。"我不相信诚实的面孔，也不相信信誓旦旦的承诺。我宁愿背负暴君的恶名，也不愿意做一个受人蒙蔽的昏君。我手中的屠刀什么时候才能安然入鞘，并不取决于我。人的欲望似无形却有形，像群蛇一样嘶嘶地叫着，滚滚而来。官员们前赴后继，趋利而行，作为皇帝的我深感无奈。

我要让那些食我俸禄者有所戒惧，在他们伸手拿赃时，要掂量一下付出的成本和代价。在缠绕交错的权力体系中，我尤其关注财税系统的官僚机构，它是王朝赖以生存的生命线。王朝的庞大支出依靠它来运转，容不得出现任何闪失，即使是细微如丝的问题，也要小题大做。

发动良民治良民

如果说，王朝的体制运转是一条奔腾的河流，面对裹挟而下的泥沙与浊流，我不惜动用撕裂人性的铁血之力。用人性的恶对抗人性的黑暗，虽然让文雅之士们胆寒，但也能收到奇效。

洪武十八年（1385），帝国爆发了一桩震动天下的大案——户部侍郎郭桓盗卖官粮案。户部侍郎郭桓盗卖官粮，将仓库里的粮食据为己有，接受地方官员的贿赂，和地方官勾结起来共同作弊。震惊之余，我毫不犹豫地施以重手，致使天下半数中产以上家庭陷入破产的境地。

郭桓案遍及浙西四府，牵连十二个布政司（省长)。全国的布政司总数也就十二个，这件案子如同疾风暴雨，将我大明王朝的地方官场扫荡了一遍。表面平静和死寂的官场，如同死亡前的回光返照，麻木混沌却又骚动不宁。如果说胡惟庸案和蓝玉案，将中央机构清洗了一遍，那么郭桓案又将地方官场扫荡了一遍。在我的整个肃贪生涯中，规模庞大的郭桓案，无疑是具有里程碑的事件。

这件贪腐案件的源头来自税粮征收系统的第一环节，粮长。粮长制是税粮征收的第一道权力关卡。粮长们借助体制便利游走于民间与府衙。人性使然，贪婪的欲望剥夺了他们所剩无几的善良。郭桓案是由纳粮而起。粮食是维系一个王朝生存发展的命脉。在任何一个时代，粮食都是执政者心头之重。推行"粮长"制度，将体制的抽水管道深深地扎入民间社会，是我的初衷。我将每一万石税粮划分为一个纳税区，每个纳税区由当地富户中最有实力者担任粮长，负责税粮的催征输解。

我建立"粮长制"，并将这项制度作为官吏下乡扰民问题的撒手锏。我相信千千万万的农民。他们是我的父兄，是我的乡亲，是我奋斗不息的动力。我赋予他们拿官的权力，发动他们与那些盘剥他们利益的下乡官吏斗争，并给予丰厚的物质奖励。即使错了，也不追究他们的责任。我发动他们参与大明的制度建设，尤其是惩治那些贪婪的胥吏与官员。我在《大诰三编》中明文规定"民拿害民该吏"，我将悬于贪官污吏头上的那把尚方宝剑赐给那些手无寸权的百姓。

从洪武十八年（1385）开始，一场捉拿害民吏胥的群众性运动在全国各地陆续展开。大量吏胥被老百姓捉拿并绑赴京师。情节严重者被当即处以极刑。情节轻微者，发配充军。由我一手打造的民间防控网络体系就这样强力推行。一时间，官吏的言行大为收敛。他们不敢再像以前那样云海翻腾、肆无忌惮地伤害地方良民。

"粮长制"存在着严重缺陷，王朝制度只是一种恐怖的蔓延。至于它的功效，则另当别论。对于刚刚登上帝位的我来说，这项制度只是权宜之计，其目的在于用它来杜绝官员假借税粮鱼肉百姓。这只是传统税粮制度的一种替代性方案。它的所行所止，并无可能与不可能。

我刚刚接手政权，还没来得及建立一套完全属于自己的权力框架。在没有更好选择的情况下，我只有延续前朝旧制——"以吏治国"。我从民间社会选用一些相对可靠的人员来督征税粮。如此一来，国家收入就可以增多一些。同时对于那些饱受官府压迫的农民来说，他们也不愿意与官府直接打交道。

由于地方官员基本上都是由外地人充任，对于当地情况也不是很了解，往往容易受到地方胥吏的蒙蔽。经过一番权衡利害，我倡导的民间自治方式应运而生。对于贪官污吏，我一贯的态度就是从严从重，绝不留半点儿情面。

我的"以良民治良民"，前一个"良民"是那些大地主，而后一个则是普通农民；前者是治人的粮长大户，后者则是被治的农民小户。"以良民治良民"关键之处在于如何区分"良民"，他们之间到底是谁治谁？

所谓"良民"，不过是那些"有恒产有恒心"的地主，庞大的帝国机器只有得到他们的支持才能够平稳运行。我是无产者出身，现在当了皇帝，摇身一变成了最大的地主，而那些官僚胥吏是小地主。大地主重用小地主，让他们赚得盆满钵满。在这条食物链中，无论是我，还是那些民间地主，我们的利益管道是彼此互通的。

当官有风险

在我的人生字典里，最为痛恨的两个字莫过于“贪腐”。对待那些贪赃枉法的官吏，我的刚猛手段没有最猛，只有更猛。除了动荡期的特有腐败，旧体制的破车带着惯性冲进了新时代，跑冒滴漏是其固有的历史性腐败。我的大明朝固然有清风明月，但是这乍暖还寒的清明并没有迎来真正的春天。

洪武年间，我大肆杀戮那些为自己打江山的开国功臣，株连极广。这种做法无形中抬高了官场的风险值。一个士子十年寒窗苦读是为了当官，为了实现光宗耀祖、庇荫子孙的人生终极梦想。可是生不逢时，别人当官是要钱，在我的王朝里当官却往往会要了命。

无论是体制内的官员，还是体制外的读书人，他们视宦途为畏途。以血偿血，以肉偿肉，虽然是那个弓满弦张时代的血性法则，但是人的欲望会不自主地站在它的对立面。很多人对朝廷的官员录用并不热心。谁也不愿意拿自己的一条命博一场未知的富贵。既然读书人不愿意主动依附，我只有从民间社会将那些忠诚之士选拔出来，不然没人替我这个皇帝干活。

很多粮长属于地方上的半公职人员，并不属于体制内的官员，接近于吏。粮长，虽然无职但是有权。这对他们有着很强的诱惑力，因为他们能够从征收税粮过程中捞取更多好处。这个世界，但凡有利益的地方，就会有趋之若鹜的人群。

我对于“粮长制”还是颇为得意的。这也契合了我自己“以良民治良民”的想法。为了能够让粮长忠诚地服务于我的王国，我给了他们十分优厚的生存条件。我甚至不惜打破吏不为官的传统，让粮长有机会晋级官员，甚至更高级别的官员。

从体制外到体制内，仿佛一个千万人争先恐后要走的独木桥，通过率实在太低，而且只有科举考试才能够实现。尽管如此，一些中饱私囊的粮长还是感到不满足。有权力的地方，就会有寻租，就会有腐败。所有既定的法则都有不可摇晃的立场，所以我的刀一直插在光明与黑暗的缝隙处，它随时会嵌入人的头骨，会抵近人的咽喉。

粮长，一个个深谙底层智慧的小人物显然没有意识到风险。他们甚至认为，依托纳粮来捞取灰色收入，效率太慢。他们饥渴了太久，他们认为自己已经穿上了隐身衣。我赋予他们权力，而权力赋予他们一种隐身的法术。这与其说是权力与生俱来的能力，不如说是世人固有的权力崇拜赋予他们的超能力。

养出祸患

他们想的是一夜暴富，而且是巨富。于是，蜜蜂蜕变为苍蝇。蝴蝶化为飞蛾。然而，邪不压正，贪欲就是压死他们的最后一根稻草。他们将自己及其亲友应当缴纳的税粮，分摊到纳税区的众人头上；或者在应该缴纳的正粮之外，再加上各种附加费，名目达到十八种之多，通常是正粮的数倍以上；或者将收缴上来的税粮当作高利贷放出去，再向上级衙门申请延期缴纳。

他们大多是地方大户，负责田赋的催征、经收和解运。无论是“官治民”，还是“良民治良民”，最后都会落入人治大于法治的历史俗套。当历史里的“纸片人”与现实中的血肉躯狭路相逢时，面具与真相互为因果，难分伯仲。治人的良民是我在民间社会的代言人，他们在纳粮过程中动用暴力手段，是我所赋予的合法伤害权。我实行“粮长制”本意是为了防范胥吏害民，结果却养出了另外的祸患。

每当粮长解运税粮抵达京城时，我都会安排时间和他们见上一面。在那样一个地位悬殊的见面会上，我除了要向他们敲敲警钟（训谕），还要详细地垂询民间情况。对于大老远赶到京城的粮农来说，他们非常珍惜与我这个皇帝的见面机会。

这样的机会，会在不经意间改变他们的前途与命运。这种场面，这更像是一次官员遴选，而遴选的对象则是有着丰富的基层经验的粮长。他们在我面前口吐莲花，说出我想听的，将我引领到一个无限光明的地带。我以为他们嘴里说的黑白，就是现实的黑白；我以为他们让我见识到的真相，就是世界的本来面目。可是我错了，他们也错了。

他们本来可以通过这样一个有着面试性质的机会博取我的好感，而我也会将他们提拔到一个相对的高度。平日这些粮长在乡村里，也算是在场面上行走的人。他们表现出来的八面威风，与地方官吏的做派并无二致。据我所知，地方上的那些大地主以晋升“粮长”为荣。而且“粮长”这个位置具有世袭效应，老子是“粮长”，儿子也是“粮长”，这就是“永充制”。

演员是无法自我欣赏的，而作为导演的我，在赋予演员创作权力的同时，也对他们篡改剧本、利用职权害民肥己的事实痛恨不已。有的粮长巧立各种名目，科敛害民，甚至采取残酷的刑讯手段，逼得老百姓拆屋揭瓦，或变卖牲口、农具等来缴纳粮税，连最基本的生活资料都丧失殆尽。

我对那些害民之官极为愤恨。这帮人虐民之心，甚如蝮蛇。既然他们可以虐民，我就可以虐他们，不然难消我心头之恨。暴力打造事物的特质总是显得急不可待，就好像干柴遇上烈火。我一次次地使出极端手段，逮着一个杀一个，抄没其家产。我曾创下一次杀头抄家一百六十个粮长的记录。

浙江金华有个杨姓粮长，他是地方首富。或许是财富助长了他的狂妄之气，他居然在人前放话：说我这个皇帝征粮万石，还不及他一个田庄的收入。这句话很快就传到我的耳朵里。等到杨粮长解粮进京时，我专门召见了他。

我故意问道："粮食何在？"

他傲慢地回答："霎时便到。"

我冷冷一笑："杀时便到吗？"

粮长们往往搞不清楚状况，他们的权力是我赋予的，而他们不过是我伸展于民间的触角。当这个触角失去控制，想反过来挑衅皇权时，那么他们的下场也就可想而知了。

近水楼台先得祸

历史是一面镜子，若是你在镜子外面点了一把火，那么镜子里也会着火。于是，一团火焰被另一团火焰照亮。郭桓案是一把火，这把火从应天、镇江等五个州、府开始烧起。这把火烧在外面，而我心头的那把火是镜子里的火。

俯察民情，从中觉察王朝更替的气息，是我多年来养成的习惯。我享受皇权带来的无上荣耀，也偶尔一个人待在黑暗里，回忆清贫岁月，情至深处兀自落下泪来。维护主流与正统，对于我这样一个曾经的叛逆者而言，做起来会比那些寻常者更为卖力。这几个州府在战争年代曾长期支援我的军队。我不曾忘记这份恩情。在我即位后就免除了这一地区所有民田的夏税秋粮，官田则减半征收。

我雄视山岳与庙堂，更不会放过民间社会的风吹草动。在我看来，山岳的崩塌，庙堂的摇晃，其源头皆来自民间社会的风吹草动。在处理政务间隙，我偶然发现这是一起性质恶劣的贪腐案。一石秋粮从浙西运到南京，沿途层层剥盘，所耗运费高达四石粮食的价格。为了减轻农民负担，朝廷采取以钞折粮的办法。即每石米折钞两贯，农民可以缴钱折粮，免除运费。对于那些习惯了"上有政策，下有对策"的地方官员，他们会变着法子在秋粮征收中苛敛，以获取灰色收入。

贪欲是万恶之源。那些身处于底层的胥吏，他们总是以钱财和热情维系着自己的社会圈子。他们崇尚生活中的财色酒气。他们渴望能够跻身于官场这滩浑水。为了捞足油水，他们挖空心思。比如他们对每石秋粮征收水脚钱、车脚钱、口食钱各一百文。按照规定，以钱折粮是不用再包装的，可那些粮库官员仍然加征辨验钱、蒲篓钱、竹篓钱各一百文，甚至还要征收水路运输沿江神佛的香火钱一百文。各项费用累计九百文，差不多等于一石秋粮折款的一半以上。

我实行钞折粮的本意是为了降低运费，减轻粮农负担，可是一项好政策就这样被歪嘴和尚念歪了。每有官员向我汇报这些问题，我都有想要杀人的冲动。诚如我在愤怒之下，说出的那番话："如此坑害老百姓，还指望我饶恕他们的罪过吗（害民如此，罪可宥乎）？"

征粮之谜

洪武十七年（1384），帝国的五个州府全部免除夏税秋粮，没有一粒粮食提交国库。当地官田名下的几十万亩田地，也实行减半征收。让我感到困惑的是，征收的粮食都跑到哪里去了？是用于填补历年亏空，还是上下级官僚层层瓜分了？

我的疑问像一个个钩子，将我的内心撕扯得血肉模糊。我来自江湖，又端坐于权力的高台。我比谁都清楚，江湖与体制之间存在着一条灰色的地带。仅仅是想一想那样的场景都让我浑身发抖。我宁愿相信，这一切并不是发生在我的国度里。贪婪的人啊，回头是岸。

这个案子像一个既定而又丑陋的价值算式，让置身其中的我们，蒙蔽了羞耻之心。右审刑（国家检察院副院长）吴庸等办案人员认定的结果是，当地官吏张钦等人勾结户部侍郎郭桓等，将官粮私分。这是京城附近地区发生在我眼皮子底下的事情。那些稍微远一点的地区——浙西地区，帝国版图中最为丰饶富裕的地区，暴露出来的问题更为严重。

当权力的绞肉机已经逐渐钝化于这样的麻木群体时，如何让制度的刀片得到及时的更新换代，成为我日思夜想的难题。我像一个笨拙而又勤快的老农，在自家的土地上怀揣着"精神的痛苦"蹒跚而行。郭桓案版本不一，所盗卖的官粮究竟达到多少石呢？我在《大诰》中将其粗略地定为七百万石，再加上其他各项，共损失精粮总数达到两千四百余万石。

真实的数字大得惊人，其中不乏水分。这种虚报数字的恶习，并不是我朱元璋的喜好。自元朝以来，虚报数字就成为官场上的一种数字游戏。数字里面出政绩，数字能够掩盖真相。

如此惊人的损失让我既愤怒又心疼。自古以来，贪赃枉法之人，没有比郭桓这帮人更过分的。这如山似海的粮，能够填饱多少人的肚子，能够让多少家庭打开门户，见到我大明的日月和蓝天。

我将最终的数字认定为七百万石，这是我强行给此案定性。我开了金口，其他人就不敢再乱嚼舌头。郭桓案确实存在贪污，但若说金额巨大到可以抵得上国家一年的收入，规模巨大到牵涉全国部级以下所有官员，牵涉到全国所有“中产阶级”，那绝对是不可能的。

我的处理很简单。我要让他们知道，我才是这个国度里唯一拥有酿制罪恶和疼痛的合法人。而敢于对抗这一价值逻辑的人，必须要为此付出代价。户部所收赃款是从布政司来的，那就把布政司的官员抓来，问他赃自何处而来？布政司必然会供出赃款来自府，那再把府官也抓来；如果府说来自州县，那就接着把州县官抓来。

这以暴制暴的循环，虽然并不能扫除数千年专制的罪恶，但于我而言，能为我大明扫荡一片清明也是功莫大焉。从哪儿来的贿赂，就查到哪儿，一查到底，逼着官员如实退赔。

这是一条罪恶的河流，它从京城滚滚而下。郭桓、王志等京官是源头所在，地方官位居中游贯通上下，苏州粮长们在底部更是将这条河流搅得如同混沌泥浆。

当所有人在痛骂我残酷时，我也在反省自己。大明开国以来，那接连不断的杀戮好像并没有给这个国度带来我想象中的清明，从来就没有达到杀一儆百、制造恐怖、消解罪恶的目的。这让我深感困惑。就拿眼前这桩案子，一查到底的结果，只会让我这个帝国的一把手自取其辱。我派人去各地追赃，各地官员为了保全身家性命，必然会想尽一切办法去填补仓库的亏空。

法亦责众

惩罚，只会制造身体的疼痛。

惩罚，从未触及灵魂的觉醒。

我若没有成为皇帝，这“朱”不是“朱明”，历史也不会铭记这一苦与痛的姓氏。

历史充满了荒谬，没有荒谬就没有历史。我比谁都清楚，那些针对人心的罪与罚、高歌猛进的制度，将来有一天会反噬于我。我成不了圣主，他们会用我施与这个时代的所有手段，扒出的罪恶，然后将我封闭于历史的丑陋一页。

这都不要紧，化国为家的人，考虑是国，也是家。那些贪婪的人，恨不得将我的家搬空，将我的国掀翻。他们像虎狼一样科敛老百姓，每一笔我都记在《大诰》里。府州县官不收粮食，逼着百姓折钞票交纳，每石米折钞二贯，他们巧立名目，另外索取“水脚钱”100文，“车脚钱”300文，“口食钱”100文等等。管仓库的衙役要“辨验钱”100文，“蒲篓钱”100文，“竹篓钱”100文，沿江“神佛钱”100文等等。从源头算起，每石米的价值不过500文，官吏们竟然收将近3000文，多收了六倍。

许多地方官员借此机会在全县范围内科敛百姓，等于加征了一道税。收税的总额之中，大约上缴百分之一就足以补偿赃款，其余部分便落入自家腰包。我要求各地耆民赴京面奏，揭发地方官的犯罪事实。我要严厉惩处那些涉案官员和案件牵连的富民。

时间久了，愤怒的我似有所悟。当愤怒一再爆发的时候，以前的往事便显得形迹可疑。

人的欲望就像是一块很大的石头，你不去触碰时，它是安静的；当你将它投之于水，它就是一块能够制造出巨大动静的石头。短短几年，郭桓等人连贪污带盗卖再加上掺水毁掉的官粮，给朝廷造成了两千四百万石粮食的损失。如此肆无忌惮，我焉有不怒之理。如果再不出手，任由事态泛滥下去，后果将变得不堪设想。

我成立了以右审刑（相当于国家检察院副院长）吴庸为组长的郭桓案专案组，不光要查，而且要一查到底。既然这条利益的食物链已经裂纹斑斑，我能够想象得到，那些怀揣着欲望之人每天想的是如何从这条食物链里挖掘更多的欢愉。

这个案子不是郭桓和几个主犯的问题，我要将这个案子扩展得更宽泛。郭桓只是户部的一个副部长（户部侍郎），竟敢以身试法，贪污如此巨额的国家财产，实在是没把我放在眼里。我与那些陷落于体制的大小官员无法达成妥协。我从他们眼中看到的都是暴力，彼此默许且相互鼓掌。

这时候，我所布局的特务网络已经遍及全国。许多官员白天贪污，晚上就被揭发。在如此严酷的形势下，郭桓却能私吞几个省的公粮，这很不正常。从我废除丞相之后，大事小事都事必躬亲，成百上千万石的粮食没有按期入库，我应该有所察觉。

住在宫殿里的我，虽然不能亲临每个地方，吃透每个官员的心思，可是这么大的案子，我又怎能做到一无所知。我不过是在等一个合适的机会，再将这张巨型大网撒下，以捞取更多更大的鱼虾。

撒下这张巨型大网，对郭桓同党的追查在全国范围内陆续展开。对我来说，不见血的权力运行，根本无法保证一个王朝的长治久安。那些自以为瞒天过海的贪婪者，根本没有意识到脚下蛰伏的危机。他们每天忙于算计、宴请与交游，无暇顾及眼前的风险。

追查之下，我很快发现，六部的所有官员几乎都成了郭桓的同案犯，这个结果是我早已料到的。其中涉案官员包括兵部（国防部）侍郎王志、礼部（礼法）尚书赵瑁、刑部（司法部）尚书王惠迪、工部（建设部）侍郎麦至德等。除了上面所列六部高级官员外，所有侍郎（副部长）以下官员都卷入其中，成为刀下之鬼。

兵部侍郎王志职务犯罪获得赃款总额是二十二万贯。事情败露后，我亲自提审他。我问："谁借你那么大的胆子，贪污受贿那么多？"

王志回答："财利迷其心，虽君亲亦忘之。"

我问他："现在将成为阶下囚或者刀下鬼，你还有什么想法？"

王志的回答与所有临行的贪官如出一辙："臣临刑方觉悔不及矣！"

当时的六部，每个部除了尚书（部长）一人，侍郎（副部长）两人，所有办事官员都受到牵连。部长成了光杆司令，官员陷入恐惧之中。他们见面问候的第一句话通常是："你们今天死了几个？"其实这个问题根本就用不着回答，因为一个部里最多只剩下三个人。

除了眼皮子底下涉案的中央官员，地方的经办官员也未能幸免。粮食是由省里送来的，往下查，就是各个府县。府县再往下，就是那些所谓富户、粮长。这些人也大多被杀。古语云"法不责众"。可我偏偏不信这一套，凡是牵涉到的人，杀无赦！

结果令所有人感到震惊，王朝体系里仅有的十二名省部级官员全部涉案。我的悲愤可想而知。我再一次举起了那把令所有帝国官员都为之胆寒的血腥屠刀。如此糟糕的结果让我陷入忧郁的沉思，多杀会好起来吗？

在郭桓案中，从六部各个副部长往下，到地方各级官吏，牵涉此案而死者，达数万人之多。整个帝国但凡有些田地和余粮的家庭，都被这个案子逼至绝境，直至破产。我掂量着手里的铜钱，细细地嗅着手掌上残留着的铜钱气息。我发现，自己实在是有些畏惧。不得不承认，人有畏惧之心，才能产生最有威力的影响。

越反越贪

等到尘埃落定，我的朝堂也为之一空，甚至连中央各部机关的普通文吏也所剩无几。我张开的这张巨型大网，由上至下，那些前一秒钟还在庆幸自己是漏网之鱼的官员，下一秒钟就有可能成了网中的鱼儿。

我要求以赃款贿银为线索一路严查下去，从第一个行贿者到最后一个受贿人。这条线索就是我大明官场的生存路径，每条路径又有若干分支，从京官、地方官，直至粮长。

这件大案处理后，我陷入了困惑。这些官员在刚刚提拔的时候都会表现得清廉忠贞，可是随着担任职务时间越久，就会变得又奸又贪。我更不明白的是为什么我这个皇帝越反贪，却越反越贪。割韭菜般杀贪官，结果贪官却越杀越多，杀不胜杀。

百思不得其解的我，深陷迷惘。或许我只看到了人性中贪婪的一面，却没有察觉到皇权制度下隐藏着的巨大黑洞。当人的欲望化为绝望，他们也只有无奈地接受绝望安排的所有议程。受死若是来得太快，恐怕连一场潦草的告别都来不及，更不用说自我反省。鲜血在地面勾勒出一幅狰狞的画面，没有自我否定，只能埋怨命运的捉弄与不公。

人啊，就是连自寻死路，也要绕过自己去讨伐命运。

郭桓等人收受应天等地富户徐添庆等人贿赂，私自免除他们的马草（战马所需的草料），将负担转嫁给已经交纳马草的百姓。他们私底下实施纳粮入水、纳豆入水的勾当——每年都有一些奸诈的粮长，伙同仓库官在豆、粮中拌水，以增加斤两。每间仓库容量不下一万余石，往往就因为一户刁民掺水，结果就会导致官粮经湿热一蒸而全仓坏掉。

在我的屠刀下，有多少人是罪有应得，有多少人是背了黑锅。按常理推测，像郭桓案这种高级别的贪污大案参与的人是越少越好。如此既能保证安全，也能确保利益分成较为集中。最后的处理结果却是让人震惊，这是一起牵涉面极广、参与人员众多的腐败窝案。礼部、刑部、兵部、吏部、工部各个部门一起分工合作，这显然不符合常理。

我不以为然，他们扛起这所有的痛苦，也是理所当然的。主流文化的肃然与庄重，伴随着满脸横肉的欲望跌落到地面上。人活一世，若是只为稻粱谋，就很容易让自己卷入罪恶的旋涡。

我告诉那些心有疑虑的官员：当你们祸害百姓的时候，如果有人能够对百姓的疾苦产生恻隐之心，不同流合污。当你们向百姓科敛的时候，如果有人拒绝在公文上签字画押，或者阻止，使其不能得逞，或者用密封的奏书向我报告，对百姓予以关怀体恤。如果你们这么做了，我还不分轻重、不分皂白地惩处你们，那我就是在枉杀无辜。可现实并非如此，每次那些寄生于体制内的蛀虫横征暴敛时，都没人站出来阻止。这种权力上的不作为也是一种腐败，我将你们和贪污犯一起治罪，有什么冤枉可喊的？

我借着郭桓案，将整个帝国又来了一次上上下下的大清洗。制度这种东西要保持它的新鲜度，只有越洗越健康。尽管每一次清洗，我都要打着维护老百姓利益的旗号，但这些案子也确确实实地损害了帝国的统治根基，伤害了士子阶层的忠孝之心。十年或者更长时间的寒窗苦读，辛辛苦苦地挣了一官半职，最后还受到牵连，落得身首异处。

像我这样草根出生的农民，与那些高门大户有着一种与生俱来的隔阂与仇恨。在我看来，高门大户往往为富不仁，与官府有着某种交易和勾连，将手无寸权的良民逼至绝境。

我通过这种残酷的方式，有意无意地达到了消灭天下富户的目的，留下了老实巴交、安分守己的小农。这真是历史的奇妙所在，打造一个恒定的小农社会又何尝不是我梦寐以求的政治理想？

郭桓案引发的大清洗，使得体制内人人自危。虽然没人敢指责我这个皇帝有什么过错，但是那些告发此案的御史和审理此案的审判官，却表现得群情激愤，议论鼎沸。我很快发觉，这个案子所带来的负面效应正在逐渐摧毁天下士子的制度信仰。

我不断地扩充自己手中的黑名单人数。而那些有幸进入黑名单的官员，大部分是负责审理此案的官员。比如说，负责此案的主审法官吴庸，就成了最后一个因郭桓案被杀的官员，而且死得极惨，是磔刑，也就是将身上的肉一片片地割下来。我用他的死来平息众怒。办完了这两件事，我随即下旨，大赦天下。

我也知道，丑、恶、无序和弱肉强食这些词似乎是孪生的。他们都是一种有毁灭感的精神认知，也是人类趋近于动物的几大特质。因为人类生活和命运存在严重的缺陷，一旦动物性占领了原本属于人类的区域，便有了猪狗不如的人。

我觉得事情到此应该结束了，可现实却是让我一再失望。在郭桓案中，龙江卫几个仓官因为伙同户部官郭桓等盗卖仓粮，被处以黥面、文身之刑，挑断脚筋、割去膝盖后，仍旧留在本仓看管粮食。然而，还没过半年，一个进士到仓库放粮，早晨发出两百根放粮筹码，晚上竟然多出来三根。进士当面责问，发觉是已经受刑的仓官康名远不思改悔，私自偷出放粮筹码，转卖给几个同样受过刑的小仓官，用来盗支官仓里的粮食。

我在听说这件事后心痛难抑。那些听上去让人魂魄俱散的刑法已经够残酷了。按说领略过其中滋味的人应该会有所收敛。可万万没有想到的是，康名远等人肢体残了，面容毁了，仅存一条活命，但还是没有停下作恶的脚步，仍然盗卖官粮。

我愤怒地向天下人发问：“此等凶顽之徒，果将何法以治之乎？”对于那些凶顽之徒，还有其他办法吗？严刑峻法是唯一的选择。官员们早上刚上任，晚上就有可能将手伸向不该伸的地方。虽然杀了一批又一批贪腐之人，但仍无法阻止官吏们心头的贪念。

2. 御用农民——来自民间的总动员

蝙蝠在黑暗中飞翔，星辰一直追随它的身后。

过去的我见绌于此刻的我，我是那颗炽烈的行星，也是那只瞎眼的蝙蝠。

无论是蝙蝠，还是星辰，都越来越依赖这深重的黑夜。

我一直保持着这样一个习惯，那就是在地方官上任之前，找他们谈一次话。他们在我面前伪装得卑怯而诚实。随着谈话的深入，某个时刻，我差点就相信将来的他会是现在我所希望的他。我告诉他们，做我大明的官，要做到两点：正确对待自己的事业，做到恪尽职守；正确对待贪污受贿的诱惑，做一个清官。

有人说，当官有自己的一套利益规则。规则倒映着人世无边的镜像，身在体制内，就不能坏了规则。但我会给他们算一笔很实在的利害账。人生于世，又何尝不是一场欠账之旅，不是你借我还，就是我借你还。

人，生来都是卑微的。就算我是皇帝，也是被权力喂养着的卑小而又虚妄的个体。

我给官员们总结出来一个“守井定律”——老老实实地守着自己的薪俸过日子，就好像守着井底之泉。井虽然不满，却可以每天汲水，泉不会干。受贿得来的外财真的有益处吗？你搜刮民财，闹得民怨沸腾，再高明的密谋也隐瞒不住。一旦事发，关在监狱里受刑，判决之后再送到劳改工场服苦役，这时候你那些赃款在什么地方？在数千里之外。你的妻子儿女可能收存，也可能没有。那些赃物多数藏于外人之手。你想用钱，能到手吗？你家破人亡，赃物也成了别人的东西。所以说，不干净的钱对自己是毫无益处的。

我是站在官员的立场上来算这笔账的，我用臣子们的算计来倒推自己的算计。

我希望通过这种算计把臣子们装进口袋里的污款掏出来，进行重新分肥。官员们个个精明得像猴子似的，又岂能轻易地被我说动。更何况真金白银的诱惑要远远大于单调乏味的说教。

我通过《大诰三编》传递了一个信息：反腐只有起点，没有终点。为了表明决心，我列举了各种治贪的办法。在这些办法中，我赋予老百姓一项特权——“旁入公门”。

“旁入公门”不是历史的隐喻，是粗暴的呐喊。老百姓从小门冲进去，把让自己蒙受冤屈的胥吏抓起来，直接押送京城。至于有品级的官员，百姓是无权抓捕的。当然，我也会给那些参与抓捕的百姓吃颗定心丸。如果有官员试图阻止他们抓污吏，我将对阻挠者施以酷刑，然后族诛。

我用石头般坚硬的力度，费尽了九牛二虎之力，也只是构建了一种微弱的平衡。

一个王朝的结构是由帝王、文官、胥吏三级构成。抛开那些奉行孔孟之道的文官集团，还有大量混迹于基层的胥吏。即便微不足道，即便难以出头，也要拥有一个完整的自我。这些活在权力金字塔底部之人，他们的存活之道就是向老百姓不断地索取，通过从民间刮地皮来满足自己的欲望。

当年我还是草根朱重八的时候，那些经常上门盘剥之人便是他们。正因为如此，我对胥吏的痛恨比别人来得更为强烈。造成胥吏猛如虎的真正祸根，其实还是来自前朝。元朝统治者由于不熟悉儒家文化，便大量雇用胥吏治国。他们是茅坑里的石头，是体制这张纸包裹的一团火焰。老百姓很少有机会与官员打交道，而胥吏则代表府衙，代表官员，甚至代表我这个皇帝，在民间社会为所欲为。

他们是妖人，王朝便是妖国；他们是天使，王朝便是天使国。

他们的疯狂与贪婪，将好端端的清明之国搅得乌烟瘴气。虽然说我对那些与自己理念不符的文官采取了极端的方式，但对数量众多的胥吏却一直无可奈何。在我的支持下，整个帝国很快就掀起了一浪高过一浪的群众斗争胥吏的热潮。

我坐在金色的宫殿里，想象着外面世界的闹腾。我要摈弃由来已久的成见。

常熟县乡民陈寿六是一个最普通不过的人，低眉顺眼地过着自己的穷日子。如果不是因为下面发生的事情，他也许一辈子就悄无声息地淹没于时间的深处。他应该感谢他生活的这个时代，感谢我将他从成千上万的平庸者中托举而出。于是，历史留下了关于他的一些文字。一个小人物的名字和他干的那些事也被记了下来。于是，一个小人物也跟着不朽起来。

事情的起因是陈寿六得罪了当地一个叫顾英的县吏，遭到了顾英的迫害打击。陈寿六家仅有的口粮和来年的种粮都被顾英的爪牙搜刮殆尽。顾英不只是针对陈寿六个人。他平时就横行乡里，受他迫害的人不在少数。恶是可以量化的物质，它无时无刻不在摧毁这个世界的良知。人生来是为了做个好人，而物质将我们逼向恶的那一面，是恶的理由和借口。

顾英这种人无法估量小民的力量。他以为，老实巴交的农民只会沉默地面对生活的不公，并不会翻起多大的风浪。他错了，因为他遇上了陈寿六。顾英在陈寿六胸中烧起了一团火。当“旁入公门”的号令抵达民间时，我能够想象得到，陈寿六的眼眸深处闪动着一缕光芒。

陈寿六爆发了。他扔下锄头，像战士一样将自己武装起来。他不是一个人在战斗。他率领弟弟和外甥冲进了“旁入公门”的那道门，趁顾英喝得酩酊大醉，将其五花大绑，连夜押送京城。这事来得太过突然，常熟县的官吏们根本来不及做出任何反应。

燃烧的火焰撞破体制的那道窄门，在黑暗的庇护下，渐渐滋长，越来越旺。

陈寿六不是一个没有头脑的莽夫。他是一个知法懂法的乡民。他的所作所为也没有违犯当时的法律。这个大字不识一个的农民，在有限的悲哀中寻找生存的活路。既然无罪，他决定孤注一掷。

他在一个无人关注的夜晚离开了他生活的地方，隐匿了自己。他要出门远行。他不会很快回来。他甚至做好了死亡的准备。

临行之前，陈寿六做了一件事。他让乡亲们找来了我专门发布的反贪法律手册——《大诰》，随身携带以做护身符。按照我的圣谕，对持有《大诰》押送巧立名目、害民取财的地方贪官赴京的普通民众，各个关卡路口都要一路绿灯。

陈寿六等人押送顾英抵达京城后，我传令将那个可恨的顾英投进监狱。我不仅没有追究陈寿六等人的罪过，还当面赏银三十锭，其他三人衣服各两件，并免除了他们的杂役。在陈寿六等人离京后，我又发布谕令警告地方官吏："如果有人敢罗织罪名，搬弄是非，扰害陈寿六，我就将他族诛！"我在谕旨里，又对陈寿六的这种大无畏精神大加褒扬，号召全国的农民兄弟都要学习这种敢与官场恶势力做斗争的精神。

当然，若是陈寿六仗恃着我的恩宠而横行不法，为非乡里，也同样罪不容赦。陈寿六若有过失，地方官员无权做出决断，必须将他送到京城，由我亲自审理。

我这个做皇帝的开了金口，陈寿六似的农民，很快就成为这块土地上最为耀眼的政治明星，成了归我直接领导的御用农民。沉默的农民如同石头，当我用深情的目光注视他们时，石头便开始歌唱。

此风一开，前往南京城的各条驿道上，时时处处都能看见这样一幅景象：乡民们三五成群，或者百十为伍，带着干粮，押着几个手脚绑得结结实实的富豪或者胥吏，或步行或驾着破驴车匆匆赶路。遇到关口有官员盘查，他们就会从怀里掏出几本金黄色封皮的小册子。平日里不可一世的官员们见到这些小册子，立刻会收起平日里的威风，毕恭毕敬，恭请陈寿六们赶快过关。

这些官员并不是畏惧于手无寸权的乡民，而是畏惧于他们手中握着的《大诰》。准确地说是官吏对皇权的畏惧，对我朱元璋的畏惧。每个农民都是一块怀抱绝望且平庸的石头。他们身处绝望的山谷，让乌云遮盖，让动物的粪便掩盖，让大地也无法承受其重。若是他们好命，能遇上一个像我这样心疼他们的君王，他们的日子也就有了盼头。

洪武十八年（1385），我在颁布的《大诰初编》中这样号召百姓："今后布政司、府、州、县在职的吏员，赋闲的吏员，以及城市、乡村中那些老奸巨猾的顽民，若胆敢操纵词讼、教唆犯罪、陷害他人，勾结官府，危害州里，允许当地的贤良方正、豪杰之士将这些人抓起来，绑送京城。如有人胆敢中途邀截，则枭首示众！各处关津、渡口，也不得阻挡。"

几千年的历史上，何曾有过老百姓捉拿贪官污吏的事情发生。所以我在和官员们说到这件事时，也不由得发出感叹："其陈寿六岂不伟哉。"——这陈寿六难道不是很了不起吗！

一个农民能够绑架县吏，大老远跑到京城之地，来到我面前“告御状”，过程艰难，勇气可嘉。当然，此时的我并不是站在一个农民角度来考虑其中的利害关系。那样的话，我充其量只能是一个有政治觉悟的农民，而不是一个政治成熟的皇帝。

我用自己手中的圣谕赋予乡民集团一项特权，用来制约官僚集团，以达到整顿吏治的目的。我团结这个世上的绝大多数，我站在金字塔的塔尖俯瞰江山如画，我在活人堆里喊出一个死者的名字，无数双惊恐的眼睛转向我。

好人惊魂未定，弱者忧郁哭泣，那些居无定所的流浪者需要有人安慰。他们是我的子民，我责无旁贷。

我在《大诰二编》做出规定，百姓们没带路引出门，将治地方当局以重罪。又补充说：凡是进京上访或者是抓污吏上京的百姓，“虽无文引，同行人众，或三五十名，或百十名，至于三五百名”，只要各处关口要津查问清楚是入京的，即刻放行，不得阻拦，否则一律杀头！

那些日子，我坐在紫禁城里，想象着我的农民兄弟从四面八方涌向京都。那些平日里作威作福的官员，纷纷低下了他们高傲的头颅。这是多么美妙的时刻，我的王国因此具有形而上的意义。

千里逃亡

“旁入公门”这一制度并不是只拍苍蝇，不打老虎。我看不见苍蝇，但是我能够想象得到，苍蝇在最广大的土地上飞舞。我看见老虎，他们在我面前装成病猫。他们能瞒得了我什么呢？什么也瞒不了我。

我在他们每个人的头上都悬着一柄利剑，警醒他们，让他们心生敬畏，让他们面对夜晚的星辰，有着高远的追求与向往。在颁布这些新制度以前，我已经采取了许多霹雳手段来惩治那些贪赃枉法者。大批官员倒在了一波又一波的肃贪风暴之中。我甚至不惜动用剥皮实草这样的人间酷刑来震慑他们。

酷刑虽然很酷，但效果看起来似乎并不明显。贪风依旧炽烈如火，可谓“前尸未移，后尸继之”。侥幸与苟且成为他们自我安慰的良药，而人骨子里的逐利性已经超越了生命与尊严的界限。《大诰》里制定的那些破天荒的新制度，正是在这样的背景下产生的。

鹰，坐于山巅与云端，像是真理在握。它将自己的血肉之躯锻炼为一道闪电，将更多的鬼怪精灵逼入绝境。有时候，我对从体制内根治贪腐丧失了信心。在诏书里，我将警示的对象从个别的贪腐官员转为全体官员："朕自开国以来，凡官多用老成。既用之后，不期皆系老奸巨猾，造罪无厌。"洪武十九年（1386），我又失望道："我设各级官员，本来为治理人民。然而，过去所任命的官员，都是不才无籍之徒，一到任后，就和当地吏员、衙役、地方上的黑恶势力相勾结，害我良民。"

洪武十八年（1385），山西人李皋前往溧阳任知县。时间不长，李皋就和衙门里的差役潘富勾结起来盘剥当地百姓。潘富是个善于搞关系的人。李皋到任不到一个月，潘富就用搜刮来的钱财买了一名苏州女子贿赂他。

在潘富等胥吏们的教唆下，李皋下令科敛荆杖（拐棍）。溧阳县的所有百姓，都要向官府缴纳一根拐棍。百姓们把拐棍送来，潘富们又借口质量不合格，拒绝收纳，甚至对其拳打脚踢。潘富们要求老百姓把拐棍"折换"成银钱直接交上来。拐棍是幌子，榨老百姓的钱才是真正的目的。

在无数个夜晚，我心生荒凉与颓丧。眼前这疯疯癫癫、危险且丑恶的一幕，难道这就是我要建立的庙堂和清明之国吗？显然不是。

这些依附于地方官府衙门的胥吏大多是当地人。他们熟悉当地的风土人情。像潘富这样的胥吏就像吸附于权力底部的巨型蜘蛛，他们在地方上织成了一张由亲属、邻居、朋友构成的关系网。相比而言，那些官府选派的州县官员却是外乡客，胥吏与地方势力往往盘根错节。他们的权力是世代递延，而官员们则任满后就拎包走人，正所谓"铁打的衙门流水的官"。

潘富打着知县李皋的旗号，疯狂地敲诈地方老百姓。就算知县是个有几分清明之人，也无法阻止潘富。更何况李皋这个知县，也是个贪图钱财美色的腐官。

无奈之下，当地有个叫黄鲁的百姓就跑到京城告御状。因为这个案子涉及的主犯是知县李皋，老百姓没有"旁入公门"自发捉拿的权力，只能越级上访。我获悉情况后，下旨严查属实，并派人捉拿潘富。

因走漏了风声，潘富成了一名在逃犯。

他的脚力惊人，一口气跑到千里之外。先是溧阳本地儒士蒋士鲁等 13 家将潘富秘密地送到邻境的广德县。不久，潘富又流窜到建平县，当地百姓王海三又悄悄将其送回溧阳。溧阳百姓朱子荣又将其暗地里送到宜兴县。

几经辗转，潘富被秘密护送到了崇德县。等到缉捕的衙役赶来时，赵真又将潘富暗地里护送到千乘乡的一座寺庙。庙里的和尚们纠集两百余人，反将缉捕潘富的差役们团团包围，直至杀伤人命才肯散去。

这件事越闹越大，直到传入京城，传到我的耳朵里。

我传令，将赵真及其同伙两百余户人家的家产全部抄没。凡是参与围攻办案人员的，一律诛戮。沿途窝藏潘富，帮助其逃跑的 107 户人家，全部枭首示众，家产也一并抄没。

一个小小知县，在我签发缉捕诏书后，居然上演了一场如此大规模的连环大逃亡，先后历经八县，涉及三百多户人家。

胥吏们的社会关系在民间已经错综复杂到了令人匪夷所思的地步。单凭我这个皇帝和各级官僚的力量，已经无法摆平帝国庞大的胥吏集团。

我来自民间，也了解民间的力量有多大。从登上皇位的那一天起，我就在琢磨，如何将自己的权力触角伸向帝国的每一寸角落。我不光是这么想的，也的确做到了这一点。可以说，在中国历史上对老百姓的个人日常生活干涉得最深入的一个皇帝，非我朱元璋莫属。

互相知丁

在《大诰续编》里，我第一次提出了让老百姓“互相知丁”。我要让这块土地上的每一个角落都处于日月朗照之下，藏不住任何秘密。对于执政者来说，秘密是火光与危险，是阴谋与死亡。

从章程颁布之日起，市井村镇中的老百姓要对自己的左邻右舍做到知根知底。既要知道他们平日里从事何种职业，还要做到知道邻居家里几口人，几个人从事农业，几个人读书，几个人从事手工业或者商业；对于读书的邻居，一定要知道他的老师是谁，在哪里上学；给别人做老师的，也必须知道他所教的学生都是谁。

我不在乎，这么发展下去，大明王朝终将得到一个互相监视、遍地特务的破坏性社会环境。社会生态极其缺乏活力，每个人都被牢牢地捆绑在了各自的身份和职业中，想动一动都不可能。

我这么做，是因为我始终没有找到更好的办法来延伸自己的“权力触角”。我设立了巡检司和锦衣卫，让巡检司专门负责盘查全国各地的过往行人。人们被限制在方圆一百里的活动范围之内。每一条街道，每一条道路，都有锦衣卫的人在潜伏。这样，吏民的一言一行都逃不过我的耳目。我不无遗憾地指出：“朕如宽厚行仁，人将谓朕不明于事；朕如加严，人又指之为暴矣。”有时候，我对自己实施的严刑峻法是有所怀疑的。重刑并不能吓得官吏完全不敢做坏事，皇帝的权力再大也有其局限性。

按照圣贤的分类，老百姓可以从事士、农、工、商四种生计。老百姓应该在这四个领域，各守其道，各尽其职。唯有如此，天下才能实现真正的太平。而那些不在“四业”范围内的谋生者，大多数走的都是犯罪道路。无论如何，都不能将失去土地的农民赶上街头。

天上只落冰雹，从来不掉馅饼。地上只生五谷，从来不长人心。流落街头的人，必须口袋里揣着“黄册”，以便证明自己是自己，自己是大明的良民，才能没有更多的误会和嫌疑。

我实施“知丁法”，是为了揪出民间社会的害群之马。他们大多是游手好闲之辈。他们只知道罗织词讼，勾结胥吏，弄权官府，实在是社会的毒瘤。谁要想当游民，就要做好被官府抓捕的准备。那个叫朱重八的游民，若是来到我朱元璋的王国，他会失去人身自由，做不成无所事事的游民。

“知丁法”推广开来之后，老百姓们把自己了解的邻里情况上报里甲（乡村社会的基层组织），里甲再把情况向县衙报告，然后一级级地向上申报。这种天罗地网似的人口摸排，使得潘富那样的逃犯无所遁形。

不要以为一个无名者在太阳下的奔跑毫无意义。也不要以为一块石头，或一把泥土的秘密，与我偌大的王国没有致命的联系。一个逃亡的知县，先后穿越八个县，涉及三百多户人家，一千多人受到株连。数字的变化是物质运动的规律。对于铁板一块的王朝体制，运动是可怕的。

我不相信命运，是因为我已经摆脱命运的束缚。而那些籍籍无名者的命运，需要我的指引，更需要我的束缚。我做出最为严酷的补充：如果《大诰》颁布下去，一里之间，百户之内还有无所事事的游民，里甲坐视，邻里亲戚不抓，任凭这些游民流窜于公门、市井之中，为非作歹。一旦他们被官府抓住的话就有可能处死，里甲和四邻全家发配边疆。

法度是为逆者而设，不是为顺者而定。那些泛滥如草芥的无名者，总会有出头冒尖的。福建沙田县有十余个不愿务农的百姓，想要合作干点儿营生。为首的是一个叫罗辅的人。他们聚在一起商量：“如今朝廷的法律好生厉害，我等不务农恐怕会因此获罪，不如大家一起切掉几根手指，如此变成残废，不务农也就没罪了。”

这件事被人告发至京城。我下令将这些“奸民”押回原籍枭首示众，将各家的成年男丁诛杀，妇女、小孩一律流放。等到案子了结后，我痛心疾首地说：“不遵教化，自残父母赐给的身体，是为不孝；诽谤朝廷法度严苛，是为不忠。将此等不忠不孝之人诛杀，也是迫不得已的事！”

九、理想幻灭——一个王朝的疼痛

有时候，我盯着太子朱标那张温和的面庞，心底会掠过一阵悲凉。与其说他是我大明王朝未来的君主，倒不如说他更像是一个风度翩翩、情感丰沛、多愁善感的风流儒雅名士。或许我本不该做下那么多严酷的事情，去迫使自己的接班人也成为像我一样的威猛之君。

很多时候，我会拿燕王朱棣与太子相比。从任何一方面来讲，燕王更符合我对自己接班人的要求。不知为何，燕王总是让我有一些隐隐的不安。相反，在性格方面与我相差甚远的太子朱标更能给我一种踏实感，也让我认定了他就是大明不可更替的储君。

无论采取何种手段，终极目标只有一个——让太子朱标成为我的接班人，成为像我一样可以威慑天下的帝王。虽然我做这个决定时有过犹豫，却心如明镜。我相信我的眼光，我不相信别有用心者的质疑。

1. 上天的玩笑——越陷越深的“幻灭感”

在时间面前，没有真正的强者。如同夜色再深，也无法将死亡的秘密淹没。

随着一天天的老去，很多事不得不提前谋划与考虑，比如皇位的传承。我的子女众多，共有二十六个儿子和十六个女儿。按照我大明朝的宗藩制度，我的儿子，除了长子立为太子外，其余诸子全部封为亲王。

在我尚未称帝的吴元年（1367），我就要求诸子在战火的实践中接受洗礼。我多么希望他们能够将我辛辛苦苦创下的基业发扬光大，而不是做一个生于安逸、长于富贵的纨绔子弟。

我告诉他们，我这一世，从来都是靠自己，从来就没有人照应。言下之意，你们要学我，我非凡的生活只需要你们复制，不需要你们创新。

我安排长子朱标、次子朱樉回濠州拜谒祖宗陵墓，了解民间疾苦和我创业时的艰难起步，要求他们“因道途之险易，以知鞍马之勤劳；观小民之生业，以知衣食之艰难；察民情之好恶，以知风俗之美恶”。让他们走近我的乡人、我的乡土，了解我艰难的创业史。

故乡是这个世界上唯一不需要启迪就自然拥有的感情。她藏在一个人的心里。她会在时间的飞快旋转中，让我们有回头凝望的理由。对于一个化国为家的人，故乡已经不是一块泥土、一座城池，而是率土之滨，莫非王土。如此辽阔的大地如同繁衍生息的女人，我这一辈子也无法将它的每一寸肌肤都抚摸一遍。

洪武元年（1368）正月，在开国的当天我就宣布了朱标作为未来皇位的接班人。我专门在南京明皇宫里建了一个大本堂，收集天下古今图书典籍，招揽宋濂、刘基、李希濂等名儒学士作为太子的老师，挑选德才兼备之士作为太子的伴读。

两年后，十一岁的朱棣和兄弟们一起被封为王爵，二哥朱樉为秦王，三哥朱棡为晋王，朱棣为燕王，五弟朱橚为吴王，六弟朱桢为楚王，七弟朱榑为齐王，八弟朱梓为潭王，九弟朱杞为赵王，十弟朱檀为鲁王。

诸王在我的授意下学习文武之道，为将来分赴各自的藩国守卫大明江山做好前期准备。我对几个皇子一视同仁。他们所享受的待遇是一样的，并无不同。他们在长大成人后都被我封为亲王，并被陆续派到各自的藩国就藩。

洪武六年（1373），朱标二十三岁那年，我让他尝试着参与国政。

同年八月，我命朱标巡抚陕西，考察未来都城迁移的事宜。朱标出色地完成了我交给他的全部任务，向我进献了陕西地图。此子与我在个性方面的差异很大，治政也多有分歧，但他一直是我心目中的皇位继承者。

立储

上天好像与我开了一个天大的玩笑。就在太子朱标赶回南京时，本来身子骨就单薄的他偶感风寒，一病不起。其后不久，年仅三十九岁的朱标带着我的无限期望，撇下五六个尚未成年的儿女，也撇下即将接手的皇权，撒手西去。

朱标的突然暴毙，使我的情绪陷入了空前的死寂，也彻底打乱了我在此之前的所有政治构想。我陷入了巨大的悲痛之中。在短短的几天里，我的头发、胡须全都花白了。我身心憔悴，在时间面前我从来就不是帝王。

我内心最大的悲痛不是老年丧子，而是我对大明王朝未来命运的深深忧虑。

太子朱标的暴亡，打乱了我的所有计划，耗尽心智经营了二十五年的大明“国本”也随之土崩瓦解。对于一个年近七旬的老者来说，我越来越觉得自己力不从心，仿佛在一夜之间老去。在那些脸上写着恭顺、心里布满诅咒的朝臣看来，我不过是一个冷血无情、脾气古怪的昏君。每念及于此，我的内心总是会涌动杀人的念头。

我已经成为一个可怕的老人。那些嫔妃、太监乃至文武大臣，都害怕与我对视。一见到我，他们总是会自然地将眼皮耷拉下来，这使我的心理暂时有些平衡。

只要皇帝的威望还在，只要高悬的那柄利剑没有放下，就没有人敢从我这儿捞取不付出任何代价的政治利益，哪怕一星半点儿。我不再为一个人动荡不安的命运而忧心挂怀，我与大明合二为一，我的国即我的家，即我灵魂的墓地。

我已经在这条道路上奔跑了很久。经过几十年的血腥清洗，几乎所有颇具才华的文官都被我杀光了，就连他们的子孙也都做了我的刀下之鬼。而功勋赫赫的武臣也所剩无几。剩下的几个，再也没有半点脾气。目光所及之处，这才是做皇帝的最好感觉。

我已经老了，炉火旁打盹，回忆青春。我常想，我的身体还能坚持多久。在时间面前，帝王与小民是平等的。我开始经常回忆一些往事。我发现从开国到现在，我已经以族诛的方式摧毁了无数个家族。我无法再为自己的行为寻找道德的借口，它会让世人觉得恶心。

宋濂曾经对我说，在历史上，皇帝们要慎重使用族诛这种刚猛手段。特别是在太平盛世，几乎从来没有出现过族诛现象。但在我执政的这些年里，这种方式却被我一再使用。我也搞不清楚自己为什么那么喜欢族诛，把一个家族的老老少少全部都押向刑场，血流成河。或许让别人越是感到危险，我就越觉得自己是安全的。别人的家族越痛苦，我就越能体会到一个帝王的快感。我究竟是要把自己逼向暴君的行列，还是将自己打造成一个明君？连我自己都觉得无法回答。

太子朱标的突然离世，让我面临重新选择皇位继承人的困难和挑战，一切又恢复到二十五年前的起步阶段。而我已经没有了刚治国时意气风发的精气神。毕竟岁月不饶人，留给我重新布局的时间已经不多了。

朱标的突然离世，对我的打击显然是致命的。死亡永远包含着神秘的原因。而朱标的死于我而言，是神灵种下的咒语，还是魔鬼发出的恐吓？不得而知。在这期间，一生勤政不辍的我居然能够容忍自己七天不理朝政，这是从未有过的。大臣们提出让我的二子朱樉或三子朱棡继位，都被我一一否定。

朱标死后，我开始重新考虑皇位继承人的问题。为了确保皇权的和平过渡，我宁愿求稳也不愿意再去冒什么风险。这么多年了，我只顾忙投急趁地赶路，几乎没有片刻的喘息。我的内心深处，始终有一种疯狂的信念——越是安稳，越是危险；越是绝处，越是逢生。我之所以如此去想，是因为我还有大把的时间。可现在真的不同了。

洪武二十五年（1392）九月，我正式册立朱标太子的儿子朱允炆为皇位继承人。对于选择嫡长子储君法，我给出的解释是：现在我开创的大明王朝及其一切章法都要传之后世。如果我不遵守制度，将来子孙后代就会仿效。这是与确保大明长治久安的根本精神背道而驰的。子孙后代的乱与治，不仅与我订立的制度有关，而且与我是否率先按照制度执行有着很大的关系。

我需要的是一部王朝的机器，而不是一个有着情感因素的人治之国。我想的是机器的开动，运转的是百世之国，而不是我的一私之念。我必须立规矩，为今天立，也为明天，为明天的明天立规矩。

朱允炆是我的孙子，也是太子朱标的第二个儿子。按照正常的长幼排序，他应该算是我大明的第三代领军者。虽然朱标早就被我立为皇位继承人，但是在朱标的儿子当中朱允炆却并不是长子。朱允炆还有个哥哥叫朱雄英。按照皇位继承的规则来说，如果不发生什么跑偏事件，长子朱标应该顺利地从我手里接过权杖，而朱雄英也应该从朱标那里接过权杖。

历史往往并不是按照正常的逻辑出牌，规则容易被意外的变局打破。这是时间的阴谋，与人无关。所以，我们活着除了要与人斗，还要与时间斗。

打破意外的变局是我的皇族生育体系出现了问题，也是我最为痛心之处。那就是民间所说的“长房不旺偏房旺”。也就是我长房子孙的后人越是小辈越是比他父辈死得早，白发人送黑发人。

我的孙子朱雄英来到世上没有几年，就死在了我的儿子朱标的前头。朱标在太子的位置上没坐上几年，又赶在我的前头死去。这种人算不如天算的变局，让我这个皇帝也徒唤无奈。毫无思想准备的朱允炆就这样被我推向前台。尽管他并不符合我对自己接班人的具体要求，可他是天命的安排，而我只是天子不是天。

极端行为

朱允炆生于洪武十年（1377）十月，他的母亲是朱标的嫔妃吕氏。吕氏是太常寺卿吕本的女儿。吕本的地位不高，他的女儿也只是一名嫔妃。

子凭母贵，由于朱允炆是庶出而不是嫡出，所以在他刚出生时，他没有得到我的特殊关照，我甚至连名字也没有赐予他。洪武十一年（1378）年底，太子妃常氏薨世后，朱允炆的母亲吕氏才依次升格为太子妃。也就是在这时候，我才想起太子朱标的膝下还有这么一个没有名字的皇孙，于是将其赐名为朱允炆。

朱允炆六岁的时候，他的同父异母的哥哥朱雄英死了。十五岁的时候，他的父亲朱标也跟着离开人世。这个可怜的孩子，他又是多么幸运。他不会想到，自己会被命运选中。可我忧虑的是，有一天，他会不会再次被命运抛弃。

朱允炆的个人起点并不算高。除了他的母亲地位低以外，还有一个原因，那就是他的外在形象离帝王的要求有着很大的出入。当然这里也有遗传因素，我这个做爷爷的相貌也不值一提。与历朝历代的那些帝王相比，我的精神气度还是可圈可点的，不输给他们中间的任何一个人。

朱允炆的外形缺陷看上去非常明显，想遮掩都不容易。他刚生下来的时候，头顶骨歪得很厉害，整个头型看上去像个弯弯的月亮。我看到自己的孙子长成这副尊容也是非常不满意的。我一边轻轻地抚摸着朱允炆的头，一边唤其为我皇家的“半边月亮”。谁也不会料到，这个“半边月亮”最后也会慢慢地升起来。

但凡帝王没有不相信天命的。他们总认为自己是天子，凡事总爱与天意神愿较劲。年轻的时候，我不相信天命系于一人，起兵造反就是为了证明这一点。可是随着岁月的流逝，我越来越相信冥冥之中自有安排。自从朱允炆成为太子，我的内心充满了纠结。这个比他父亲朱标还略显文弱的太子让我始终放心不下。我总担心这个少了半拉子脑袋的太子将来有一天会不得善终。如果真有那么一天，我一手打造起来的这艘“朱明”号航船又将驶向何处？

随着年华渐老，我这个不可一世的君王，内心也渐渐地产生了越来越浓重的幻灭感。我突然意识到“帝力之微”，感受到了自己作为一个皇帝的无力与脆弱。

太子的早逝，又加上前几年马皇后的死，对我都是沉重的打击。在艰难困苦中蛰伏，于群雄中脱颖而出后，我从来没碰到过什么强有力的阻碍，即使有，也会很快被我征服。很久以来，我就有一种“人莫予毒”的幻觉。这个世界上没有什么可以对自己造成真正的威胁，也没有什么自己办不成的事。

可是随着身体一天天衰老，目睹身边最亲近之人从自己眼皮底下消失，自己却毫无办法，我才突然感到，原来一个拥有再大世俗权力的人，也不能对抗疾病、衰老和死亡。在这个世界上，其实还有很多东西是自己无法掌控的。

太子死后，纠缠于衰病之中的我曾经做过一件让自己也无法理解的事。也就是在太子死的那一年十月，我下诏征求天下能掐会算的阴阳家，“试无不验者，爵封侯”。我也无法理解自己的做法，自己曾经那么迷信权力，现在却变得如此迷信命运。这说明支撑我强悍的内在根基已经在不知不觉中发生了动摇。而一个处于迷茫之中、突然失去方向感的人，是最容易被焦虑感所困扰而变得喜怒无常。

使我产生幻灭感的还有一个非常重要的原因，那就是我越来越认定，自己的治国理想在有生之年已经不可能得以实现。这个庞大的帝国，到底是属于我朱家，还是属于天下？如果说属于朱家，为什么我始终患得患失？如果说属于天下，那么我和我的子孙又是为谁辛苦为谁忙？

虽然我的文化素养并不高，但依靠对传统儒家文化一知半解的认识，在我心中，是有一整套理想的国家和社会模式的。简而言之，就是在强大国家机器的威慑和深厚儒家伦理的教化之下，创造一个男耕女织、民风朴厚、官员守法、富人谦抑的小农社会。

从登基之日起，我就一直在为这个理想不知疲倦地努力着。当一个时代荒凉得像一片原野，我只能在荒野游荡；当一个王国缩小如一片蛛网，我只能在其中疲于奔忙。我的王国是一个透明的国，每个人都有几双眼睛和耳朵，替别人看着自己，也替自己看着别人。我是田野里竖着的稻草人，我看着冒犯者，在我眼前栽进土里摔断了身体和翅膀。

面对政治期望无法实现的重大挫折，我无法忍耐克制，必须有所发作。攻击不过是我在遭遇挫折时的一种情绪反应。对于我这样一位攻击力极强的君主来说，总是会下意识地采取最直接的攻击方式，将愤怒情绪直接发泄到那些阻碍我实现理想的人身上。我最为痛恨之人莫过于贪赃害民的官吏和不务正业的游民。在我的严酷打击下，无数的人，包括许多无辜的人，死于非命，也有许多人被罚作苦役或发配充军。

我的滥杀心理，以及建立在这种心理基础上的一系列杀戮行为，给大明王朝的政治、经济和社会造成的影响是多方面的。虽然如此，我的那些所谓“极端行为”，尽管有些矫枉过正，但是也给平民百姓带来一些切实的好处。

一个被幻灭感折磨，却又掌握着巨大权力的老人是可怕的。我天性中本来就有嗜杀的成分，尤其是进入晚年，我行事不以常理已经成为一种必然。我无疑是世俗眼中的成功者，但我是不是一个成功的帝王？晚年的我对此也持一种怀疑的态度。

垂暮之年的我曾经一次次地自问：我究竟会以怎样的一种面目进入后人的历史教科书？

2. 分封——埋下最后的火药桶

为了让朱明江山能够稳如磐石，传之弥远，我的神经一直处于紧绷满弦的状态。我在朝臣们的一片反对声中，重启被历史尘封已久的分封制。

但凡我决定的事，其他人的反对只能换来风中的一声叹息，因为我是个不容易改变的人。

道之所在，虽千万人吾往矣。我并不是一个冲动的热血青年，我对于自己决定的事，往往有着置之死地而后生的决绝。我自认为不是一个辨不清方向的庸君。我甚至觉得，自己在大多数时候更接近于一代雄主。我对历史上由分封所带来的沉痛教训还是心知肚明的。所以我推行的分封制，有别于前朝制度的继承和发展。

我既要安顿他们的生活，也要削弱他们可能带来的风险。从诸王的就藩地点来看，基本上是以北方边境为重心，长江以南很少。而在此之前的分封藩地多是围绕着交通要冲、军事要地或者经济中心大做文章。

我这么做，等于是在权力的躯体里做了一次心脏搭桥手术，一旦手术所搭建的桥梁崩塌，就有可能危及帝国的政治生命。如此分封带来了诸多弊端：许多地区经济中心被各路藩王占有，直接削弱了中央的经济实力。同时许多军事要地被藩王们占有，一旦藩王与中央政府闹翻脸，就很容易出现藩王割据的乱世。如果将帝国的核心地区封给藩王，一旦祸起萧墙，往往一发而不可收。西晋的“八王之乱”正是祸起于此，最终引爆了帝国的灭亡。

前车之鉴摆在那里，我完全可以参照着来。在我的身边——南京及其周边省份不实行分封，要封就把他们封得远一点儿。我以北方边境军事防务为中心，沿着长城一线布防分封。让藩王们离皇权远一些，让他们保卫皇权。分封到长江以南地区的藩王很少，这也是我的创新所在。

洪武三年（1370），我第一次大封诸子藩王时，五皇子朱橚曾被封为吴王，但因为年纪尚小并没有迅速就藩。待其稍长，有官员建议将其安置于杭州一带。我没有同意，理由很简单——“钱塘财赋地，不可。”

从血缘关系来看，我分封的诸藩王绝大多数是自己的儿子，属于直系血亲。这和前朝的分封有所区别。有的王朝在分封时，会将隔了好几代的皇亲国戚也列入分封对象。当然我大封亲生骨肉的目的，是让他们保卫边疆，辅助皇室，看好我的“家天下”。

想法虽好，终究是我的一厢情愿。事实证明，我还是给皇太孙朱允炆出了一道政治难题。

人就是这么奇怪，我口口声声要把棍子上的刺削掉再传给太子朱标，可是自己却亲手打造了一根长满荆棘的棍子。

从政治地位上来讲，朱允炆与他的那些叔叔是君臣关系；从血缘关系上来说，诸王又都是他的亲叔叔。很多皇叔的年纪比朱允炆还要小，论起辈分，他们又是朱允炆的长辈。这种辈分上的差距，放在讲究伦理道德的传统社会中就是一种优势。这种优势带来的是一种心理上的变化，直接导致了叔侄君臣关系陷入僵局。

我将诸子藩王的地位定得很高，只有皇帝与皇太子才能制约他们。它既可以体现出我朱家血统的高贵，又能够维护皇帝的最高权威。但我忽略了一点，如果皇帝或皇太子无法驾驭藩王，这些藩王就会成为帝国的脱缰野马。他们本应是我朱明“家天下”最为忠心的拥趸，结果却成为明火执仗的家贼，甚至威胁皇位的国贼。

叶伯巨的奏章

我曾经挣扎于社会的最底层，吃过苦中苦，便不再希望自己的子孙遭同样的罪。

我对诸子藩王的后代及后代的后代都做了制度上的规定，予以实实在在的特殊待遇及保障。比如说皇子封亲王，授金册金宝，一年俸禄上万石，府置官属。身边的护卫队少者三千人，多者达万人。衣食住行，亲王们只比皇帝差一等，公侯大臣见了这些亲王也要行跪拜之礼。亲王嫡长子，年及十岁，则授金册金宝，立为王世子，长孙立为世孙，冠服视一品。诸子年十岁，则授涂金银册银宝，封为郡王。嫡长子为郡王世子，嫡长孙则授长孙，冠服视二品。诸子授镇国将军，孙辅国将军，曾孙奉国将军，四世孙镇国中尉，五世孙辅国中尉，六世以下皆奉国中尉。

藩王们及其后代拥有如此优厚的福利待遇，他们只需要无忧无虑地度年华，四体不勤地混日子就可以了。有了制度保障，我皇族子孙繁衍如滚雪球似的疯狂壮大。尽管我给予他们的福利待遇极高，但有一件东西始终不愿意给他们，那就是政治权力。

我不让藩王们插手地方政务，所有的地方事务治理权都归朝廷任命的中央与地方各级官员所有。我限制诸子藩王的权力，防止他们在我死后翻雨覆雨，威胁皇权。他们拿起刀剑，放开手脚，便是国之悲哀，家之悲哀。

我要将他们打造成为独当一面的屏障，以此来拱卫中央皇室。

我已经考虑得天衣无缝，但还是暴露了一个致命的缺陷。我虽然限制了藩王参与帝国政务的权力，但又赋予他们以极大的军事权。我总想把这块石头打磨得更圆润一些。我不希望有棱有角，将来有人用它砸出命运的火星。

洪武五年（1372），距离我第一次诸王大分封已经过去了整整四年。我下令成立“亲王护卫指挥司”，规定藩王一年享有的俸禄上万石，府置官属。身边的护卫队少者三千人，多者达万人。我甚至赋予他们在紧急情况下可以调集藩国所在地军队的权力。这样一来，地方藩王的军事权力就得到了毫无限制地扩张。

他们是我的亲人，是大明的主人。他们身上的光环会将他们笼罩在阴谋与死亡的范围内。我要为他们消灾，为他们挡住外来的危险。

我登基之初，天下尚未平定，徐达带着能征惯战的武将连年征战。到了统一大业奠定时，皇室诸王大多成人。到了洪武中期，每逢战事，有统兵大权的不再是那些异姓将领而是诸王，我将兵权交到了我朱家子弟手中。我对这种分封安排还是满意的，内有朝廷，外有亲王，大明江山必能稳如磐石。

虽然这是我执政路上的得意之笔，但也有人逆龙鳞，冷水浇头。平遥训导叶伯巨的一篇奏章，将我苦心经营的成果贬得一文不值。

平遥是一个天高皇帝远的小县城。叶伯巨是一个不入流的小官。他说："陛下，您对诸王的分封太过奢侈，秦、晋、燕等封国城郭宫室的规模不亚于南京城，他们手中又握有重兵。臣怕数代之后形成尾大不掉的局面，到时候再削地夺权，恐怕会酿成大祸。"

什么大祸？叶伯巨的言下之意无非是像西汉七国之乱、西晋八王之乱那样的局面。由此及彼地推断，让我大为震怒。一个狂妄之徒竟敢离间我朱明皇族的骨肉之情。叶伯巨很快被抓到南京，没多久就死在狱中。

让我没想到的是，叶伯巨虽然死了，但他的话像一道魔咒在我死后得到了应验。

家国一体化

我将自己的亲生骨肉锻造为朱明江山的拱卫者与中流砥柱，也由此完成"家国一体化"的理想格局。既然历史将我朱元璋推向时代的巅峰，我就要承受巅峰之险。既然他们是我的子孙，他们同样也要承受这份巅峰之险。

任何事情一旦发生，都会产生后果。有官员主张，眼要向前看，不要只顾着眼前。但我是皇帝，没有人比我更爱这个国，更爱大明。我没有顾及朱允炆的感受，我也无须顾及他的感受，他只是储君。

他很多年后的痛苦，很多年后的无奈，我看不见。于是，悲剧便在前边等着他。

我用左手将江山交给了他，又用右手将兵符交到了诸叔藩王的手中。虽然他那些皇叔的藩邸大多分布于远离帝国心脏地带的北方边境，但是这些人一旦有了非分的念头，整个帝国也就成了一座随时都会引爆的火药库。

我选择朱允炆为自己的接班人，并不是看重这个皇太孙身上有多么了不起的治国之才。

我只是为了维系帝国的安定局面，是一种非正常状况下的无奈之举。

我没有想到，自己的决定对于朱允炆的皇叔、我的四皇子朱棣来说，无异于一记当头棒喝。或许他从离开京都那一刻起，便在心中埋下了绝地重生的仇恨种子。朱允炆的上位就是一个天赐良机。不过此时的朱棣并没有想到将来抢皇位。他能够想到的最为现实的利益，是在帝国的权力海洋中自在地遨游，没有任何束缚。

而我的决定对于朱允炆来说，无疑是一场人生的悲剧。他在登上千万万人求之不得的权力巅峰的同时，也被推入了万劫不复的苦难深渊。在强藩林立、虎啸狼嚎的皇族里，他没有修炼成为像我这样的狼。相反，朱棣与我的性格更为接近。而朱允炆，更像是我皇家圈养的一只温驯的羊。

朱允炆聪明好学，是一个性情至真、至纯、至孝之人。他的父亲朱标病重，他守候在病榻前精心护理。其父亡故，朱允炆更是哀恸不已，数日内滴水不进。这一切被我看在眼里。我既欣喜又心疼。欣喜的是，我能够有这样一个重情重孝的子孙，是我家族之幸，更是国之大幸。一个人不爱父母，又何谈爱天下子民？

我劝慰他：“你对你父亲薨世的悲痛之心，是符合先儒所规定的礼仪的。你也的确是一个纯孝的孩子。但你就不能为我这个老人考虑考虑吗？”

听了我的话，朱允炆这才从哀痛之中缓过神来。他向我提出要为父亲朱标服丧三年的想法。虽然这个想法遭到了我的否决，但是在其父去世后的三年时间里，他还是坚持做到不饮酒吃肉，不闻乐观舞，不亲近女色。有人看不下去，劝他适可而止，做到心中有孝即可，但朱允炆的回答是：“丧服可以按照礼俗的规矩到时候就脱下，父子亲情却让我难以自拔。”

朱标死后，朱允炆主动将三个弟弟接到东宫，亲自抚养，白天同食，夜间同眠，无微不至地照顾着他们的生活起居。一日，我没打招呼到东宫去看望朱允炆，发现四兄弟全在朱允炆的寝宫里。

我随口说了一句：“兄弟相怀本一身。”

朱允炆回答：“祖孙继世宜同德。”

我见到此情此景，老怀宽慰，于是大大地夸奖了朱允炆一番。虽然有人在那时候质疑朱允炆有作秀之嫌，但也发乎于情。

父亲死了，留下少不更事的弟弟。从情感上来说，十六岁的朱允炆比谁都要悲痛。有道是“无情最是帝王家”，朱标突然离世，使得我朱明王朝可能出现的变数与劫难随时会降临到他的孩子朱允炆的头上。如果朱标能够活着，朱允炆也有一个靠山。现在山塌了，作为长子的朱允炆需要承担的责任更重了。

虽然我这个皇帝还健在，可谁知道明天一觉醒来又会怎样？

惩戒朱棣

洪武二十五年（1392）九月，经过近半年的犹豫和反复斟酌，我终于拿定主意，立皇太孙朱允炆为帝国的皇位继承人。册立大典定在九月十三日，这一天与往常并无二致。

大臣们午夜起床，穿越大半个京城来到午门。凌晨四更，大臣在午门外等候。当午门城楼上的鼓敲响时，大臣们排好了队伍。等到下一时刻的钟声响起，宫门徐徐开启，百官鱼贯而入。

通常情况下，我会在太和门或者太和殿等着他们，百官行一跪三叩头礼。四品以上的官员才有机会和我对话，大臣向我报告政务，我则提出问题或者做出答复。因为这一天是皇太孙册立大典，诸子藩王早早地来到皇宫，立于奉天殿两侧。

只有燕王朱棣姗姗来迟。他故意走到皇太孙朱允炆的身旁，用手重重地拍打着朱允炆的后背，满脸不屑地说："小子，没想到你也会有今天（不意儿乃有今日）！"

这一幕刚好被坐于金銮殿上的我尽收眼底，我大为愤怒。我故意责问："你怎么敢当着我的面打皇太孙（何为挞皇太孙）？"这还是在我眼皮子底下，如果有一天我不在了，不知道他还能将谁放在眼里。

我的一声断喝，吓得朱棣呆立当场，不知如何应答。这时候，朱允炆赶紧打破沉默，站出来为四皇叔朱棣解围。朱允炆说："皇上息怒，这是叔叔喜欢我的缘故（臣叔父爱臣故耳）！"

我看出这是朱允炆在帮着叔叔朱棣打圆场，但我必须要为他这个皇太孙立威，于是当殿厉声斥责朱棣："你难道不懂礼法与忌讳吗？来人啊，将此子给我关起来！"就这样朱棣被我关了几天禁闭。

我这么做不光是惩戒朱棣，更是向我的那些皇子皇孙传递一个信号：朱允炆是我的皇太孙，将来我大明王朝的掌舵人，你们在他面前要执礼。

双龙缠斗

随着年岁渐高，我的脾气越来越暴躁，有时候到了难以自控的程度。皇宫里那些服侍我的下人经常会因此获罪遭戮。见此境况，朱允炆于心不忍，就主动地承担起照料我的重任。我要吃药，朱允炆先尝一尝；我要如厕，朱允炆亲手搀扶；我要吐痰，朱允炆马上就递上痰盂……即使我半夜说梦话，朱允炆也是闻声即起，并和颜悦色地上前侍候。

他所做的这一切，我看在眼里，心里既喜且忧。喜的是朱允炆具备一个仁德之君的品质，我没有看错这个孩子；忧的是一个君主太过温和驯良，就有可能会被大臣们欺瞒和主宰，让自己主持的朝政陷入被动状态。

随着时间的推移，朱允炆或许会逐步成长起来，未来可期，亦未知。既然他的四皇叔朱棣敢当着我的面羞辱朱允炆，背地里能够做出什么事就更难说了。透过朱棣那双狼一样的眼神，我能够读出他心底蓬勃而出的忌恨。朱棣的存在，让我如芒在背。

我也明白，不光是朱棣，那些藩王又有几人愿意臣服于我这个温和的皇太孙朱允炆?

这帮藩王拥有强大的军事权力，如对敌作战需要，就连驻扎在地方上的朝廷军队也要听从他们的节制和调度。他们手握重兵，谁又会拿朱允炆当回事。

我曾经做过一个梦：有一条白龙和一条黄龙邂逅，双方缠斗一处。他们天上地下，鏖战许久。最终白龙抵挡不住，匍匐于地，而黄龙却得胜腾空而去。

我被这梦中的情景惊醒。这个梦到底隐含了什么？我琢磨了半天，也无法理出一个头绪。于是我带着疑惑，来到奉天殿临朝。我刚坐定就觉得眼前有什么地方不对劲，定睛往朝堂下观望，燕王朱棣居然站在皇太孙朱允炆的左前方。

按照中国人历来的规制，左为上、为大。按照家族本分，朱允炆是朱棣的侄子。但是在朝堂上则应以官方规制为准，朱允炆为皇太孙，是我朱元璋的接班人，其地位是一人之下、万人之上。就算朱棣是他叔叔，但是从政治角度来说，他同样也是朱允炆的臣下。一个臣下，怎么能够站到皇太孙朱允炆的上方左边呢？很显然他压根儿就没把朱允炆放在眼里。

再结合昨夜那场奇怪的梦，我这才顿悟其中的玄机，隐隐觉得有什么地方不妥，遂下令将朱棣逐出皇宫。

洪武二十八年（1395），我再次修订《祖训录》。这次修订对皇家礼仪进行了规范。要求：诸王来朝，具冕服见天子，毕次见东宫，先坐受拜，次叙家礼。坐则正中，诸王侍。我这是在教育以朱棣为首的诸子藩王，告诉他们做臣子应该遵守的本分，不要拿皇太孙朱允炆不当回事。

我以为自己所做的一切已经几近完美。我也曾不无得意地对朱允炆说：“朕已将边疆防御的重任交给你的那些藩王叔叔，从此以后，你可以就做个太平无忧的皇帝了。”

我的话刚讲完，皇太孙朱允炆就反问起来：“边疆上不太平的事情由我的皇叔叔们去解决；要是诸位藩王叔叔不安分，有了非分之心和非分举动，又能派谁去平定呢？”

我没想到朱允炆竟然会提出如此尖锐的问题。我反问他：“依照你的意思，该怎么办呢？”

朱允炆说出了自己的想法：“以德怀之，以礼制之。如不可，则削其封地，又不可，则废置其人，又甚则举兵伐之。”他的意思是，以德义感化藩王们的非分之心，以礼法来约束他们的行为；若是以德服人没有起到作用，那么就削了他们的封地；上述的方法都行不通，那就废了他们的封爵；若是都不管用，那就只有兴兵讨伐。

在这段对话中，昔日朱允炆那副文弱相荡然无存。其实如果设身处地地站在朱允炆的角度来看，性格再软弱的人也会对皇叔们咄咄逼人的气势做出一种本能的反应。

年轻的朱允炆虽然文弱，但是他却不弱智。我虽打算将皇位传于他，但同时也把一个棘手的难题交到了他的手中。我那九个如狼似虎的皇子从帝国的东北到西北一字排开，分别是辽王、宁王、燕王、谷王、代王、晋王、秦王、庆王和肃王。

我先后在全国各地封了二十四个儿子和一个孙子为王。这些藩王有自己的王府和军队。每个王都有三个护卫，三个护卫并不是指三个人。护卫是一个总称，护卫的人数从三千人到一万九千人不等。这样算一下就可以了解藩王们的军事实力。

按照这个规定，藩王所能拥有的军力是九千人到五万七千人，而事实上，藩王们都倾向于选择后一个数字。按说这个数字其实也不多，区区五万多人，要与中央叫板显然是以卵击石。九个藩王将帝国的边界割成了九大军区，分别负担着不同的任务。

藩王们瞪着血红的眼睛盯着我身后的皇帝宝座。如此一来，原本性格文弱、与世无争的儒生朱允炆就成为藩王们的众矢之的。对君主宝座充满了无限欲望的诸子藩王，如恶狼一般将文弱的朱允炆视为一只待宰的羔羊。嫡长子继承制，真的可以使江山社稷稳固吗？此时，对我来说，已经来不及做出更周全的部署。

洪武三十一年（1398），我已经七十一岁，五月病倒，在御榻上躺了三天三夜。在我混沌弥留之际，也曾出现回光返照的迹象。我紧紧地抓住朱允炆的双手，再三谕令，千万不要让藩王们回京，既不准回来探视我，更不准在我死后回来奔丧。命他们各守封地，防止内患外乱。要他们听命于朝廷。

在一场没有醒来的梦境中，我走完了自己跌宕起伏的一生，也结束了自己一生未了的恩怨。我的遗诏随之颁示天下，这也是我留给这个世界的最后一句话："朕膺天命三十有一年，忧危积心，日勤不怠，务有益于民。奈起自寒微，无古人之博知，好善恶恶，不及远矣。"